Bassam Tibi

Der neue Totalitarismus

Bassam Tibi

Der neue Totalitarismus

„Heiliger Krieg“ und westliche Sicherheit

PRIMUS VERLAG

Einbandgestaltung: Jutta Schneider, Frankfurt a. M.
Einbandbild: Islamisten in Pakistan drohen USA bei Angriff auf den Irak; picture.alliance/dpa/dpaweb

Die Deutsche Bibliothek verzeichnet diese Publikation in der Deutschen Nationalbibliografie; detaillierte bibliografische Daten sind im Internet über http://dnb.ddb.de abrufbar.

Gedruckt auf säurefreiem und alterungsbeständigem Papier
Printed in Germany

Besuchen Sie uns im Internet: www.primusverlag.de

ISBN 3-89678-494-3

Inhaltsverzeichnis

Vorwort

Die Entwicklung des Djihad zum Djihadismus im Rahmen der Erscheinung des politischen Islam bildet den Hintergrund der Entstehung eines neuen Totalitarismus. Im Westen ist das öffentliche Bewusstsein für diese Problematik schwach entwickelt. Hierüber wird wenig aufgeklärt. Oft wird – sei es aus bewusster Täuschung der Islamisten oder aus argloser Blauäugigkeit des „Gutmenschentums" – der Djihad des politischen Islam mit dem einseitigen Hinweis auf seine koranische Bedeutung als „Anstrengung" rein philologisch fehlgedeutet. Als Motiv hierfür wird angegeben, Vorurteile bekämpfen zu wollen, ohne dabei zu merken, dass hierdurch die aus dem Djihadismus hervorgehende Gefahr des Terrorismus heruntergespielt wird. Die Absicht ist gut, die Wirkung dagegen fatal.

Es ist bedauerlich, wenn etwa ein sonst aufgeklärter Autor der *Zeit* von einem „Djihad für die Demokratie", der auch von Islamisten geführt werden könne, spricht und Gutes damit meint. Doch Islamismus ist keine „Anstrengung für Demokratie", sondern eine Ordnungsvorstellung, deren Ähnlichkeit mit den Ideologien der frühen Totalitarismen jedem Experten ins Auge springt. Als geschulter Politikwissenschaftler weiß ich, dass nicht jede Despotie ein Totalitarismus ist. Im Orient hat es Despotie – laut Karl Wittfogel – traditionell immer gegeben, aber beim weltanschaulichen Islamismus haben wir es mit einer Ordnungsvorstellung, also der „*Hakimiyyat Allah*/Gottesherrschaft" zu tun, die totalitär ist. Die islamistischen Bewegungen streben weltweit dieses Herrschaftsmuster an. Hannah Arendt hat maßgebend den Begriff Totalitarismus geprägt, der zugleich „Bewegung und Herrschaft" totalitärer Muster wiedergibt.

Ist dieses europäische Konzept auf die Welt des Islam anwendbar? Bis auf den Iran der Ayatollahs und zeitweise Afghanistan unter den Taliban gehören Islamisten, die die neue Gottesherrschaft des Totalitarismus anstreben, noch zu einer Bewegung; nirgendwo haben sie sonst ihr wahres Gesicht als Herrschaftsträger in vollem Umfang zeigen können. Die Türkei ist eine Ausnahme und für diese Analyse kein Beispiel, denn die in der Türkei seit November 2002 regierenden Islamisten gehören nicht zur djihadistischen Ausrichtung. Zudem sind Gegenkräfte vorhanden, die ihnen keine „Spiele" mit der Anwendung der Schari'a erlauben würden. Der djihadistische Totalitarismus ist noch die Ideologie einer aus dem Untergrund wirkenden Bewegung, die ihre Herrschaftsform mit dem Djihad durchsetzen will. Im Iran konnten die Ayatollahs diese Herrschaft nur deshalb nicht in vollem Umfang entfalten, weil der dortige Staat hierfür zu schwach ist und nur eine begrenzte Reichweite hat.

Beim Islamismus wird in diesem Buch zwischen der Ausrichtung des Djihadismus und dem institutionellen Islamismus unterschieden. Auch im Koran bedeutet Djihad nicht nur Anstrengung, sondern schließt Gewaltanwendung (*Qital*) zur Verbreitung des Islam ein. In der Geschichte war dies auch bei den Djihad-Eroberungen der Fall. Wer das bestreitet, kennt weder den Korantext noch die islamische Geschichte. Doch ist der islamistische Djihadismus eine neue Erscheinung. Der klassische Djihad war zwar kriegerisch, aber eindeutig kein Terrorismus im Sinne des heutigen post-Clausewitz'schen irregulären Krieges, den die Islamisten unserer Zeit als eine Gewaltform des Djihadismus führen. Die erforderlichen Differenzierungen werden in Kapitel III über den Djihad aufgezeigt. Obwohl aus den bisherigen Ausführungen hervorgeht, dass der djihadistische Islamismus aus meiner Perspektive eine Fehlinterpretation des Islam ist, liegt doch in beiden Fällen (meinem liberalen Islam und dem totalitären Islamismus) eine Position vor, die den Islam als Grundlage für sich in Anspruch nimmt. Anders formuliert: Beide berufen sich auf den Islam.

Die Entstehung und Entfaltung des Islamismus als eine totalitäre Bewegung hat ihren eigenen weit zurückliegenden historischen Hintergrund. In der neueren Geschichte löst der Westen den Islam als führende Zivilisation ab. Auf diese Herausforderung der neuen Zivilisation des Westens haben Muslime des 19. Jahrhunderts sowohl durch islamische Erneuerung als auch durch Anpassung (Verwestlichung) reagiert und das westliche Modell des Nationalstaates übernommen. Das Scheitern des säkularen Nationalstaates und die Krise seiner Institution in der Welt des Islam haben zur Entstehung des Islamismus beigetragen. Der Islamismus ist also im Wesentlichen eine Ordnungsvorstellung, die als neuer Totalitarismus im Widerspruch zum gleichermaßen demokratischen, auf dem Prinzip der Volkssouveränität fußenden und säkularen Nationalstaat steht. Die populäre Neudeutung des Djihad durch den politischen Islam, der auch als Islamismus bezeichnet wird, verbindet die djihadistische Weltanschauung der neuen Bewegung mit der Forderung auf lokaler Ebene nach einem islamischen Staat. Weil der Islam einen

Universalismus beinhaltet, führt seine Polarisierung zu der zusätzlichen Forderung nach einer vom politischen Islam bestimmten Weltordnung. Somit betrifft die neue Erscheinung die Sicherheitspolitik, vor allem die des Westens. Die Verbindung von Islamismus und Sicherheitspolitik gehört zu den zentralen Themen dieses Buches.

Der Hinweis, dass die Islamisten vorwiegend aus dem Untergrund agieren, verdeutlicht die neue Erscheinung nichtstaatlicher Akteure, die in der Weltpolitik des 21. Jahrhunderts eine zunehmend größere Signifikanz bekommt. An dieser Stelle möchte ich wiederholt darauf hinweisen, dass Hannah Arendt von Totalitarismus nicht nur als „Herrschaft“, sondern auch als „Bewegung“ spricht. Staaten haben jeweils ihre kalkulierbaren Nationalinteressen, weil sie an international gültigen Regeln gemessen werden. Daher zeichnen sich ihre außenpolitischen Handlungen durch ein Mindestmaß an Berechenbarkeit aus. Nichtstaatliche Akteure sind dagegen, wie ethnisch-nationalistische oder religiös-fundamentalistische Djihad-Bewegungen des irregulären Krieges unberechenbar. Gegen Staaten, die sich nicht an internationale Regeln halten, etwa „Schurkenstaaten“, kann man Sanktionen verhängen, ja sogar – wie etwa im Irak-Konflikt und zuvor in Afghanistan – Kriege führen, die in einen – wie auch immer gearteten – Regimewechsel münden können. Gegenüber global vernetzten djihadistischen Bewegungen wie al-Qaida ist eine solche Strategie schlicht und einfach nicht praktizierbar. Von dieser veränderten weltpolitischen Situation geht das vorliegende Buch aus, das sich mit einer Bewegung befasst, die von nichtstaatlichen militärisch agierenden Akteuren des politischen Islam getragen wird. Dabei geht es nicht nur um Gewalt als Terror gegen Personen und Objekte, sondern um eine Gefahr für die Freiheit der offenen Gesellschaft. Der djihadistische Islamismus ist somit über das militärische Sicherheitsverständnis hinaus von Relevanz. Deswegen spreche ich in diesem Buch von der djihadistischen Bedrohung als neuem Totalitarismus, der für die offene Gesellschaft die größte weltpolitische Herausforderung des 21. Jahrhunderts darstellt.

Der Rahmen dieses Buches bildet die zeitgeschichtliche Entwicklung vom 11. September 2001 bis zum Irak-Krieg im März/April 2003. Der Djihadismus als Untersuchungsgegenstand ist keine für sich stehende „Monade“, zumal er in den gesellschaftlichen und weltpolitischen Realitäten und ihren Bedingungsfaktoren eingebettet ist. Doch anders als Vertreter der auf die Ökonomie eingeengten

Globalisierungsthese nehme ich Abstand von der vulgarisierten Position, nach der die Handlungen von Menschen – gleich ob „Unterdrücker“ oder „Unterdrückte“– stets durch ökonomische Interessen vorbestimmt seien. Der totalitäre Djihad-Terrorismus ist eine der signifikantesten Weltanschauungen im 21.Jahrhundert. Sie lässt sich nicht auf die Ökonomie zurückführen. Nach dem Stalin'schen Kommunismus und dem Hitler'schen Faschismus sehe ich im djihadistischen Islamismus – Hannah Arendts, Karl Poppers und Max Horkheimers Thesen über diesen Gegenstand vergegenwärtigend – die neueste Spielart des Totalitarismus. Dieser ist jedoch deshalb wirksamer und zugleich gefährlicher als der alte Totalitarismus, weil er auf einer Politisierung der Religion basiert und somit eine religiöse Legitimität im Sinne von Glauben für sich beansprucht. Die Religion ist die *conditio humana*, deshalb kann ihre Ideologisierung weit wirksamer als jede säkulare Ideologie sein. In Hinblick auf ihrer Signifikanz setze ich im vorliegenden Buch die religiöse Weltanschauung in der Weltpolitik auf dieselbe Stufe wie Ökonomie und Militär. Es ist mir bewusst, wie sehr diese These auf Widerspruch stößt. Selbst mein einstiger Frankfurter Lehrer Jürgen Habermas, den ich für einen der klügsten Köpfe dieser Republik halte, versteht die Verbindung von Religion und Politik im Islam nicht, wie ich dies in meinem Aufsatz *„Habermas and the Return of the Sacred“* (*Religion, Staat, Gesellschaft* 2/2002) nachgewiesen habe.

Wenn ich in diesem Buch jeden ökonomistischen Reduktionismus als eine Denkweise, die alles auf die Ökonomie und ihre Formationen zurückführt, ablehne, so sichere ich meinen Lesern zu, dass ich die Wirkung der Ökonomie nicht übersehe. Ich will nur die Grundvoraussetzung dafür erfüllen, ein angemessenes Verständnis unseres postbipolaren Zeitalters des *„cultural turn“*, in dem der Djihadismus eingebettet ist, zu entwickeln. Damit ist gemeint, dass wir im Studium der Weltsicht der Menschen ihre kulturellen Einstellungen stärker zu beachten haben. Religion und ethnische Zugehörigkeit, mit denen jeweils eine Weltanschauung korrespondiert, bestimmen die Handlungen der Menschen die daran glauben. Aus dieser Erkenntnis geht die zentrale Position dieses Buches hervor, wonach religiös-kulturelle Weltanschauungen in unserer Zeit einen zentralen Platz in der Weltpolitik einnehmen. Der neue Totalitarist versteht sich als Djihadist, nicht nur, weil er ein sich zur Gewalt bekennender politischer Aktivist der *„action directe“* ist; er hält sich zudem auch für den *„true believer*/den wahren Gläubigen“, der im Auftrag Gottes für die wahre politische Ordnung der „*Hakimiyyat Allah*/Gottesherrschaft“ global kämpft.

In diesem Buch wird eine Verbindung zwischen Weltanschauung und Zivilisation hergestellt. Die Angehörigen der Religionsgemeinde des Islam pflegen auf der Basis ihres Glaubens, trotz ihrer religiösen und kulturellen Vielfalt, eine einheitliche Weltanschauung. Durch eine gemeinsame Weltanschauung gruppieren sich die Angehörigen zahlreicher Lokalkulturen zu einer Zivilisation. Eine Richtung des politischen Islam politisiert diese Weltanschauung, woraus der Anspruch auf eine islamische Weltordnung mit der reformulierten Doktrin des neoislamischen Djihad hervorgeht. Ich betone immer wieder die duale Erkenntnis, dass die Ideologie des Djihadismus auf einer Deutung des Islam basiert, warne jedoch gleichzeitig davor, Islamismus und Islam gleichzusetzen. Mit der islamischen Zivilisation kann der Westen auf der Basis der Demokratie einen dauerhaften Frieden schließen, gegenüber dem totalitären Djihadismus, als Bedrohung der offenen Gesellschaft, benötigt der Westen hingegen eine klare und fest umrissene Sicherheitspolitik. Djihadisten verfolgen nichts Geringeres als das Ziel, die auf dem Westfälischen Frieden basierende säkulare Weltordnung durch eine *Pax Islamica* zu ersetzen, in der das „*Dar al-Islam*/Haus des Islam“ den gesamten Globus umfasst. Somit ist der Totalitarismus, den sie vertreten, eine weltpolitische Bedrohung, die nicht allein ein Gegenstand polizeilicher Sicherheit ist, insofern sie Fragen der westlichen Existenz und ihrer Ordnung betrifft. Das ist der Gegenstand der neuen Sicherheitspolitik, die zum Schutz der offenen Gesellschaft benötigt wird. Auch die Demokratie muss gegen ihre Feinde verteidigt werden.

Am Ende dieses Vorworts möchte ich die Wahrnehmung des neuen Totalitarismus in Deutschland am Beispiel der Reaktionen auf den djihadistischen Terroranschlag vom Mai 2003 in Saudi-Arabien erläutern. Ich behaupte, dass es in der veröffentlichten Meinung in diesem Land kein Bewusstsein für die tatsächlich damit zusammenhängenden Gefahren gibt. Die entsprechenden Nachrichten, die von den Medien als tagespolitische Sensation gehandhabt werden, geraten wenige Tage später in Vergessenheit. Als eine erfreuliche und positive Ausnahme, die von diesem Trend abweicht, bleibt der Leitartikel von Jacques Schuster *„Der Terror kehrt zurück“* zu nennen, in dem er die Gefahr erkennt und Konsequenzen in der Bewusstseinsbildung fordert. Er schreibt, die Deutschen würden die aus der djihadistischen Bedrohung hervorgehende Gefahrenlage nicht verstehen. Sie hätten daher „die Konsequenz daraus ... noch nicht verinnerlicht. ... Die meisten glauben noch immer, sie lebten auf einer Insel der Seligen“ (*Die Welt*, Leitartikel vom 14. Mai 2003). Auf derselben Seite der zitierten Zeitung unterstützt ein Bericht mit der Überschrift „*Verfassungsschutz: al-Qaida bedroht auch Deutschland*“ die oben genannte Befürchtung. Darin heißt es: „Das islamistische Terrornetz al-Qaida stellt für ... Deutschland nach wie vor eine sehr ernst zu nehmende Bedrohung dar.“ Die Gegenposition findet ihre Artikulation in einem Grundsatzartikel von Michael Thumann, Ressortleiter für Außenpolitik der Wochenzeitung *Die Zeit,* vom 15. Mai 2003 unter der Überschrift „*Djihad für die Demokratie*“. Obwohl ich diesen Journalisten nur ein einziges Mal in Istanbul traf, schätze ich ihn sehr und bedaure, dass er anders als Schuster die Gefahr nicht versteht und schreibt: „Nach dem Attentat von Riad: Wer die arabische Welt neu ordnen will, muss mit den moderaten Islamisten sprechen“, und weiter: „Demokratie bedeutet Anstrengung. Die Muslime haben hierfür ein eigenes Wort: Djihad. Anders als der bewaffnete Kampf kann der Djihad für die Demokratie auf die Mehrheit zählen.“ Als Nahost-Experte, der selbst aus der Region stammt und sich dort regelmäßig aufhält, kann ich dies nicht bestätigen. Ich könnte vergleichend ironisierend hinzufügen: Die Muslime haben für „Recht“ auch ihr eigenes Wort und es heißt: *Schari'a.* Der populistische Djihad für die Schari'a findet die Unterstützung *un*aufgeklärter Muslime und gehört zur Weltanschauung des neuen Totalitarismus. Die Verwechslung von Realität und Wunschdenken ist ein Problem des deutschen Journalismus über den Islam, wobei es leider mehr Thumanns als Schusters in Bezug auf diese Problematik gibt.

Ich hoffe auf Leser, die nicht nur kulturell offen sein wollen, sondern bereit dazu sind, von Fakten statt von Gesinnungen auszugehen. Es ist eine Tatsache, dass der Djihad von heute zu einem Djihadismus der irregulären Krieger des politischen Islam geworden ist. Alle islamistischen Terrororganisationen tragen den Begriff „Djihad“ in ihrem Namen (etwa *Djihad* in Ägypten, *Djihad Islami* in Palästina, *United Djihad* in Kaschmir, *Lasker Djihad* in Indonesien u.a.) und stellen eine djihadistische Bedrohung sowohl für die internationale Sicherheit als auch für anders denkende Muslime dar. Ein moderner Reform-Islam könnte eine Alternative zum Djihadismus bieten, in dem er andere, also liberal-demokratische Anschauungen, als die des militanten Djihad-Islam oder des scheinbar gemäßigten institutionellen Islamismus etabliert. Der Unterschied zwischen diesen Richtungen wird im vorliegenden Buch erklärt: Die

Djihadisten setzen Gewalt ein, während die institutionellen Islamisten – wie etwa in der Türkei – in den staatlichen und gesellschaftlichen Institutionen arbeiten. Beide aber wollen einen islamischen Staat der Schari'a errichten.

Mein Dank bei der Anfertigung dieses Buches gilt an erster Stelle meiner Mitarbeiterin Elisabeth Luft für die engagierte und sorgfältige Eingabe zahlreicher handschriftlicher Fassungen, die zu diesem Buch geführt haben. Ihre Geduld mit mir und ihre Fähigkeit, meine Handschrift zu entziffern, sind bewundernswert. Meine wissenschaftlichen Mitarbeiter, Dipl.-Sozialwirtin Christine Jung, Dipl.-Sozialwirt Torsten Michel sowie in der Schlussphase dieser Arbeit Marwan Abou-Taam M. A., haben mir bei der Redigierung und bei der Durchsicht der Endfassung sehr geholfen und beratend mitgewirkt. Weiterhin danke ich meinem wissenschaftlichen Mitarbeiter Roland Hiemann für die mehrmalige Durchsicht von Kapitel II und Philipp Mickat für die wertvolle Hilfe bei der Zusammenstellung der Bibliographie. Schließlich bin ich Dr. Dirk Palm und Harald Vogel vom Lektorat der Wissenschaftlichen Buchgesellschaft dafür verbunden, dass sie mir trotz der Krise des Buchmarktes und der Streichpolitik der Programme vieler Verlage die Tür als Autor offen gehalten haben. Gegen Ende der Einführung werden die Entstehung des Buches, die Schwierigkeit, es zu veröffentlichen, sowie sein Aufbau näher erläutert. Die Endfassung wurde an der Universität St. Gallen fertig gestellt, an der ich die neu errichtete „Gastprofessur für Islamologie" – das Fach ist *keine* Islamkunde – für den Zeitraum 2003/2004 wahrnehme. Mit dieser Geste der Anerkennung dieses von mir begründeten Faches für eine sozialwissenschaftliche Erforschung des Islam an einer europäischen Eliteuniversität haben der St. Galler Rektor Professor Peter Gomez und sein Mitarbeiter, Dozent Dr. Sascha Spoun, den Weg für die Anerkennung sozialwissenschaftlicher Studien über den Islam – also die Islamologie – geebnet. Hierfür bin ich zu Dank verpflichtet.

Im November 2003 hielt Bundesaußenminister Fischer an der US-Elite-Universität Princeton einen Vortrag, in dem er den islamischen Terror als neuen Totalitarismus bezeichnete. Die Hauptthese Fischers ist identisch mit dem Titel und Inhalt des vorliegenden Buches, das im November 2003 noch nicht veröffentlicht war. In meinem Artikel anlässlich des zweiten Jahrestages des 11. September 2001 (*Financial Times Deutschland* vom 11. September 2003) veröffentlichte ich jedoch bereits Ideen des neuen Buches. Dieser *FTD*-Artikel erschien während meiner Abwesenheit als Gastprofessor an der Hidayatollah Islamic State University of Jakarta/Indonesien. Darin habe ich den Begriff des „neuen Totalitarismus" geprägt und den djihadistischen Terror als Beispiel angeführt. Die These vom neuen Totalitarismus ist ebenso in meinem Beitrag zu dem von M. Möllers/R. van Ooyen herausgegebenen *Jahrbuch öffentliche Sicherheit* (*JBÖS*, 2002/03, S. 125–144) sowie in meiner Abhandlung „Habermas and the Return of the Sacred. The Emergence of Political Religion as a New Totalitarianism", in: *Religion – Staat – Gesellschaft* 2/2002 enthalten. Mit Freude stelle ich fest, dass die in diesem Buch entfalteten Ideen in die Politik eingegangen und von einem westlichen Außenminister in Princeton vorgetragen wurden. Es bleibt zu hoffen, dass die Rede von Bundesaußenminister Fischer eine sachliche Debatte über diesen Gegenstand anregt und ermöglicht.

St. Gallen, Mitte Juli
Göttingen, August und Claremont, Kalifornien,
November 2003

Bassam Tibi

Einführung: Der neue Totalitarismus, seine djihadistische Bedrohung und der Westen

Das 20. Jahrhundert war die Zeit der beiden Totalitarismen Kommunismus und NS-Faschismus, die die Demokratie bedrohten. Hannah Arendt hat in einem maßgebenden Werk den Begriff „Totalitarismus“ für die Ideologie und die Herrschaftspraktiken beider säkularer Richtungen geprägt. Im Lager der linken Sozialwissenschaft beanstandeten politische Theoretiker die Gleichsetzung von Kommunismus und Faschismus heftig, und so wurden alle Totalitarismus-Theorien zurückgewiesen. Ich lasse mich auf diese Debatten nicht ein, weil ich, den Totalitarismus-Theoretikern folgend, die Ähnlichkeiten zwischen Gulag und den NS-Lagern nicht übersehe. Den Opfern des Totalitarismus war es gleich, ob ihre Peiniger Faschisten oder Stalinisten hießen. Die Leiden und die Praktiken trugen die gleichen Züge. Die zweite und dritte Welle der Demokratisierung in der Welt folgte je auf die Herausforderung dieser Totalitarismen. Die Demokratisierung der Welt des Islam wird in einer ähnlichen Antwort auf den totalitären Islamismus bestehen müssen.

1. Vom Kommunismus/Faschismus zum islamistischen Totalitarismus

Als das 20. Jahrhundert zu Ende ging, wähnten die Optimisten, dass die Menschheit auf das globale Zeitalter der Demokratie und Menschenrechte zusteuere. Samuel P. Huntington kündigte eine weltweite „Dritte Welle der Demokratisierung“ an, ehe er einige Jahre danach einschränkend zur Erkenntnis eines *„Clash of Civilizations“* überging. Er meinte übrigens einen „Zusammenprall der Zivilisationen“ und keinen „Kulturkampf“, wie seine deutschen Kritiker ihm unterstellten. Als die UNO in Wien im Juni 1993 einen Weltkongress zur Erneuerung der 1948er-Deklaration der Menschenrechte organisierte, endete diese Bemühung in einem weltanschaulichen Konflikt über diesen Gegenstand. Francis Fukuyama ging so weit, triumphierend „das Ende der Geschichte“ nach dem Sieg der freiheitlichen westlichen Werte zu prophezeien, aber auch diese Prognose erwies sich als falsch. Keiner dieser Optimisten wusste, dass in der Welt des Islam seit 1928 ein neuer Totalitarismus mit der Bewegung der Muslim-Brüder im Entstehen begriffen war. Der Islamismus dieser Bewegung war bei ihrer Gründung marginal. Nach der schmachvollen Niederlage der arabischen Armeen im Sechs-Tage-Krieg 1967 und der damit einhergehenden Diskreditierung des Panarabismus wurde jedoch die Politisierung des Islam mit dem Ergebnis eines Djihad-Islamismus, den ich in diesem Buch als den neuen Totalitarismus anspreche, vorangetrieben. Später folgte die islamische Revolution im Iran, die von den Vertretern der Dritte-Welt-Romantik *(tiers mondisme)* als „Befreiung“ fehlgedeutet wurde. Erst die Anschläge vom 11. September 2001 haben – wenn auch nicht ausreichend – die Augen geöffnet. Die Ideologie des Islamismus predigt eine Gottesordnung zunächst für die Welt des Islam, dann für die gesamte Menschheit. Das ist der neue Totalitarismus des 21. Jahrhunderts. Im Gegensatz zum NS-Faschismus und zum Stalin'schen Kommunismus ist diese Ordnung noch keine Realität. Die Islamisten bilden hingegen eine Bewegung, die in der Lage ist, Millionen von frustrierten Muslimen für ihre Ziele zu mobilisieren.

Es gibt Islamisten, die mit Hilfe eines Marsches durch die Institutionen ihre Vision einer Gottesordnung in die Realität umsetzen wollen; andere versuchen dies mit Gewalt. Letztere sind die Djihadisten. Die djihadistische Bedrohung des Islamismus bildet im 21. Jahrhundert die größte Herausforderung für das westliche System von Freiheit und Demokratie. Hier haben wir eine neue Konstellation für Karl Poppers Formel „Die offene Gesellschaft und ihre Feinde“. Die früheren Gefahren – mit den Worten Max Horkheimers „Stalin'scher Kommunismus und Hitler'scher Faschismus“ – kamen aus Europa selbst. Ein deutsches Opfer der NS-Verbrechen, Hannah Arendt, hat hierfür den Begriff Totalitarismus geprägt. Zwei große Europäer, Max Horkheimer und Karl Popper, die zu geistig rivalisierenden Denkschulen – kritische Theorie und kritischer Rationalismus – gehörten, kannten diese Gefahren ebenso und waren sich trotz aller Differenzen darüber einig, dass „die Freiheit“ (Horkheimer) bzw. die „offene Gesellschaft“ (Popper) gegenüber Stalin'schem Kommunismus und Hitler'schem Faschismus zu verteidigen ist. Im 21. Jahrhundert wurden diese beiden Bedrohungen überwunden. Manche – vor allem grüne Pazifisten – wähnen deshalb, dass wir im 21. Jahrhundert im Paradies einer konfliktfreien Welt der Seligen leben, wo alleine Vorurteile über andere Kulturen – etwa das „Feindbild Islam" – die Störfaktoren darstellen. Manche Deutsche sehen die Gefahr, die in diesem Buch als ein neuer Totalitarismus angesprochen wird, nicht. Der Terrorismus, der aus dem islamistischen Djihadismus hervorgeht, wird als Werk von Kriminellen oder „verrückten Banden" heruntergespielt, und die zentrale politisch-religiöse Bewegung, die dahinter steht, wird nicht wahrgenommen. Wer den neuen Totalitarismus mit der Politisierung des Islam in einen Zusammenhang bringt, dem werden Vorurteile und politisch inkorrektes Denken vorgeworfen. Als ein Araber, der aus einer jahrhundertealten adligen Damaszener Familie (die *Aschraf* von Banu al-Tibi) stammt, lasse ich mich in meiner Verteidigung von Freiheit und Demokratie von solchen Klischees nicht beeindrucken und nehme als Aufklärer keine Eingriffe in mein Recht der freien Meinungsäußerung hin.

Eine Betrachtung der Weltordnung darf nicht von der Schönfärberei der deutschen „Gutmenschen" ausgehen, vielmehr muss sie sich von folgendem sachlichen Hintergrund herleiten lassen: Nach dem Niedergang des Kommunismus, parallel zum Fall der Berliner Mauer, schien die vor mehr als 200 Jahren entworfene Utopie eines demokratischen Friedens in greifbare Nähe zu rücken. Leider war die Vorhersage einer „Dritten Welle der Demokratisierung" durch Samuel P. Huntington falsch. Die damit verbundene Hoffnung in der ein Viertel der Menschheit (1,5 von 6 Milliarden) umfassenden Welt des Islam hat sich nicht erfüllt. Stattdessen entfaltet sich dort und weltweit auch im 21. Jahrhundert eine neue Gefahr für Freiheit und Weltfrieden, die ich „djihadistische Bedrohung" nenne. Der neue Totalitarismus lässt sich in die Reihe der von Popper und Horkheimer beschriebenen Gefahren einordnen. Das ist die zentrale These dieses Buches. Die Aufklärung über die djihadistische Bedrohung, die eine sicherheitspolitische Dimension hat, zeigt, dass sie sich nicht nur gegen den Westen und seine offene Gesellschaft, sondern auch gegen einen aufklärerischen Reform-Islam richtet. Das sind Fragen, die das Verhältnis des Islam zur westlichen Zivilisation sowie unser Verständnis der Weltpolitik im 21. Jahrhundert betreffen.

Der neue Totalitarismus erwächst aus der djihadistischen Deutung des Islam. Erst durch den 11. September drang die neue Erscheinung als „Bedrohung für den Westen" in das Bewusstsein der westlichen Öffentlichkeit. Vor diesem welthistorischen Datum haben die USA den Djihadismus nicht ernst genommen, ja sogar in einigen Fällen – so im ersten Afghanistan-Krieg – als Bündnispartner bei der Eindämmung eines anderen Totalitarismus, nämlich des Kommunismus, instrumentalisiert. Dies änderte sich radikal nach dem 11. September. Trotzdem bildete sich bei der Wahrnehmung dieser Bedrohung ein großer Unterschied zwischen den USA und Westeuropa heraus, welcher sich besonders während der Irak-Krise verstärkte und zu transatlantischen Spannungen zwischen den USA und dem kontinentalen Westeuropa führte. Als es nicht gelang, die Irak-Krise durch Deeskalation zu meistern, sondern diese am 20. März 2003 sogar zu einem Krieg eskalierte, war die westliche Welt zutiefst gespalten. In dieser Entwicklung besteht eine Verbindungslinie vom 11. September bis zum Irak-Krieg, obwohl sich die djihadistische Bedrohung unabhängig von der mit dem Irak-Krieg beendeten blutigen Diktatur des Saddam Hussein entwickelt hat. Ich vertrete die Auffassung, dass die Bush-Regierung vom eigentlichen Objekt des „War on Terrorism“ im Irak-Krieg abgewichen ist. Die aus der Verbindungslinie 11. September 2001 – Irak-Krieg 2003 von der Bush-Regierung falsch gezogenen weltpolitischen Schlussfolgerungen, die zur Eskalation der Krise und schließlich zum Krieg führten, haben die djihadistische Bedrohung nicht eingedämmt, erst recht nicht ausgeräumt, sondern ihr neue Impulse gegeben. Dies zeigten die Terroranschläge vom Mai 2003 in Saudi-Arabien und zuvor in Palästina, Marokko und Tschetschenien. Der Djihad-Islamismus lebt weiter.

Nach dem 11. September schien die Welt – mit Ausnahme einiger Betonköpfe – zu verstehen, dass der militante Islamismus einen djihadistischen, also terroristischen Zweig besitzt, der auch in Westeuropa beheimatet ist. Von dort aus wurden auch die Djihad-Angriffe auf New York und Washington vorbereitet. Doch fehlt immer noch die Erkenntnis, dass es sich hierbei nicht bloß um einen aus einem Extremismus hervortretenden Terrorismus handelt: Wir haben es mit einem neuen Totalitarismus zu tun, der weit über seine gewaltförmigen Aktionen, im angeführten Sinne von Horkheimer und Popper, die westliche Freiheit und Demokratie bedroht. Selbst Muslim, ordne ich mich bei diesem Konflikt in das Lager von Freiheit und Demokratie ein und verteidige die offene Gesellschaft gegen den Islamismus.

Leider wurde das Kapital von weltweiter Sympathie und Solidarität gegenüber den USA nach dem 11. September im Verlaufe der Irak-Krise 2002/03 durch die fragwürdige Politik der Bush-Administration verspielt. Zudem wurden die US-Soldaten im Irak von den Muslimen nicht als Befreier, sondern als Besatzer wahrgenommen. Dies liegt auch an unterschiedlichen zivilisatorischen Wahrnehmungen. Am 18. April strahlte CNN einen Bericht aus, wonach Iraker in Bagdader Cafés das „Gerücht" unter sich verbreiteten, die „Saddam-Geschichte" sei eine Verschwörung: Die CIA habe Saddam vorgeschickt, um einen Vorwand für die Eroberung des Irak zu bieten. Diese Verschwörungsphantasien über die „*Salibiyyun*/Kreuzzügler" waren auch anderswo in der Welt des Islam zu vernehmen. Auf deutscher Seite gibt es vergleichbare Verschwörungstheorien, die in Bestsellern große Verbreitung finden.

Im Gegensatz zu den überwundenen Totalitarismen – Kommunismus und Faschismus – wird die neueste Bewegung eines Totalitarismus von nichtstaatlichen Akteuren wie al-Qaida getragen. Dieser Zusammenhang macht deutlich, warum sich aus der „Revolte gegen den Westen" (Hedley Bull) ein irregulärer Krieg entwickelt hat. Die Terroranschläge vom 11. September waren ein Ausdruck eines solchen Krieges, der zunächst alle Sympathien den Opfern von New York und Washington und – wie angeführt – folglich auch den USA zukommen ließ. Die westlichen Verbündeten hatten daraufhin ihre „uneingeschränkte Solidarität" (Schröder) im Krieg gegen den Terrorismus bekundet. Am 7. Oktober 2001 folgte in Afghanistan ein Akt des „War on Terrorism", in dem die 55 Djihad-Ausbildungslager der al-Qaida vernichtet wurden. Das Taliban-Regime hatte es ermöglicht, dass die djihadistischen Militärlager von Bin Ladens al-Qaida auf deren Gebiet aufgebaut werden konnten. Nach dem militärischen und politischen Wandel in Afghanistan können wir davon sprechen, dass die al-Qaida-Bastionen zerschlagen wurden. Der Afghanistan-Krieg gegen al-Qaida und die Taliban war ein gerechter Krieg, er konnte jedoch nicht das Ende des Djihadismus mit sich bringen. Die Wurzeln des Djihad-Islam liegen im Nahen Osten, nicht in Afghanistan. Mit dieser Erkenntnis begann die Bush-Administration eine Verbindungslinie von Afghanistan bis zum Nahen Osten zu ziehen. Die Erkenntnis war richtig, nicht jedoch die Entschlossenheit, den Irak-Krieg vom März/April 2003 zu führen. Dadurch wurde in einem kurzen Zeitraum die große Sympathie für die USA nach dem 11. September in einen weltweiten Antiamerikanismus umgewandelt. In der Welt des Islam hat dieses antiamerikanische Ressentiment einen djihadistischen Charakter entfaltet, und – ich wiederhole es – der neue Totalitarismus bzw. die ihn ausübenden, weltweit vernetzten nichtstaatlichen Akteure haben durch den

Irak-Krieg neue Impulse bekommen. Jener Krieg wurde im April 2003 schnell gewonnen, aber seine Folgen belasten den gerechten Krieg gegen den Terrorismus.

Die Bedrohung, die aus dem neuen Totalitarismus, der das 21. Jahrhundert entscheidend prägen wird, hervorgeht, wird von Menschen im Westen kaum wahrgenommen. Sie verstehen die Entwicklung vom 11. September 2001 bis zum Irak-Krieg 2003 nicht. Einer der klügsten Artikel in deutscher Sprache während der ansonsten emotionalisierten und hochneurotischen Berichterstattung der Irak-Krise war der *Zeit*-Leitartikel „Die Stricke reißen" von Josef Joffe, in dem lapidar steht: „Die Welt steht vor einem Trümmerhaufen, wie sie ihn seit dem Kollaps des Völkerbundes nicht mehr erlebt hat" (*Die Zeit* vom 13. März 2003). In dieser neuen Entwicklung der Weltpolitik spielt die djihadistische Bedrohung eine zentrale Rolle. Hierbei geht es um das, was Osama Bin Laden im arabischen Fernsehsender al-Jazeera am 7. Oktober 2001 als „Djihad gegen Ungläubige" bezeichnete und damit den Westen meinte. Der unselige Saddam Hussein, der eine Dekade zuvor, im September 1990 seinen ersten Aufruf zum Djihad vorgenommen hatte, wiederholte diesen Aufruf im Februar 2003, wobei er ausdrücklich die „Amerikaner und Juden" als Feinde des Islam anführte; er verlor, wie vor ihm Bin Laden. Doch auf diesem militärischen Sieg sollte der Westen sich nicht triumphierend ausruhen. Ich weiß, dass zwischen den Djihad-Aufrufen Bin Ladens und Saddam Husseins ein großer Unterschied besteht, nämlich der, dass Bin Laden ein wahhabitischer Islamist, während Saddam ein säkularer Panarabist ist. Die Ideologien des wahhabitischen Islamismus und des arabischen Panarabismus sind grundverschieden. Der Panarabismus ist eine Ideologie der Entkolonialisierungsphase, der Islamismus eine universell-totalitäre Weltanschauung mit dem Ziel einer neuen dementsprechenden Weltordnung. Heute dominiert der Islamismus mit seinem Totalitarismus die Szene und subsumiert alles Bisherige unter seinen Formeln.

Im Kontext unserer Thematik ist in deutscher Sprache eine Flut von Büchern über den „11. September", den „Terrorismus", die „wahren Ursachen des Krieges" sowie über „die neuen Kriege" erschienen. Sie wurden meist von Autoren veröffentlicht, die die Welt des Islam weder von innen noch von außen kennen. Keinen Deut besser waren die so genannten „Nahost-" beziehungsweise „Islam-Experten" in den deutschen Medien, die ohne jegliche Kompetenz die Vorgänge zu „erklären" suchten. Ich beanspruche, anders als diese „Experten“ zu sein, und das nicht nur, weil ich aus der islamischen Zivilisation stamme und auch im Westen verankert bin. Sowohl an authentischen Quellen als auch anhand eigener Beobachtungen in der Welt des Islam will ich erklären, was der Djihad-Islamismus ist und warum ich einen Schlüsselbegriff der politischen Debatte, nämlich Totalitarismus, heranziehe, um die Weltpolitik im 21. Jahrhundert zu deuten. Bereits im Vorwort habe ich von den Täuschern, die sich „Islam-Kenner“ nennen, gesprochen, die uns unentwegt erzählen, dass Djihad im Islam nur „friedliche Anstrengung“, ja nur Selbstzähmung (gegen das Selbst und die eigenen niederen Triebe) bedeutet. Dies ist die rein philologische und dazu unvollständige Bedeutung von Djihad im Korantext, die die Verbindung des Djihad mit einem anderen koranischen Begriff, nämlich „*Qital*/Kampf“ wegzaubert. Richtig ist: Auch der klassische Djihad schließt Gewaltanwendung ein, wenn diese der Verbreitung des Islam dient. Daraus gingen die klassischen Djihad-Kriege hervor, die Muslime „*Futuhat*/Öffnung“ nennen. Damit ist die Öffnung der Welt für den Islam durch Krieg gemeint. Das übergeordnete Djihad-Ziel ist die Islamisierung der Welt. Diese Djihad-Kriege dauerten vom 7. bis zum 17. Jahrhundert an. Mit dem Aufstieg des Westens als einer technologisch überlegenen Zivilisation endete die globale, bis dahin existierende *Pax Islamica* zugunsten der damals entstehenden westlichen Vorherrschaft. Europäer, die heute zu Recht die US-Hegemonie kritisieren, dürfen nicht verdrängen, dass ihre eigene europäische Expansion als Rahmen für die Vorherrschaft des Westens die Vorgeschichte der *Pax Americana* bildet. Die Entkolonialisierung in Asien und Afrika war – anders als der neue Djihad der Islamisten – als eine Erhebung gegen europäisch-koloniale Herrschaft gerechtfertigt. Der Islamismus ist keine Befreiungsideologie, sondern ein neuer Totalitarismus.

2. Die Neubelebung des Djihad in der Zeitgeschichte und die Deutschen

Die Geburt des politischen Islam geht auf das Jahr 1928 zurück. Ausgehend davon ist ein neuer Totalitarismus als eine politische Bewegung in der islamischen Zivilisation hervorgetreten, welche die Djihad-Tradition neu belebte. Terrorismus und Totalitarismus sind ein Bestandteil dieser neuen Strömung. Von Eric Hobsbawm wissen wir, dass eine beschworene *Invention of Tradition* nicht mit Tradition identisch ist. Die Erfindung des Djihad als totalitärer Djihadismus ist neu und im Gegensatz zum klassischen Djihad eine neue Form des Terrorismus als irregulärer Krieg. Der Vater dieser neuen Deutung ist Hasan al-Banna. Zugleich war er auch der Begründer der Muslim-Bruderschaft, die sich gegen die Vorherrschaft des Westens richtete und Djihad als „*Farida*/religiöse Pflicht" predigte. Die Bewegung al-Qaida von Bin Laden ist die islamistische Organisation, die heute diese „Pflicht" der Islamisierung der Welt im Sinne al-Bannas als Ziel verfolgt und deshalb eine djihadistische Bedrohung für die gesamte Welt darstellt. Der 11. September war nun die Ankündigung eines neuen Zeitalters, das von dieser Bedrohung gekennzeichnet sein wird. Es ist für die westliche Welt legitim, sich gegen diese Bedrohung zu verteidigen, allerdings war der Irak-Krieg ein strategischer Fehler, ja ein Missgriff im Krieg gegen den Terrorismus, obwohl die Befreiung von einer blutigen Diktatur richtig war. Die zahlreichen nach dem Krieg entdeckten Massengräber Hunderttausender Opfer untermauern diese Einschätzung. Dennoch bewahre ich trotz dieser Tatsache meinen Vorbehalt, dass der Irak-Krieg nicht zum Krieg gegen den Djihad-Islamismus gehörte.

Als Muslim, der für Pluralismus und Weltfrieden (im Kant'schen, nicht im othodox-islamischen Sinne) eintritt, habe ich lange vor dem 11. September vor der Gefahr gewarnt, in die „Bin-Laden-Falle" zu stolpern. Damit ist gemeint, mit Vergeltung unbesonnen auf Provokationen der al-Qaida zu reagieren und somit – ganz im Sinne von Bin Laden – den Zivilisationskonflikt eskalieren zu lassen. Der westlich-islamische Zivilisationskonflikt ist eine weltpolitische Realität und keine Erfindung des Harvard-Professors Samuel P. Huntington. Die Bin-Laden-Falle ist die Djihad-Falle der Konfrontation. Als Alternative sehe ich den interzivilisatorischen Dialog zwischen dem Westen und der Welt des Islam. Dialog bedeutet jedoch nicht, dass der Westen sich und seine Werte gegen den Djihadismus nicht verteidigen darf. In meinem *Zeit*-Artikel *„Selig sind die Belogenen"* im Mai 2002 habe ich für ein westlich-islamisches Bündnis gegen den Djihad-Terrorismus plädiert. Dies war im Afghanistan-Krieg gegen Taliban und al-Qaida möglich, als sich drei islamische Länder – nämlich die Türkei, Usbekistan und Pakistan – am Krieg gegen die Djihadisten beteiligten. Dagegen hat der von den Islamisten angestrebte Dialog die Verhinderung der Aufklärung über Djihadismus und Totalitarismus zum Ziel. Doch Sicherheitsfragen gehören zu jedem offenen Dialog.

Die Neubelebung des Djihad dient der Legitimierung des irregulären Krieges gegen den Westen. Es war zunächst kein Fehler, als US-Präsident Bush im Rahmen des „War on Terrorism“ auf die Wurzeln des Djihadismus im arabischen Nahen Osten verwies und nach einer Lösung suchte. Ein großer Fehler hingegen war jedoch, den Krieg gegen den Terrorismus auf den Irak und auf Saddam zu fixieren und die Irak-Krise bis zum „point of no return“ zu einem Krieg eskalieren zu lassen. Ich bin heute froh, dass es kein Saddam-Regime mehr gibt, übersehe jedoch die zivilisatorische Wunde nicht, die der Fall Bagdads im April 2003 bei Muslimen hinterließ. Während und nach dem Irak-Krieg wurde die weltanschauliche Kluft zwischen dem Westen und der Welt des Islam, entsprechend den Zielen der Djihadisten, eher gefördert als eingedämmt. Dies lässt sich etwa daran erkennen, dass nicht nur Islamisten, sondern auch gemäßigte Muslime, wie Scheich Sayyid al-Tantawi, der als Rektor der al-Azhar-Universität in Kairo wirkt, zum Djihad gegen den Westen aufriefen und Westler als „*Salibiyyun*/ Kreuzzügler“ verfemten.

Vor dem Ausbruch des Krieges fanden im Schatten der Irak-Krise zwei große internationale politische Treffen statt, bei denen die Kluft zwischen der islamischen und der westlichen Welt deutlich artikuliert wurde. Eines davon war in Kuala Lumpur das Gipfeltreffen der 114 „blockfreien Staaten“ (non-aligned states) – wie sie sich selbst trotz des Endes der Bipolarität weiterhin nennen. Der gastgebende malayische Ministerpräsident Mahathir Bin Mohammad eröffnete das Treffen mit einer hetzerisch-propagandistischen Rede, in der er den Krieg gegen den Irak und auch gegen den Terrorismus als „Krieg gegen die Muslime und den Islam“ desavouierte. Daraufhin folgte der Gipfel der 56 Mitglieder der Organisation der Islamischen Konferenz (OIC) in Doha/Katar, auf dem ähnliche Töne zu hören waren. Schließlich brach im März 2003 der Irak-Krieg aus, der das islamisch-westliche Bündnis gegen die djihadistische Bedrohung vorläufig beendete und den Djihad-Geist bei den Muslimen ungewollt beflügelte.

In der belasteten weltpolitischen Atmosphäre des Frühjahrs 2003 blühte die djihadistische Propaganda der Islamisten auf. Im Mai 2003 schlug al-Qaida in mehreren Orten der Welt zu. Das britische Magazin *Time* kommentierte dies am 26. Mai 2003 zutreffend: „Global Jihad isn’t back: It never went away.“ Jene Mai-Anschläge „haben die Illusion begraben, dass die Terroristen, so wie Präsident Bush zusicherte, auf der Flucht“ seien. Vor dem Irak-Krieg und vor diesen Anschlägen erschien die Besorgnis erregende Fatwa des Scheichs al-Tantawi von al-Azhar, der höchsten Institution des sunnitischen Islam. Laut der arabischen Zeitung *al-Hayat* vom 14. März 2003 rief er zum „Djihad gegen die kreuzzüglerischen Eroberer" mit folgender Begründung auf: „Die Eroberung eines Landes durch die Kreuzzügler macht Djihad zur Pflicht für jeden Muslim." Nun ist al-Tantawi weder Islamist noch Djihadist. Er ist ein orthodoxer Muslim, der sogar von einigen Institutionen in Deutschland als „liberal" eingeschätzt wird und zum Dialog in dieses Land eingeladen wurde. Ist er nun in jener angespannten Situation von 2003 zum Djihadisten geworden? Oder ist diese Entwicklung nur die Folge der falschen US-Politik in der zeitgeschichtlichen Linie vom 11. September zum Irak-Krieg?

Es gilt zu bedenken, dass dies die erste Djihad-Erklärung war, die vom Scheich von al-Azhar und nicht von der fundamentalistischen Muslim-Bruderschaft ausging. Erst zwei Tage danach, im März 2003, folgte der Imam der Muslim-Brüder Ma'mun al-Hudeibi, indem er den Aufruf zum Gebet von „*Haya ala al-Salat*/Auf zum Gebet" in die Formel „*Haya ala al-Djihad*/Auf zum Djihad" verwandelte. Sowohl bei dem orthodoxen Azhar-Scheich al-Tantawi als auch bei dem Islamisten al-Hudeibi ist die Kombination von „christlichem Westen" und „*Salibiyya*/Kreuzzüglertum" zu hören. Diese Nachrichten las ich damals in arabischen Zeitungen und vermisste sie in allen westlichen, besonders in deutschen Medien. Warum wurde während der Irak-Krise (etwa in Deutschland) über diese Aufrufe zum Djihad nicht informiert, stattdessen aber über den „Fundamentalisten Bush" (so ein EKD-Funktionär) und die unterstellte „Blut für Öl"-Strategie der „Washingtoner Kriegstreiber" berichtet?

Es ist eine Tatsache, dass über die gegenwärtige Neubelebung des Djihad in der islamischen Zivilisation die Menschen in Deutschland nicht informiert wurden. Ich lebe in diesem Land seit 1962, also seit mehr als 40 Jahren, habe aber hier bisher nie solch eine hetzerische Atmosphäre und eine „Diktatur der Meinungsbildung" wie im Zeitraum 2002/03 erlebt. Es wurde nicht informiert, sondern indoktriniert. Für mich war es daher eine emotionale und geistige Entlastung, vor dem Irak-Krieg nach Japan zu flüchten und mich während des Krieges weitgehend in den USA aufzuhalten. In beiden Ländern konnte ich ohne die beschriebene Belastung die Weltpolitik verfolgen. Auf der Basis dieser Beobachtung kann ich es nicht unterlassen zu bemerken, dass dieses Buch über die djihadistische Bedrohung des islamistischen Totalitarismus auch die deutsche politische Kultur thematisieren muss. In der Bundesrepublik Deutschland, die nach der Befreiung dieses Landes von der NS-Terrorherrschaft zu den führenden westlichen Demokratien gehört, vermisse ich als Ausländer muslimischen Glaubens und Damaszener Herkunft eine politische Kultur des freien Debattierens als Streitkultur unter Demokraten. Diese ist in Deutschland nur sehr schwach entwickelt und kam im Zeitraum 2002/03 völlig zum Erliegen. Zudem fehlt mir der Geist der Freiheit, der eine Abwehr der Bedrohung durch den neuen djihadistischen Terrorismus legitimiert und die Verteidigung der offenen Gesellschaft fördert.

Im Vergleich zu der sehr neurotisch geführten deutschen Leitkultur-Debatte im Jahr 2000, in der ich als Schöpfer des Begriffes Leitkultur im Mittelpunkt der Kontroverse stand und in Mitleidenschaft gezogen wurde, möchte ich das politische Klima in Deutschland zwischen den Anschlägen des 11. September und dem Irak-Krieg als Superlative für alle Mängel an einer demokratischen politischen Kultur bezeichnen. In meiner islamischen Zivilisation gilt die zentrale Feindeslinie bei der Unterscheidung zwischen „Gläubigen" und „Ungläubigen". Als Demokrat, der diese „Feindeslinie" ablehnt, fand ich in der deutschen Atmosphäre im Frühjahr 2003 mehr Ähnlichkeiten zwischen Deutschland und meinem Heimatland Syrien als zwischen Deutschland und anderen westlichen Demokratien. Bedeutet die politische „DDR-Light"-Kultur im vereinten Deutschland, dass die Verwestlichung dieses Landes nach 1945 durch diesen Rückfall nicht ganz erfolgreich gewesen war? Nun ist der islamistische Totalitarismus und nicht Deutschland Thema dieses Buches. Ich erlaube mir dennoch, mich zu der deutschen Wahrnehmung des Djihad-Terrorismus zu äußern, auch weil ich behindert wurde, mich frei zu diesem Thema zu artikulieren und große Probleme hatte, dieses Buch zu veröffentlichen.

Als „gläubig" in einer vom Geist des Islamismus durchdrungenen Welt des Islam wird heutzutage nur noch derjenige eingestuft, der den Islam schriftgläubig interpretiert und an der konstruierten Einheit von Staat und Religion sowie an der *Schari'a* festhält, ohne sie zu hinterfragen. „Ungläubig" soll dagegen jeder Muslim sein, der seine Religion entpolitisiert und sie als Ethik versteht sowie bei dem Erlangen von Wissen vom Primat der Vernunft – nicht der Offenbarung – ausgeht. Diese Gut/Böse-Dichotomie im Islam verleugnet alle großen islamischen Geister besserer Zeiten von al-Farabi bis Ibn Ruschd und Ibn Khaldun, also alle islamischen Rationalisten. Heutzutage existiert in Deutschland ein ähnliches Schema von

„gläubig" und „ungläubig", wobei derjenige „gläubig" ist, der den „Frieden geiler als den Krieg" findet und für den „Frieden hetzt", so die ironischen Worte Wolf Biermanns, der Denkverbote aus seiner DDR-Zeit nur zu gut kennt. Ich selbst habe Denkverbote in Syrien erlebt und bedaure, im „befreiten" Deutschland eine ebensolche politische Kultur erleben und erleiden zu müssen. Wer nicht an die Formel „Blut für Öl" glaubt, gehört zu den „Bushisten". Dabei wurde im US-Präsidenten eine schlimmere Figur als Saddam Hussein oder Qadhafi gesehen. In Bezug auf das Thema dieses Buches war die Sorge der organisierten deutschen Öffentlichkeit das „Feindbild Islam" und nicht etwa die Bedrohung der Freiheit und der offenen Gesellschaft. Der neue Totalitarismus bedroht diese Freiheit. Eine Aufklärung über die totalitäre Bedeutung des neoislamischen Djihad-Begriffs findet jedoch unter diesen Bedingungen nicht statt.

3. Ist der neue Totalitarismus die Antwort auf die Fehler des Westens?

Weder die US-Außenpolitik noch die Existenz Israels sind die Ursache der Entstehung des islamistischen Totalitarismus. Diese Erkenntnis akzeptieren diejenigen nicht, die die Fakten nicht wahrhaben wollen. Bei meinen Vorträgen als Aktivität zur Aufklärung über die neue Gefahr für Freiheit und Demokratie wurde mir immer vorgehalten, ich würde die Frage übergehen, wie viel Schuld und welche Fehler der Westen gemacht habe. Anhand einer Originalquelle werde ich denjenigen, die bereit sind, die Realität wahrzunehmen, die tatsächlichen Hintergründe verdeutlichen. In der arabischen Zeitung *al-Hayat* vom 14. März 2003 schreibt der tunesische Islamist Abu-Yaschrab al Marzuqi im Geiste der Begründer des politischen Djihad-Islam, es gehe beim Irak-Konflikt um einen Kampf zwischen den Optionen einer amerikanisch-israelischen oder einer islamischen Weltordnung. Der zitierte Islamist ist sich gewiss, dass bei diesem Konflikt der Islam als Sieger hervorgehen wird. Er taucht in die Geschichte ein, um die Politisierung des Islam zu einem Islamismus in eine historische Linie einzuordnen:

„Das islamische Erwachen wird [durch den US-Krieg gegen den Irak, B. T.] die Chance bekommen, die Menschheit von der jüdisch-christlichen Fälschung (*Tahrif*) zu befreien … Dies wird so wieder geschehen, wie der Islam früher bei seiner ersten historischen Kampfrunde der Vergangenheit es geschafft hat, das östliche Reich der iranischen Sassaniden und das westliche Reich von Byzanz zu besiegen und ihr Leben zu beenden. In der zweiten Runde unserer Gegenwart ist es durch den Afghanistan-Krieg bereits gelungen, das östliche Reich der Sowjetunion zu Fall zu bringen. Der Krieg im Irak wird – nach Allahs Wille (*Inscha'Allah)* – zum Sieg gegen Amerika führen. Hierbei werden die Muslime nicht nur das arabische Territorium, sondern den gesamten Globus *(al-ma'mura Kullaha)* von der Vorherrschaft der jüdisch-christlichen Fälschung *(al-Tahrif al-torati al-masihi)* befreien."

In diesen Worten kommt die Weltanschauung der Islamisten deutlich zum Ausdruck. Der zitierte Islamist greift auf das islamistische Gegenprojekt zu der Globalisierung als djihadistische Bedrohung des Westens zurück, beschreibt es als „Kampfrunde", die in der Tradition der ersten Kampfrunde der Islamisierung der Welt zwischen dem 7. und 17. Jahrhundert steht und spricht von der „islamischen Mission" für den „Sieg über den Westen, um die Menschheit zu erlösen". Aber die anvisierte totalitäre Weltordnung einer islamischen Gottesherrschaft ist wohl keine Befreiung. Nun haben die USA im Irak-Krieg gegen einen islamischen Despoten gesiegt. Saddam hatte mit dem djihadistischen Islamismus in den Jahren seiner Herrschaft nichts zu tun gehabt, dennoch können wir zwischen den als irregulärem Krieg zu kennzeichnenden Terroranschlägen djihadistischer Islamisten und der Irak-Krise von 2002/03 eine zeitgeschichtliche Kontinuität der politischen Entwicklung feststellen. Diese betrifft weltpolitisch gesehen sowohl den gesamten Westen als auch die Welt des Islam sowie die Beziehung beider zueinander. In meinen Schriften wird die islamische Welt als eine einheitliche Zivilisation begriffen, die in einer Konfliktsituation eingebettet ist. Der Islam als eine Zivilisation hat, ebenso wie der Westen, universelle Ansprüche. Das Problem ist: Beide Universalismen geraten miteinander in Konflikt. Die djihadistische Bedrohung des Islamismus ist die jüngste Spielart dieses Konflikts. In Europa und in den USA lassen sich unterschiedliche Wahrnehmungen der Bedrohung feststellen. Für manche liegt der 11. September schon lange zurück oder er wird bereits als Geschichte eingestuft, die Europa nichts mehr angeht. Die Verbindung zum Irak-Krieg wird bestritten oder gar nicht erkannt. In der deutschen Debatte über diese Zusammenhänge dominiert die Kultur der Betroffenheit und der Anklage-Erhebung gegen die USA, bei der wiederholt die Frage nach der Schuld des Westens gestellt wird. Zu dieser Schuld gehöre, die Gründung des Judenstaates gefördert zu haben.

In der Welt des Islam haben westlich gebildete Eliten sowie liberale Muslime ihr Entsetzen über den Terrorismus des 11. September zum Ausdruck gebracht. Auf der Straße freuten sich jedoch viele Muslime über die erfolgreiche Demütigung Amerikas. Nur wenige Wochen später wurde es Mode, T-Shirts mit Aufschriften wie „Es lebe Bin Laden“ und „Nieder mit Amerika“ zu tragen. Die beiden Türme des World Trade Centers galten für viele Muslime – also nicht nur für Islamisten – als die „Kirchtürme“ des die Welt beherrschenden und nur äußerlich säkularen Westens. Sie konnten von jenen Muslimen, die als Soldaten des Neo-Djihad agierten, in Schutt und Asche gelegt werden. Am 11. September wurde somit auch ein symbolischer Akt vollzogen, der sich als Neo-Djihad gegen die hinter der Maske der „*Ilmaniyya*/Säkularität“ versteckten „Kreuzzügler und Juden“ richtete. Als am 9. April 2003 Bagdad durch US-Soldaten fiel, erfolgte eine Umkehrung der Demütigung. Was das World Trade Center für die USA darstellte, war und ist Bagdad für die Muslime. Auf diese symbolische Art und Weise finden wir sowohl von der US-amerikanischen als auch von der islamistischen Seite – wenn auch in unterschiedlicher Darstellung – eine Verbindung zwischen dem 11. September und dem Irak-Krieg, die als eine spezifisch-zivilisatorische Wahrnehmung anhält und die Perzeption der weiteren Entwicklungen bestimmt. Mit der „Schuldfrage“ lässt sich diese Entwicklung nicht angemessen deuten.

Weltpolitik im 21. Jahrhundert ist eine Politik, die von den Zivilisationen und ihren Anschauungen bestimmt wird; zivilisatorische Grenzen werden wichtiger als die völkerrechtlichen Staatsgrenzen. Wer politisch und militärisch geographische Grenzen überschreitet – so wie beim Irak-Krieg –, begibt sich in eine kulturell andere Welt. Die US-Soldaten im Irak wurden nie auf diese Aufgabe vorbereitet. Das ist ein Fehler des Westens. Mir scheint, dass die Bush-Administration den politischen Islam ebenso wenig versteht, wie die Tatsache, dass dieser älter als die Entwicklung vom 11. September bis zum Krieg im Irak ist und nicht durch Bin Laden personifiziert werden kann. Auf diese Weise wird nicht begriffen, dass der Geist der djihadistischen Bedrohung und des politischen Islam mehr als einen militärtechnisch verstandenen Terrorismus beinhaltet. Für die Bush-Administration gehört der Irak-Krieg zu dem in Verbindung mit dem 11. September stehenden „War on Terrorism“. Für die Muslime stellt dieser Krieg einen „Kreuzzug gegen den Islam“ dar. Mit zeitlicher Distanz können wir heute besser verstehen, dass hier zwei unterschiedliche zivilisatorische Wahrnehmungen einer noch nicht abgeschlossenen „Geschichte“ vorhanden sind. Die djihadistische Bedrohung bestimmt unsere Gegenwart, bei der eine Symbolik des Konflikts zum Ausdruck kommt, die das gesamte 21. Jahrhundert prägen wird. Gleich wie der Westen sich verhält, er wird nie von orthodox-salafistischen Muslimen oder Islamisten akzeptiert. Diese wollen, dass sich der Westen als Gegenmacht zum Islam auflöst. Dagegen kann nur ein liberaler Reform-Islam für einen westlich-islamischen Pluralismus gewonnen werden.

Gehört es zu den Fehlern des Westens, dass er ein Gegengewicht zu den Djihadisten und den weltanschaulich wahhabitisch orientierten, also orthodoxen arabischen Muslimen im Nahen Osten und Europa aufbauen will? Den westlichen Geheimdiensten liegen seit dem 11. September 2001 Erkenntnisse über die geopolitische Verbindung „New York/Washington–Afghanistan–Nahost“ vor. Im Oktober 2001 folgte der Krieg in Afghanistan. Dieser war kein Fehler, wohl aber war es einer, diese Linie auf Saddam Hussein zu erweitern. Zur Begründung dieser strategischen Sicht der USA benötigten die Washingtoner Strategen keine gerichtstauglichen Beweise über eine Zusammenarbeit der al-Qaida mit dem despotischen Terror-Regime eines Saddam Hussein. Der Nahe Osten, nicht allein Afghanistan ist der Ursprung der djihadistischen Bedrohung. Somit tritt diese weltpolitische Konfliktregion auch in der postbipolaren Zeit nach dem Ende des Kalten Krieges wieder in den Vordergrund; von dort aus erweitern sich regionale Konfliktpotentiale zu weltpolitischem Zündstoff. Hierdurch wird klar: Es geht um einen Konflikt mit einer ordnungspolitischen Dimension. Trotz aller Fehler ist die Demokratisierung als Alternative zur Vision einer globalen Djihad-Ordnung, die ein Ausdruck des neuen Totalitarismus darstellt, die beste Lösung. Ist sie machbar und unter welchen Bedingungen?

US-Strategen sehen in der bestehenden Regionalordnung des Nahen Ostens zu Recht ein Relikt des Ost-West-Konflikts und ordnen den 11. September in diesen Rahmen ein. Daher war die Irak-Politik der USA vor dem Krieg im März 2003 nicht nur gegen Saddam Hussein gerichtet, vielmehr zielte sie über eine Entsaddamisierung des Irak hinaus auf eine neue Ordnung im Nahen Osten. Auch die Islamisten wollen die Region neu ordnen. Dies erkennen die neokonservativen Washingtoner nicht – ebenso wenig wie die Bedeutung kultureller Faktoren. Weder Bush noch seine Berater scheinen den politischen Islam und seine djihadistische Bedrohung zu verstehen. Im Irak ist die Vision des ermordeten Ayatollah al-Hakim, einen islamischen Staat aufzubauen, viel populärer als die von der Bush-Administration in ihrem missionarischen Bewusstsein verfolgte Demokratisierung. Der Islamismus wird gestärkt, statt ihn zu schwächen. Die mit dem Fall Bagdads durch US-Soldaten verbundene kollektive Demütigung wird langfristig großen Schaden in den islamisch-westlichen Beziehungen anrichten.

Der Fehler besteht nicht darin, den Nahen Osten demokratisieren zu wollen, sondern in der Illusion der US-amerikanischen Strategie, den Nahen Osten von außen neu zu ordnen, ohne die existierenden soziokulturellen und politischen Rahmenbedingungen angemessen zu beachten. Auch eine Supermacht darf die inneren Strukturen sowie die zivilisatorisch bedingten Weltanschauungen in zwei außerhalb der USA liegenden Weltregionen, dem Nahen Osten und Westeuropa, nicht übersehen. Es war naiv zu glauben, dass die Demokratisierung auf den Sturz des blutbefleckten Despoten automatisch folgen würde. Eine Neuordnung des Nahen Ostens im Sinne einer Demokratisierung der Region würde zwar bessere Partner für den Westen zur Folge haben, sie erfordert jedoch zivilisationsinterne Reform-Bestrebungen, die nicht durch eine externe militärische Intervention erreicht werden können. Dieselbe Bush-Administration in Washington, die die Europäer während des EU-Gipfels im Dezember 2002 vor einem „Clash of Civilizations" warnte (so geschehen im Brief von Colin Powell an den Vorsitzenden der dänischen EU-Präsidentschaft Rasmussen), um die EU zu zwingen, die Türkei aus strategischen Gründen als Vollmitglied aufzunehmen, hat im Irak-Krieg – wenn wohl auch unbeabsichtigt – zu einem solchen „Kampf der Kulturen" beigetragen. Sie hat die soziokulturelle Dimension missachtet und die in der Welt des Islam dominierende Weltanschauung des politischen Islam in Bezug auf den Irak nicht ins Kalkül gezogen. Für mich war es keine Überraschung, dass die seit dem 3. November 2002 in der Türkei regierende Islamistenpartei AKP den USA das militärische Bündnis verweigerte, die Bush-Regierung hingegen war schier erstaunt. Daraufhin ließ die US-Regierung die Türkei wie eine heiße Kartoffel fallen; die Türkei gehört seit dem Irak-Krieg nicht mehr zu den strategischen Säulen der US-Politik im Nahen Osten, Balkan und Mittelasien. Dies wird sich auch nicht dadurch ändern, dass die USA für die Stabilisierung des befreiten Irak gerne türkische Hilfe und die Entsendung türkischer Truppen annehmen werden. Diese Debatte ist aber negativ beendet worden.

4. Der neue djihadistische Totalitarismus gegen die USA und die westliche Zivilisation

Die zivilisatorischen Weltanschauungen in weltpolitischen Konflikten sind in unserem postbipolaren Zeitalter von grundlegender Bedeutung. Entsprechend basiert die djihadistische Bedrohung auf einer zivilisatorisch bedingten Weltanschauung, was ihre Stärke ausmacht. Im Dickicht bestehender Wahrnehmungen versuche ich, die Geschehnisse zwischen dem 11. September und dem Irak-Krieg einzuordnen. Beide weltpolitischen Ereignisse sowie die zeitgeschichtliche Linie zwischen ihnen werden in den USA, Westeuropa und in der Welt des Islam weltanschaulich unterschiedlich wahrgenommen. Um Missverständnissen aus dem Weg zu gehen, muss ich – vor allem für flüchtige Leser – deutlich machen, dass die Deutung der djihadistischen Bedrohung des Islamismus als neuer Totalitarismus weder mit der Religion des Islam als Glaube noch als kulturelles System zu tun hat. Es geht nur um den politischen Islam, sprich den Islamismus. Dieser richtet sich gegen die gesamte, aus Nordamerika und Westeuropa bestehende, westliche Zivilisation.

Nun lenke ich mein Augenmerk auf die USA: Ich kenne das Land durch eine achtzehn Jahre lange Erfahrung (1982–2000), in denen ich – wenn auch mit Unterbrechungen – an verschiedenen US-Universitäten gearbeitet habe. Ich bin nie einem so starken Patriotismus begegnet wie bei meinen dortigen Aufenthalten von Ende September bis November 2001 sowie im Frühjahr 2003 in Boston und New York, wo ich an der ersten Fassung dieser Einführung arbeitete. In Deutschland war die Gefühlslage anders. Bei meinen Vorträgen im ganzen Bundesgebiet 2001/02 konnte ich feststellen, wie sehr meine Deutung des 11. Septembers einigen Deutschen missfiel. Gegen meine ausgewogene und gleichermaßen von Antiamerikanismus und vom „Feindbild Islam“ freie Position wurde ins Feld geführt: Schuld am Terrorismus seien die USA selbst und die von ihrer Hegemonialmacht ausgehende Globalisierung. Außerdem hätte es ohne Israel weder Saddam noch Bin Laden gegeben. Andere sprachen verängstigt vom „Vormarsch des Islam“. Zwischen diesen beiden Extremen ist kein Mittelmaß möglich. In zwei relativ aufgeklärten islamischen Ländern, der Türkei und Indonesien, konnte ich im September/Oktober 2002 die islamische Wahrnehmung des „War on Terrorism“ als einen Krieg gegen die Muslime beobachten. Nicht nur diese Erfahrungen veranlassen mich, der Dimension der Weltanschauung in weltpolitischen Konflikten ein größeres Gewicht zu verleihen, weswegen ich diese Problematik im ersten Kapitel untersuche. Doch will ich in diesem Buch primär von Fakten ausgehen.

Richtig ist: Die Djihad-Terroristen erheben sich nicht primär gegen eine westliche „Unterdrückung". Sie sind zudem nicht „die Vertreter des Islam". Im Wesentlichen wollen sie eine Ordnung der „*Hakimiyyat Allah*/Gottesherrschaft" durchsetzen, die ich als neuen Totalitarismus einordne. Bei meiner Bemühung, die djihadistische Bedrohung, die von diesen Terroristen ausgeht, zu beleuchten, gerate ich unfreiwillig zwischen die Fronten. Nun bin ich sehr eindeutig weder proamerikanisch orientiert noch ein Anhänger von Präsident George W. Bush. Umgekehrt bin ich – im Gegensatz zu einigen Deutschen in der Friedensbewegung – weder antiwestlich noch antiamerikanisch eingestellt. Der Einsatz für den interzivilisatorischen demokratischen Frieden ist mir wichtig, aber ein „Friedenshetzer" (Wolf Biermann) möchte ich nicht sein. Außerdem liegt es mir als Muslim fern, den Islam zu verteufeln, denn er gehört zu meiner kulturellen Identität. Es gehört jedoch nicht zu meinem islamisch-religiösen Glauben, den neuen Totalitarismus gutzuheißen. Ein aufgeklärter aus Indien stammender amerikanischer Muslim, Fareed Zakaria, fragte in einem Leitartikel in *Newsweek* (10. Februar 2003, S. 13), warum Europäer diese Probleme nicht verstehen und ob der Nahe Osten und Europa in Hinblick auf das Verschwörungsdenken einander ähnlich werden, weil in beiden Regionen sowohl der 11. September als auch der Irak-Konflikt als Ergebnis dunkler „weltpolitischer Verschwörungen der Amerikaner und der Juden" wahrgenommen werden.

Zunächst war es erfreulich, dass auch die kirchlichen Vertreter nach dem 11. September entsetzt waren und manche Funktionäre unter ihnen dazu aufriefen, den Mut zu mehr Selbstbewusstsein und Selbstwertgefühl im dialogischen Umgang mit anderen Kulturen, vor allem mit dem Islam, zu entwickeln. Zuvor herrschte in diesen Kreisen die Einstellung „Asche auf mein Haupt", man übte sich also im Dialog in den bekannten Selbstbezichtigungen. Die Folge davon war die Einstellung, sich in kulturprotestantischer Manier selbst die Schuld zuzuschieben. Während des Irak-Kriegs folgte schnell eine Wende um 180 Grad. Der Ruf war zu hören, man solle darauf achten, dass kein „Feindbild Islam" entstehe. Ein fragwürdiges Buch mit diesem Titel wurde in Deutschland neu aufgelegt. Dagegen schien manchen das „Feindbild Amerika" willkommen zu sein. Warnungen vor dem Djihad-Terrorismus als eine Bedrohung für den Westen waren hingegen nicht erwünscht; man hat sie zumindest nicht gehört.

Zu den wenigen aufgeklärten Stimmen, die sich gegen diese beschämende Kulturpropaganda der Evangelischen Kirche Deutschlands erhoben, gehörte der Heidelberger Theologe Gerhard Besier, der in der Zeitung *Die Welt* die EKD während des Irak-Krieges mit gut ausgewählten heftigen Worten moralisch anklagte.

„Feindbild Islam" hin, „Feindbild Westen" her, die Entwicklung zwischen dem 11. September und dem Irak-Krieg war real. Weder der 11. September noch die darauf folgenden beiden Kriege in Afghanistan und Irak waren US-Verschwörungen. Eine Atmosphäre der westlichen Selbstanschuldigung und islamischer Schuldzuweisungen, welche die Diskussion über das „Feindbild Islam" in Westeuropa heraufbeschwört, ist nicht hilfreich. Dadurch, dass die Behauptung, „der Westen" konstruiere im Islam einen neuen Feind als Ersatz für den Weltkommunismus, vertreten und unentwegt wiederholt wird, wird sie nicht richtiger. Ich wiederhole meinen Verweis auf das neu aufgelegte deutsche Buch mit dem Titel ›*Feindbild Islam*‹, in dem unterstellt wird, es sei „absurd zu glauben", dass der Terrorismus „ideologische oder gar religiöse Quellen" habe; außerdem stehe dieser mit dem Djihad überhaupt nicht in Verbindung. Es ist gut, dass es andere deutsche Bücher gibt wie ›*Djihad und Judenhass*‹ von Matthias Küntzel, worin der Zusammenhang zwischen Terrorismus und Antisemitismus aufgezeigt wird. Die islamischen Djihadisten sind gegen alle Juden und den gesamten Westen als Zivilisation. Mit ihrer djihadistischen Bedrohung wollen sie eine Gottesherrschaft begründen. Das ist ihr Totalitarismus, der die Demokratie der Europäer als auch der Amerikaner gleichermaßen ablösen soll. Ich kläre hierüber auf und warne zugleich davor, diesen neuen Totalitarismus der Religion des Islam anzulasten.

Die Frontstellung der Islamisten gegen den Westen und die religiöse Legitimation ihrer Gewaltanwendung sind Positionen, die auf den Praktiker Hasan al-Banna und seinen Mitstreiter Sayyid Qutb, der als der geistige Vater des politischen Islam gilt, zurückgehen. Ihr Ziel ist die *Pax Americana*, die westliche Weltordnung, durch eine *Pax Islamica* abzulösen. Ebenso gilt ihre Kampfansage Europa. Das ist auch der Inhalt und das politische Ziel der djihadistischen Bedrohung gegenüber dem Westen, denn die zeitgenössischen islamistischen Bewegungen haben den Djihadismus als weltanschauliche Grundlage übernommen. Dazu gehört nach Qutb auch, wie der Titel eines seiner Pamphlete besagt, „der Kampf gegen die Juden". Hannah Arendt rechnet den Antisemitismus zu den Elementen des Totalitarismus.

5. Der neue Totalitarismus predigt Djihad-Gewalt zur Errichtung einer totalitären Gottesherrschaft

Beide Dimensionen des Islamismus, der Djihadismus und die totalitäre Gottesherrschaft, verbinden die Idee des irregulären Krieges in Form des Terrorismus mit dem Kampf für eine neue Weltordnung in einem Krieg der Zivilisationen. Ich warne jedoch vor der Illusion, dass zur Abwehr des neuen Totalitarismus oder gar zur Einführung der Demokratie als Alternative allein militärische Mittel ausreichen würden. Demokratisierung und die geistige Auseinandersetzung mit dem Djihadismus müssen ein integraler Bestandteil des „War on Terrorism" sein, so dass die Abwehr des neuen Totalitarismus eine neue, weit über das Militärische hinausgehende Sicherheitspolitik erfordert, also nicht alleine mit Panzern und Flugzeugträgern erfüllt werden kann. Meine Vorbehalte gegenüber dem Irak-Krieg beruhen in diesem Sinne nicht auf einer pazifistisch-gesinnungsethischen, sondern auf einer sicherheitspolitisch-strategischen Argumentation im Sinne einer „*New Security*". Als ein Beispiel möchte ich in meiner Eigenschaft als Vertreter und Mitstreiter des jüdisch-christlich-islamischen Dialogs anführen, dass Sicherheitsfragen im obigen Sinne zu diesem Dialog gehören sollten. Dies habe ich in meiner Rede zum Gedenken an die Opfer der Anschläge in den USA am 11. September 2002 in Jakarta offen gesagt. In einem Kommentar in der *Financial Times Deutschland* vom 27. Dezember 2002 nannte ich den Djihadismus eine islamische Krankheit, welche die „*Umma*/Gemeinschaft aller Muslime" befallen hat. Sie kann nur durch die Muslime selbst, etwa durch parallel zur Demokratisierung stattfindende kulturell-religiöse Reformen geheilt werden. Ich bezweifle stark, ob diese Aufgabe von außen und gar durch die militärische US-Intervention im Irak erfüllt werden kann. Doch weiß ich, dass die djihadistische Bedrohung als Terrorismus die Sicherheit des Westens gefährdet und dieser das Recht hat, sich auch mit Gewalt zu wehren. Beide Ebenen müssen jedoch auseinander gehalten und im jeweiligen Kontext bewertet werden.

Der Westen benötigt in seiner Abwehr des neuen Totalitarismus islamische Verbündete. In diesem Zusammenhang muss die US-Außenpolitik sich darauf vorbereiten, die Gewaltpolitik gegen die Palästinenser zu beenden, weil diese – allerdings nicht ursächlich – den Hass gegen den Westen fördert. Es existiert eine „Nahost-Connection", die von Afghanistan über den Irak bis Palästina reicht. Kein Analytiker kann es sich leisten zu übersehen, dass dem palästinensisch-israelischen Konflikt eine große Bedeutung innewohnt. Der Westen darf es den Djihadisten nicht erlauben, etwa die palästinensische Intifada für sich zu gewinnen. Allerdings betone ich: Weder die USA noch Israel sind die Verursacher des neuen Totalitarismus. Zudem ist der Djihad-Islamismus der Intifada kein Befreiungskrieg; er will eine Gottesherrschaft in einem „*filastin Islamiyya*/islamischen Palästina" errichten. Es ist zu bedauern, wenn der terroristische bzw. fundamentalistische Charakter dieser Intifada bestritten wird. Doch werden die Palästinenser durch die israelische Militärbesatzung unterdrückt, so dass viele aus Trotz zu Djihadisten werden. Die USA können hier abhelfen. Dies hat mit Islamismus und seiner Ordnungsvorstellung von der islamischen Gottesherrschaft jedoch nichts zu tun.

In dieser Einführung verwies ich bereits in einem anderen Zusammenhang auf die Tagung der „blockfreien" Staaten in Kuala Lumpur. Ebenfalls unter malayischer Beteiligung fand eine Konferenz der Außenminister der Staaten der Organisation der Islamischen Konferenz (OIC) in Doha/Katar statt, mit dem Ziel, den Islam vor einer pauschalen Verbindung mit dem Terrorismus zu schützen. In der Rede von Mahathir zuvor wurde diese Verbindung bestritten. In Doha waren die anwesenden islamischen Außenminister jedoch nicht bereit, den Djihadismus von Hamas im Rahmen der Intifada gegen jüdische Zivilisten in die Kategorie des Terrorismus einzuordnen. Statt zum besseren Ruf des Islam beizutragen, endeten beide Konferenzen mit einem Schaden für die internationale Reputation des Islam. Selbst Mahathir, der in seiner Eröffnungsrede auf der Konferenz von Kuala Lumpur eine differenzierte Position eingenommen hatte, ging später zur Propaganda über und weigerte sich anzuerkennen, dass der Krieg gegen den Djihad-Terrorismus nicht gegen den Islam gerichtet ist. Eine islamisch-westliche Front zur Abwehr des neuen Totalitarismus kann ohne diese Erkenntnis jedoch nicht entstehen.

Auf den angeführten Konferenzen, bei denen die anwesenden muslimischen Politiker übrigens keine Demokraten waren, ließ sich weder in Kuala Lumpur noch in Doha/Katar eine kooperative Einstellung beobachten. Diese haben sich in Anklagen gegen den Westen erschöpft, um von eigenen Problemen, wie etwa von fehlender Demokratie und Entwicklung abzulenken. Die hieraus zu ziehende Lehre lautet, dass nur islamische Demokraten im Kampf gegen den neuen Totalitarismus und seine Djihad-Gewalt zuverlässige Partner sind. Immerhin lautet die Alternative: säkulare Demokratie oder totalitäre Gottesherrschaft. Ein demokratischer Friede zwischen den Zivilisationen erfordert Pluralismus und keine Gottesherrschaft.

6. „Feindbild Islam“ bei Abwehr des Djihad-Terrorismus?

Es ist bedauerlich, dass immer, wenn der Westen sich gegen den Djihadismus zur Wehr setzt und eine Sicherheitspolitik gegenüber dem Islamismus betreibt, er der Keule des „Feindbild Islam“ ausgesetzt wird. So bestritt der saudische Innenminister (Interview *al-Hayat* vom 28. November 2002, S. 7), dass die Täter des 11. September Muslime waren und klagte stattdessen die Juden an. Er und der Außenminister der Ölmonarchie unterstellten dem Westen und den Juden ein „Feindbild Islam“. Auch der türkische Islamist und Außenminister Abdullah Gül, der seit dem Sieg seiner islamistischen AKP im Westen fälschlicherweise als „demokratisch-konservativ“ eingeschätzt wird und bis zur Ablösung durch seinen Lehrmeister Tayyip Recep Erdogan im März 2003 Ministerpräsident war, warnte vor einem „Feindbild Islam“. Er bestritt in seinem ersten internationalen Interview mit dem *Spiegel* (46/2002, S. 214), dass der 11. September ein Akt des islamistischen Djihadismus war. In jenem Interview sagte Gül: „Wir sollten uns hüten, die Anschläge vom 11. September als religiöse Handlungen zu deuten.“ Als was haben die Djihadisten von New York und Washington im Auftrag der al-Qaida gehandelt?

Sowohl die beiden saudischen Minister als auch der türkische AKP-Politiker zeigen in den zitierten Stellungnahmen, wie führende islamische Politiker sich weigern, für einen Sicherheitsdialog mit dem Westen über den Djihad-Terrorismus, der von den Gefahren des politischen Islam ausgeht, einzutreten. Auch ich argumentiere, dass der Islamismus nicht dem Islam gleichzusetzen ist. Er ist jedoch eine neue Deutung des Islam und bedient sich somit eindeutig einer religiösen Legitimation. Es ist deshalb falsch zu behaupten, der islamistische Djihadismus habe nichts mit dem Islam zu tun, um dann ebenso falsch zu folgern, hierüber zu sprechen, sei ein Beitrag zur Verbreitung eines „Feindbild Islam“. Ein Beispiel: Der klassische Djihad ist nicht der heutige Djihadismus. Aber aus dieser Aussage zu schlussfolgern, der Djihadismus der Islamisten habe mit dem Islam gar nichts zu tun, ist purer Unsinn, denn es handelt sich dabei um eine neue von islamistisch gesinnten Muslimen gepflegte Interpretation.

Es ist schlicht Propaganda, wenn der saudische Minister im November 2002 behauptet, „dass die gegen Araber und Muslime ausgerichteten ausländischen Geheimdienste – vorrangig die Israelis – dahinter [11. September, B. T.] gestanden haben“. Diese Aussage steht in einer Reihe mit der islamistischen Behauptung einer „Verschwörung der Juden gegen den Islam“. In dieser Linie steht auch das BBC-Interview des saudischen Prinzen und Außenministers Faisal Ibn al-Saud vom 17. Februar 2003, der dort sagte, dass die Fundamentalisten im Westen nicht in der Welt des Islam zu finden seien und daraufhin ein „Feindbild Islam“ unterstellt. Beide saudischen Minister waren sprachlos, als al-Qaida im Mai 2003 nun in Saudi-Arabien selbst mit einem massiven Anschlag aktiv wurde. Die Attentäter waren weder Juden noch Geister, sondern Saudis und andere Muslime! Jenseits der saudisch-wahhabitischen Propaganda möchte ich das dem Westen unterstellte „Feindbild Islam“ in das arabische Verschwörungsdenken einordnen.

Zur Abwehr des Djihadismus ist die Mitwirkung der europäischen Islam-Diaspora von zentraler Bedeutung. Tut sie dies oder verhalten sich ihre Funktionäre wie die eben zitierten Politiker? Der Vorsitzende des Zentralrats der Muslime in Deutschland etwa, der unter starkem Widerspruch vieler anders denkender Muslime beansprucht, sein Verein vertrete die deutsche Islam-Diaspora, sagte in einem Interview nach dem 11. September, er bezweifele, „ob Atta islamisch genannt werden kann. Auf der einen Seite soll er ein überzeugter Fanatiker gewesen sein, auf der andern Seite soll er eine Freundin gehabt haben. ... Fanatiker berufen sich auf Quellen, die sie selbst suchen und auslegen ... Es ist die Denkweise einzelner“ (*Der Tagesspiegel* vom 16. Oktober 2002, S. 5).

Dementsprechend sollen die von al-Qaida zum Terroranschlag entsandten Täter des 11. September nicht nur „Einzeltäter“ gewesen sein, sondern auch gar nichts mit dem Islam zu tun gehabt haben. Dies behauptet auch das Sprachrohr der Palästinenser in den USA, der Christ Edward Said, der die Täter vom 11. September zu einer „*crazed gang*/Bande von Verrückten“ herunterspielt. Said verstarb im Oktober 2003.

Wie auch die soeben zitierten Stimmen, warne ich vor einem „Feindbild Islam“, aber in Kontrast zu ihnen vertrete ich – selbst Muslim – die mit Fakten belegte Position, dass die Attentate vom 11. September von islamistischen Djihadisten als Akt des islamisch legitimierten irregulären Kriegs verübt wurden. Die djihadistische

Bedrohung des politischen Islam gehört zu den Grundlagen des Islamismus seit der zweiten Hälfte des 20. Jahrhunderts. Wir haben es dabei nicht mit „Verrückten“, sondern mit einer religiös-politischen Strömung eines neuen Totalitarismus zu tun, der weltweit eine Ordnung der Gottesherrschaft anstrebt. Über diesen Djihad-Islamismus aufzuklären bedeutet nicht, einem „Feindbild Islam“ Vorschub zu leisten.

Organisierte Islamisten sind numerisch eine Minderheit. In der Welt des Islam sind sie dennoch die einzig aktive Hauptströmung der bestehenden Opposition. Nicht nur gegen die zitierten islamischen Politiker, sondern auch gegen westliche Wissenschaftler wie Gilles Kepel argumentiere ich, dass der Islamismus beständig an Zulauf gewinnt und sich keineswegs im Niedergang befindet, wie manche ihrem Wunschdenken folgend vermuten und deshalb fälschlich vom „Post-Islamismus“ sprechen. Der strategische Fehler der Bush-Administration bei der Planung des Irak-Krieges bestand darin, diese fundamentalistische Dimension aus allen politischen Konzepten völlig herauszulassen. Der Irak-Krieg hat das Land von einem Despoten befreit, aber leider den politischen Islam gestärkt und hierbei, statt einer Entsaddamisierung des Nahen Ostens, dem islamischen Fundamentalismus einen Schub gegeben. Der totalitäre Djihad-Islamismus wird das gesamte 21. Jahrhundert hindurch ein Störfaktor in den westlich-islamischen Beziehungen bleiben.

7. Der Aufbau dieses Buches

Diese, die Thematik dieses Buches erläuternde Einführung möchte ich mit einer Skizze seines Aufbaus beenden. In Kapitel I werde ich die Bedeutung religiöser Weltanschauungen der Menschen bei weltpolitischen Konflikten beleuchten. Dabei gehe ich von der Prämisse aus, dass eine soziokulturelle Dimension bei der Geopolitik der Zivilisationskonflikte im 21. Jahrhundert in allen politischen Konflikten im Mittelpunkt steht und ohne deren Verständnis jede Analyse der Weltpolitik auf der Strecke bleibt. Im Nahen Osten ist die dominierende Weltanschauung die des politischen Islam, nicht die Idee der Demokratie und schon gar nicht das Konzept individueller Menschenrechte. Die Demokratisierung des Nahen Ostens nach dem Irak-Krieg stößt sich an dieser Realität, wie alle Berichte über die innenpolitische Situation nach dem Fall Bagdads am 9. April 2003 belegen. Dennoch müssen wir dieser Perspektive der

Demokratisierung eine Chance einräumen, andernfalls würden wir folgerichtig den neuen Djihad-Totalitarismus hinnehmen, weil eine Zwischenlösung scheinbar nicht möglich ist. Ein weltoffener, zur Demokratie fähiger Reform-Islam muss gegen den Islamismus gefördert werden.

In Kapitel II befasse ich mich mit dem politischen Islam als neuem Totalitarismus; dieser kommt in einem weltpolitisch übergeordneten Rahmen durch den Djihadismus zum Vorschein. Nach meiner Deutung ist der politische Islam eine Erscheinung der „politischen Religion“. Diese Politisierung des Islam führt zum neuen Totalitarismus. Die Vision einer „*Hakimiyyat Allah*/Gottesherrschaft“ als einer totalitären Herrschaftsform für die gesamte Welt entfaltet sich im Rahmen dieser Politisierung des Islam. Dieser Prozess hält seit der zweiten Hälfte des 20. Jahrhunderts an. Viele Europäer haben nicht nur Schwierigkeiten zu verstehen, dass der neue Totalitarismus sowohl als Terrorismus der djihadistischen Bedrohung als auch als totalitäre Ordnungsvorstellung religiös motiviert hervortritt. Auch erkennen sie nicht, dass er sich nicht nur gegen Amerika, sondern gegen die gesamte westliche Zivilisation richtet, die ja aus Westeuropa hervorging. Diese Zusammenhänge werden in Kapitel III über den Djihadismus als gewaltförmige Herausforderung an den Westen erläutert.

Ich biete in Kapitel IV eine zeitgeschichtliche Analyse des 11. September 2001, um darauf folgend in Kapitel V die weltpolitische Entwicklung bis zum Irak-Krieg im März/April 2003 nachzuzeichnen. In diesen beiden Kapiteln wird eine Entwicklung seit dem 11. September untersucht, die zur Spaltung des demokratischen Westens auf der Basis unterschiedlicher Wahrnehmungen der djihadistischen Bedrohung geführt hat. Gegen die beiden früheren Totalitarismen war der Westen geeint, am neuen Totalitarismus ist jedoch das transatlantische Bündnis zerbrochen. Ich kritisiere zwar den Unilateralismus der USA, sehe aber darin nicht den Hauptgrund der Spaltung.

Das zentrale Ziel dieses Buches ist, durch Informationen und Analysen besonders jene Deutschen wachzurütteln, die in den Djihadisten lediglich die Protagonisten des Aufstandes der Unterdrückten der „Dritten Welt“ gegen die Globalisierung sehen und somit die Bedrohung durch den Djihad-Islamismus als einem neuen Totalitarismus des 21. Jahrhunderts nicht verstehen.

Diese Einführung entstand als Erstfassung in Tokio im Februar 2003 und wurde im folgenden Monat März in Boston sowie später in Göttingen mehrfach ausgearbeitet. Ich war in Tokio auf einem EU-Japan-Dialog, reiste dann nach Boston und New York, wo ich diese Arbeit fortsetzte. Der Text des Buches ist zwischen April und Juli 2003 in St. Gallen mehrfach neu geschrieben worden; dort wirkte ich als Gastprofessor für Islamologie. In Göttingen, wo ich Internationale Beziehungen lehre, wurde diese Endfassung schließlich im August fertig gestellt. Ich habe jeden Satz in dieser sensible Themen ansprechenden Einführung mindestens fünfmal im interkulturellen Kontext der Entstehung des Textes durchdacht. Ich will niemandem auf die Füße treten, dennoch erkenne ich keine Zensur an, auch wenn sie unter dem Namen Political Correctness praktiziert wird.

I. Der religiös-kulturelle Neoabsolutismus als Totalitarismus im Zivilisationskonflikt

Nach meiner Einführung in die Thematik dieses Buches gehe ich im ersten Kapitel dazu über, die zunehmende Bedeutung religiös-zivilisatorisch begründeter Weltanschauungen in der postbipolaren Weltpolitik zu beleuchten, denn der neue Totalitarismus ist nicht nur eine politische Ideologie; er beruht auch auf einer entsprechenden zivilisatorischen Weltanschauung. Ich werde im Folgenden diesen Gegenstand aus diversen Blickwinkeln betrachten und seine unterschiedlichen Dimensionen erläutern. Die Analyse wird jedoch mit einem Bezug zum Irak-Krieg vom März/April 2003 eingeleitet, um an diesem Beispiel aufzuzeigen, wie weltpolitische Ereignisse kulturell und zivilisatorisch unterschiedlich wahrgenommen werden. Es gibt tiefe Differenzen zwischen westlicher und islamischer Weltanschauung. Diese müssen auch als solche und nicht als „Missverständnisse" – so etwa der deutsche Bundespräsident und der italienische Präsident in einem gemeinsamen Beitrag über Europa und den Islam – angesprochen werden. Der soeben angeführte Hinweis, dass eine Weltanschauung in der Weltpolitik – so wie der neue Totalitarismus – anders als eine politische Ideologie ist, ist noch zu ergänzen: Dieser Totalitarismus ist im Gegensatz zu seinen Vorgängern, dem NS-Faschismus und dem Stalin-Kommunismus, eine Bewegung, hat sich also bisher in keinem politischen System manifestiert – von den Ausnahmen des Irans der Ayatollahs und Afghanistan unter den Taliban, deren Erläuterungen den Rahmen dieses Buches sprengen würde, abgesehen. Der Djihad-Islamismus ist noch eine totalitäre Weltanschauung zahlreicher islamistischer Bewegungen, der ihnen als Orientierung für ihre politische Praxis dient.

1. Die kulturelle Wende: Weltanschauung und Zivilisation

Für Muslime bildet der Westen trotz seiner Vielfalt eine Einheit, auf die die unterstellten christlich-islamischen Differenzen bezogen werden. Ich möchte diese Differenzen am Beispiel der islamischen

Dimension des Irak-Krieges illustrieren. Mein Ausgangspunkt ist die mit vielen Experten für internationale Politik geteilte Erkenntnis, dass unser Zeitalter nach dem Ende des Ost-West-Konflikts durch die „*cultural turn*/kulturelle Wende" gekennzeichnet ist. Der Begriff bezieht sich darauf, dass Menschen, die sich kulturell-weltanschaulich zu einer Zivilisation gruppieren, in Konfliktsituationen ihre Zugehörigkeit zu Kulturen intensiv wahrnehmen und sich jeweils in das entsprechende Kollektiv einordnen. Daraus erwachsen jeweils unterschiedliche Wahrnehmungen der Weltpolitik. Auf diese Erkenntnis bezieht sich meine These von den verschiedenartigen Wahrnehmungen des Irak-Krieges und den entsprechenden politischen Folgen. Vor und während dieses Krieges sprachen Amerikaner von der Fortsetzung des „War on Terrrorism", wohingegen Kontinentaleuropäer die Formel „Blut für Öl" als Erklärung verwendeten. Dies zeugt vom Vorhandensein unterschiedlicher Wahrnehmungen innerhalb der westlichen Zivilisation selbst.

In der Welt des Islam, wo eine völlig andere Wahrnehmung dominiert, war die Rede von Kreuzzüglern, die im Irak einmarschiert seien. Der Kampf gegen sie gelte als Djihad, also als heiliger Krieg der Muslime gegen die Feinde des Islam. Diese Deutung hat ihren Ursprung *nicht* im damaligen Propaganda-Apparat Saddams und auch nicht nur im religiösen Fundamentalismus des Islam. Sie wurde eine Woche vor Ausbruch des Krieges sogar in einer Fatwa von der höchsten Autorität des sunnitischen Islam, vom Rektor der al-Azhar-Universität in Kairo, Scheich Sayyid al-Tantawi, maßgebend formuliert. Diese Fatwa wurde in der großen saudisch finanzierten Zeitung *al-Hayat* (die Redaktion befindet sich jedoch in London) veröffentlicht. Gleichzeitig fanden trotz staatlicher Repression in der Welt des Islam – von der atlantischen Küste Marokkos bis Jakarta in Südostasien – Massendemonstrationen gegen die USA statt, die als christliche Supermacht der Kreuzzügler wahrgenommen wird.

In der islamischen Wahrnehmung ist hierbei zweitrangig, dass Saddam ein Despot war. Gesehen wird nur, dass Bagdad von Christen eingenommen wurde. Der Fall Bagdads durch die US-Truppen am 9. April 2003 hat in der islamischen Wahrnehmung den gleichen Rang wie der Fall Bagdads 1258 durch den Mongolenführer Helúgu Khan und ebenso wie der Fall Kairos 1798 durch den Vertreter der Französischen Revolution, Napoleon Bonaparte. Diese islamische, als zivilisatorisch zu bezeichnende Dimension des Irak-Krieges hat längst begonnen, die Kriegsfolgen entscheidend zu bestimmen.

So beteten die unter sich zerstrittenen irakischen Sunniten und Schiiten am Freitag, den 18. April 2003, gemeinsam in einer Bagdader Moschee; ihr Imam forderte die Christen – die sich selbst als Befreier wahrnehmen – auf, das Land zu verlassen, ehe sie dazu durch den Djihad gezwungen würden. Hier prallen zwei Weltanschauungen aufeinander. Von dramatischer Tragweite ist außerdem die Assoziation des Anspruchs der USA auf Demokratisierung mit einem christlich-kreuzzüglerischen Plan. Die Ablehnung der säkularen Demokratie ebnet den Weg zum neuen religiös legitimierten Totalitarismus. Wir dürfen diesen weltanschaulichen Konflikt zwischen Demokratie und Totalitarismus nicht herunterspielen, andernfalls bleibt uns das Verständnis postbipolarer Weltpolitik des *„cultural turn“* verschlossen.

Von September 1990 bis März 2003 hat Saddam persönlich immer wieder eine Dekade lang den „Kreuzzüglern“ den Djihad erklärt. An dieser Stelle ist jedoch anzumerken, dass dem Despoten hierzu die religiöse Legitimität fehlte und dass diese Aufrufe nicht den hier angesprochenen Djihadismus beinhalteten, denn die Baath-Partei, die die Familie Saddams im Irak und die Assad-Familie in Syrien an die Macht gebracht hatte, ist eine säkulare Partei. Ihr Gründer war ein Christ namens Michel Aflaq. Zu den Fälschungen unter Saddams Regime gehörte die Vision, dass der christliche Panarabist Aflaq zum Islam übergetreten sei, weshalb er nach seinem Tod im Beisein Saddams in Bagdad im Rahmen eines Staatsaktes islamisch beerdigt wurde. Aflaq galt als Bewunderer vom NS-Deutschland. Er studierte in Paris und formte dort den Keim der Baath-Partei, die er, orientiert am deutschen Modell, nach seiner Rückkehr nach Damaskus gründete. Ihre Ideologie des Panarabismus sollte Nationalismus und Sozialismus in eine Synthese bringen. Die panarabische Baath-Ideologie ist die Vision eines arabischen Nationalsozialismus und somit auch ein Totalitarismus, der sich im Gegensatz zum Djihad-Islamismus säkular begründet. Damit stellt sich die Frage, warum die Entfernung des Saddam-Regimes, der Baath-Partei und der Fall von Bagdad eine islamische Dimension haben? Im April 2003 ist ein orientalischer Despot – zumindest symbolisch – enthauptet worden. Die Amerikaner stellen sich als Befreier vor, ernten dafür aber in der islamischen Welt einen immer intensiver werdenden Antiamerikanismus. Wie lässt sich dies erklären? Ich denke, die Erklärung ist im weltanschaulichen Zivilisationskonflikt zu suchen, dessen zunehmende Bedeutung in der Weltpolitik die Substanz der hier angesprochenen „kulturellen Wende“ ausmacht.

Von deutscher Seite hörte man während des Irak-Krieges von den vielen kaum über den Gegenstand informierten Kommentatoren, die der deutschen Öffentlichkeit als „Nahost-Experten" präsentiert wurden, viele Visionen, die allesamt mit Nahost-Realitäten nichts zu tun haben. Weder in der Globalisierung noch in der US-Außenpolitik oder in Scharons Militäraktionen in Palästina hat die Weltanschauung der islamischen Zivilisation ihren Ursprung. Wer diesen Aufstand verstehen will, muss sich die christlich-islamische Geschichte vergegenwärtigen und sich die Weltanschauungen, die aus ihr hervortreten, bewusst machen. Diese spielen in unserem postbipolaren Zeitalter eine zunehmende Rolle in der Weltpolitik. Hierbei handelt es sich um die Revolte einer Zivilisation, die eine *Pax Islamica* für den gesamten Globus verwirklichen will. Zwischen dem 7. und 17. Jahrhundert hat es in der Welt eine solche – wenngleich unvollständige – islamische Ordnung gegeben, die jedoch durch eine neue Zivilisation, den Westen, abgelöst wurde. Die mit dem Aufstieg des Westens einsetzende europäische Expansion verdrängte den Islam seit dem 16. Jahrhundert aus der Position der international führenden Macht. Amerika wurde gerade entdeckt, und die Welt konnte somit zu jenem Zeitpunkt noch keine *Pax Americana* haben. Die Europäer waren demnach der Ursprung der Verwestlichung der Welt als europäisches Welteroberungsprojekt, welches das islamische Djihad-Projekt der globalen Dominanz zu Grabe trug. Die djihadistisch-islamistische Weltanschauung wendet sich also nur aktuell gegen die USA, im Wesentlichen ist sie gegen den gesamten Westen und insbesondere gegen Europa gerichtet. Der Westen hat die nach dem Westfälischen Frieden von 1648 aufgebaute europäische Ordnung auf die gesamte Welt übertragen. Gegen diese Ordnung erheben sich die Djihad-Islamisten, die sie durch eine globale Gottesherrschaft des Islam ablösen wollen. Es handelt sich hierbei um jene Weltordnung, die den neuen Totalitarismus anstrebt. Das ist der Inhalt des hier im Mittelpunkt stehenden weltanschaulichen Konflikts.

Jenseits von Wahrnehmung und Weltanschauung lässt sich in der Weltpolitik eine Entwicklungslinie vom Ende des Ost-West-Konflikts bis zum Fall Bagdads feststellen, bei der sich eine *Pax Americana* langsam auch in der Welt des Islam herausbildet. In der islamischen Wahrnehmung wird diese Entwicklung vom gesamten „*al-Gharb*/der Westen" getragen und in eine viel weiter reichende Geschichte eingeordnet. Der vor vielen Jahrhunderten entstandene Westen hat die islamische Belagerung von Wien 1683 mittels technologischer Überlegenheit scheitern lassen und danach dem Heer der Muslime eine Niederlage nach der anderen zugefügt. Zuvor wurden die Muslime zunächst aus Spanien und später stufenweise aus Südosteuropa verdrängt. Mit der Einnahme Kairos 1798 durch Napoleon wurden letztlich die Rollen getauscht: Muslime waren nicht länger Djihad-Eroberer mit einer universellen Mission der Islamisierung des Globus. In der neueren Geschichte waren und blieben sie Eroberte. Der Djihad wandelte sich vom Eroberungskrieg der Islamisierung zum Verteidigungskrieg gegen die Verwestlichung. Im islamischen Bewusstsein ist das eine zivilisatorische Demütigung, deren jüngste Spielart die Wahrnehmung der Einnahme Bagdads durch christliche US-Truppen ist, die sich – islamisch gesehen – als „Alliierte" verkleiden. In diesem historischen Kontext spielt es keine Rolle mehr, dass Saddam ein blutbefleckter Diktator war. Es gilt nur, dass Saddam nicht nur ein Muslim, sondern der Herrscher von Bagdad war, der durch eine Invasion von Christen entmachtet wurde. Durch diese Wahrnehmung geht mit einem westlichen Sieg die Geschichte, wie einst Fukuyama verkündete, nicht zu Ende. Vielmehr beginnt sie auf weltanschaulicher Grundlage als eine von miteinander streitenden Zivilisationen geprägte neu. Der große islamische Geschichtsphilosoph Ibn Khaldun hat im 14. Jahrhundert gezeigt, dass die reale Geschichte eine solche der Zivilisationen ist. Arnold Toynbee und nach ihm Raymond Aron haben dies fortgesetzt.

In dem beschriebenen übergeordneten Zusammenhang hat der sonst als gemäßigter Muslim bekannte Scheich al-Tantawi von der al-Azhar-Universität die zitierte Fatwa erlassen, nach der die Verteidigung Bagdads als Djihad der „Muslime gegen die Kreuzzügler" zu begreifen sei. Bagdad hatte als Sitz des größten Kalifen im Islam, Harun al-Raschid, ihre glorreichen Tage als Metropole der islamischen Zivilisation. Der 9. April 2003 wird somit als große Demütigung der Muslime in die islamisch-westliche Weltgeschichte eingehen und für lange Zeit die Beziehungen zwischen beiden Zivilisationen negativ belasten. In der Administration des US-Präsidenten Bush werden diese Zusammenhänge nicht begriffen. Nur unter Berücksichtigung der islamischen Weltanschauung können die Menschen im Westen die in der Welt des Islam dominierende Wahrnehmung des Irak-Krieges verstehen. Der Islam ist Religion und Zivilisation zugleich, deswegen beruht die entsprechende Weltanschauung auch auf religiösen Grundlagen. Warum verstehen die Europäer diese Zusammenhänge nicht? Die Erklärung hierfür finden wir in der Tatsache des Bedeutungsverlusts der Religion in Europa.

Vielen Europäern, denen die Bedeutung der Religion abhanden gekommen ist und denen oftmals Sensibilität gegenüber religiösen Anschauungen fehlt, empfinden nichts bei der Verwandlung von Kirchen in Flohmärkte oder Diskotheken (so in den Niederlanden) und glauben, Toleranz zu beweisen, wenn erwogen wird, leere Kirchen an Muslime zu verschenken, damit diese daraus Moscheen einrichten können. Solche Überlegungen gab es auch in Nordrhein-Westfalen. Es fällt auf, dass die auf diese Weise denkenden Europäer nicht verstehen können, dass die Religion in anderen Kulturen die zentrale Quelle der jeweiligen Weltanschauung ist. Der mit dem Djihad-Islamismus zusammenhängende neue Terrorismus bringt eine weltpolitische Erscheinung des 21. Jahrhunderts zum Ausdruck, die eng mit einer politisierten religiösen Weltanschauung zusammenhängt, deren Aufleben die angesprochene kulturelle Wende manifestiert.

Keineswegs wird bei der Feststellung der kulturellen Wende die ökonomische Globalisierung und ihre Wirkung übersehen. Menschen handeln jedoch aufgrund religiöser Weltanschauungen und nicht nur aus wirtschaftlichen Motiven. Wenn Djihad weltanschaulich als Djihadismus neu auf religiöser Grundlage gedeutet wird, dann hat der djihadistische Terror der daraus hervorgeht, viel mit Religion zu tun, er ist sozusagen „heiliger Terror“[1] parallel zum heiligen Krieg. Damit entfaltet sich eine Ordnungsvorstellung, die eindeutig totalitäre Züge trägt und als göttliche Verordnung gepredigt wird. In der weltpolitischen Entwicklung vom 11. September 2001 bis zum Irak-Konflikt 2002/2003 wird in der Weltpolitik die zunehmende Bedeutung der Religion in einer totalitären Deutung ganz klar.[2] Der Krieg gegen den Djihad-Terrorismus wird trotz seiner religiösen Dimensionen auf beiden Seiten (also Islam und USA) zu einem politischen Konflikt zwischen Demokratie und Totalitarismus. Ein amerikanischer Forscher und Kenner religiöser Ideologien, Mark Juergensmeyer, gab seinem Buch über den Konflikt zwischen säkularen und religiösen Ordnungsvorstellungen den mit einem Fragezeichen versehenen Titel ›*The New Cold War?*‹[3]. In Bezug auf den politischen Islam ist dies in der Tat der zentrale geopolitische Inhalt der Weltpolitik.[4] Es ist ein kalter Krieg zwischen zwei Ordnungsvorstellungen: dem existierenden säkularen Nationalstaat versus einer politischen Vision von der gepredigten Gottesherrschaft. Doch dieser bleibt nicht auf der Ebene des Staates stehen, beide Universalismen streiten weltanschaulich um die Weltordnung. Die Idee vom Gottesstaat ist der weltanschauliche Kern des neuen Totalitarismus, und die Forderung nach ihm wird zu einer weltpolitischen Herausforderung an die säkulare Demokratie.

Politisierte Religionen verwandeln religiöse Weltanschauungen in Ordnungsvorstellungen und in weltpolitische Ideologien. Sie beziehen sich zudem auf Zivilisationen[5]. Deswegen ist es berechtigt, von religiös-zivilisatorischen Weltanschauungen in der Weltpolitik zu sprechen. Darunter finden sich solche, die nur regionale Bezüge haben, wie etwa der Hinduismus, der die hinduistische Zivilisation zu einem Groß-Hindustan territorialisieren will. Andere Weltanschauungen – wie vorrangig der Islamismus –, die universelle Ansprüche besitzen, beanstanden die bestehende Weltordnung und wollen ihre eigenen weltanschaulichen Vorstellungen durchsetzen. Konkret verfolgt der totalitäre Djihadismus als Weltanschauung das Ziel, die *Pax Islamica* mit der Gewalt des Djihad in eine Realität zu verwandeln. Auf diese Weise bestimmen in unserer Zeit die Zivilisationskonflikte[6] die postbipolare Geopolitik[7], wodurch die entsprechenden Weltanschauungen ein zentrales weltpolitisches Gewicht erhalten. Mit dem Islamismus haben wir auch einen religiös legitimierten Totalitarismus, der eine globale Ordnung beansprucht, die jedoch noch keine reale Entsprechung hat. Noch herrscht weiterhin die westfälische Ordnung von 1648 in der Weltpolitik vor, während der Djihad-Islamismus bislang lediglich eine Bewegung ist.

Dieses Verständnis der neuen Weltpolitik erfordert, sich von der Sichtweise zu befreien, alle politischen, sozialen oder kulturellen Erscheinungen von der „ökonomischen Basis" abzuleiten und sie auf diese Weise monokausal zu erklären. Zu dieser Denkweise gehört die Ansicht „Blut für Öl", die von der Vorstellung ausgeht, dass der gesamte Rahmen der menschlichen Kondition – von Kultur bis Religion – eine Art konstruierter „ideologischer" Überbau sei, der alleine von der Ökonomie bestimmt werde. Von meinen – ebenfalls von Marx beeinflussten – Frankfurter Lehrern Theodor W. Adorno und Max Horkheimer[8] sowie von dem damals in Tübingen lehrenden Ernst Bloch[9] lernte ich in meinen jungen Jahren, in diesem kruden, auf „Ableitung", sprich Reduktionismus, basierenden Materialismus verächtlich einen vulgären Marxismus zu sehen. Damit ist der simplifizierende Hang gemeint, alles Geschehene mit wirtschaftlichen Interessen zu erklären. Heute unterscheiden sich einige Linke und ökonomistisch denkende Konservative in der Vereinfachung der Weltsicht nicht mehr voneinander, denn beide erklären alle Welterscheinungen – fast primitiv – mit der ökonomischen Globalisierung. Dies ist die Einstellung, die die Wahrnehmung der Anschläge des 11. September in Deutschland weitgehend prägt. Sie wurde auch nicht erschüttert, als erste Informationen über die Terroristen bekannt wurden und klar wurde, dass die Täter djihadistische, aus Mittelschichtfamilien stammende Islamisten waren[10] und der saudisch-jemenitische Multimillionär Bin Laden eine „Islamistische Internationale" namens al-Qaida[11] anführte.

Obwohl mehrfach eine Verbindung zwischen der islamischen Zivilisation und dem 11. September bestritten wurde, lässt sich feststellen, dass das Interesse am Islam gewachsen ist, weil die Globalisierungsthese außer hohlen Phrasen keine hinreichende Erklärung für die Anschläge bot. Die *Stuttgarter Zeitung* schrieb nach dem 11. September: „In allen großen Buchhandlungen der Stadt suchen die Kunden seit dem 11. September ... verstärkt nach Büchern, die wenigstens ein bisschen Orientierung ... versprechen", und fügt am Ende des Berichts hinzu: „Zum Thema Islam empfehlen die Stuttgarter Buchhändler vor allem ... die neueren Bücher des Islamexperten Bassam Tibi."[12] Wenn von diesem Kreis der „Islam-Experten" die Rede ist, muss beim Studium des Islam ein wichtiger Unterschied hervorgehoben werden: Die Islamkunde ist eine Philologie altorientalischer Sprachen. Als ein Wissenschaftler des akademischen Fachs „Internationale Beziehungen" ist dies nicht mein Terrain. Ich befasse mich mit den Realitäten der Welt des Islam und beanspruche, Begründer einer neuen Fachrichtung zu sein, die ich Islamologie nenne. Diesen Unterschied möchte ich anhand zweier Vorgehensweisen in Bezug auf Studien über den Islam erörtern. Die wissenschaftliche Auseinandersetzung mit dem Islam in den Sozialwissenschaften fehlt an der deutschen Universität einerseits mangels Sprachkenntnissen, andererseits wegen der geringen Wertschätzung von *„area studies"* völlig; stattdessen dominiert die tradierte, vorwiegend philologische Islamkunde. Mit der von mir in Deutschland begründeten Fachrichtung der Islamologie[13] führe ich die Islamstudien in die Sozialwissenschaften ein, was vielen Islamwissenschaftlern missfällt. In Leserbriefen an deutsche Redaktionen versuchen Islamisten und deutsche Orientalisten mir mit dem Argument, ich sei kein Islamwissenschaftler, Sachkenntnis abzusprechen. Dies behaupte ich auch nicht; ich bin Sozialwissenschaftler und kein Philologe. Im Gegensatz zur Islamwissenschaft basiert die von mir vertretene Islamologie auf historisch-sozialwissenschaftlichen Studien, wobei die Analyse des internationalen Kontextes im Mittelpunkt steht. Diese Thematik kann man mit philologischen Methoden nicht erforschen. Der Djihad-Islamismus ist eine Bewegung, die in Realitäten eingebettet ist; sie ist kein Text. Die vorliegende Studie schließt an meine früheren Arbeiten an, die seit dem Ende des Ost-West-Konflikts die zunehmende Bedeutung der Weltanschauung in der Weltpolitik am Beispiel des Islamismus sozialwissenschaftlich erklären. Natürlich will ich hier nicht wie die „Globalisten", die alles mit Ökonomie deuten, monokausal verfahren. Wenn ich auf die Bedeutung des *„cultural turn"* hinweise, führe ich nicht alles auf die kulturelle Weltanschauung zurück, sondern beziehe politische, soziokulturelle und wirtschaftliche Implikationen in meine Analyse ein.

2. Den politischen Islam verstehen: Vom Islam-Boom zur tiefer greifenden Analyse

Außer Märchen und Stereotypen kennen die Europäer äußerst wenig vom Islam. Ein Islam-Boom folgte nach dem 11. September auf dem deutschen und internationalen Buchmarkt, verblasste jedoch nur wenige Monate später zugunsten von Büchern über Globalisierung und Terrorismus, deren Autoren ohne näheres Wissen auf Islamisten und Djihadisten zurückgriffen, um ihre Vorurteile bestätigt zu sehen. Ein Boom folgte während der Irak-Krise 2002/2003. Eine Bücherflut zum Thema Irak kam auf den Markt, deren Autoren vorwiegend ohne Sachkenntnis und sprachlichen Zugang zu den islamischen Quellen deutsche Leser fehlinformierten. Wenn man glaubt, in der Weltpolitik gehe es nur um Öl und wirtschaftliche Interessen, dann werden Weltanschauungen lediglich als „Reflex" auf ökonomische Phänomene gedeutet. Um solche Simplifizierungen zu Papier zu bringen, benötigen die entsprechenden Autoren keinerlei Kenntnisse über die islamische Weltanschauung. Bei dieser Denkweise wird weder der 11. September und die Militarisierung des weltanschaulichen Zivilisationskonfliktes noch der weitere Rahmen des Irak-Krieges begriffen. In Amerika habe ich gelernt, zunächst die Fakten auf den Tisch zu legen, und erst dann über Meinungen zu streiten. In Bezug auf den Islam und Nahost herrscht in Deutschland das Umgekehrte: Meinung ohne Fakten und Wissen. Dies gilt für viele Veröffentlichungen über politische Themen, deren Autoren kaum informiert sind und dennoch formal als seriöse Sachbücher eingestuft werden. Aber nicht einmal solche oberflächlichen politischen Sachbücher sind auf der Sachbuch-Rangliste in Deutschland auf den oberen Plätzen vertreten – hier rangieren eher Sex-Anekdoten und Kochbücher von Fernsehstars. Man kann nur hoffen, dass in Krisenzeiten – und der politische Islam wird lange für solche sorgen – die Leser wieder zu guten politischen Büchern greifen. Hätte ich nicht diese Hoffnung, hätte ich dieses Buch nicht geschrieben.

Verlassen wir die Welt der Bücher, an deren Beispiel ich das Problem des mangelhaften Wissens in Deutschland über andere Kulturen erläutern wollte. Ein Islam-Boom auf diesem Markt ist wie ein Wetter abhängiger Gegenstand, also relativ kurzlebig. Nicht so vergänglich sind hingegen die realen Entwicklungen in Religion und Kultur, die sich nicht einfach aus globalen Strukturen ableiten lassen. Mit dieser Begründung will ich meine Analyse über den politischen Islam und seine djihadistische Weltanschauung als neuen Totalitarismus von der Islamkunde sowie vom simplifizierenden Reduktionismus der Globalisierungstheoretiker abgrenzen. In Frankfurt nannten wir, die Adorno-Schüler der 68er-Generation, solche Vulgärmarxisten deshalb abfällig „Ableiter", weil sie alles von der ökonomischen Basis „ableiteten". Ich berufe mich bei dieser Geisteshaltung auf große von Marx inspirierte Denker wie Ernst Bloch und Theodor W. Adorno, die lange vor der Verbreitung der Mode, alles mit der Globalisierung erklären zu wollen, davor warnten, Geistiges, also religiöse und kulturelle Einstellungen krud-marxistisch und ökonomisch zu deuten. In seinem Werk ›*Thomas Münzer als Theologe der Revolution*‹ schrieb Ernst Bloch ernüchternde Worte, die man im Kontext des 11. September beherzigen sollte:

„Das ökonomische Begehren ist zwar das nüchternste und stetigste, aber nicht das einzige, nicht andauernd stärkste … Motiv der menschlichen Seele vor allem in religiös erregten Zeiten … Gesinnungskomplexe vorab … solche religiöser Art"[14] können nach Bloch so wirken, „dass die Wirtschaftsweise bald genug selbst mit Überbau beladen ist und in ihrem selbstständigen Vollzug den wirksamen Eintritt kulturell-religiöser Inhalte bedingt, keineswegs aber diese Inhalte ihrerseits allein erzeugt" (ebd.). Bloch schlussfolgert: „Also reicht die rein ökonomische Betrachtung nicht aus" (ebd.).

Auch in der Frankfurter Schule wurden „Kultur" und „Ideologie" von der reduktionistischen Denkweise, die alles auf die Ökonomie zurückführt, abgekoppelt. Adorno schreibt, jede Idee „gehört dem Zusammenhang der Gesellschaft an und ist zugleich autonom"[15]. In Verbindung mit Bloch gilt diese Aussage von Adorno besonders für religiöse Ideen, aus denen dann zivilisatorische Weltanschauungen hervorgehen können. Auf dieser geistigen und methodischen Grundlage basierend, unterstreiche ich, dass islamistische Djihadisten gemäß ihrer Weltanschauung ihre Handlungen religiös legitimieren. Ihr Terror ist für sie „heilig“ motiviert; sie verfolgen keine ökonomischen Interessen, was auch ihre Verlautbarungen zeigen. Die religiöse Gesinnung der Djihadisten kann nicht aus den globalen Strukturen „abgeleitet“ werden. Daraus folgt die Erkenntnis: Wer die Weltanschauung der islamistischen Djihadisten nicht begreift, kann ihre Handlungen nicht verstehen.

Eine tiefgründige Analyse des Zusammenhangs zwischen Religion, Kultur und Weltanschauung mit Bezug auf den politischen Islam führt die in Deutschland verbreitete falsche Ansicht ad absurdum, dass die Islamisten generell nichts mit dem Islam zu tun hätten. Dies ist ebenso eine Fehldeutung wie die Annahme, dass der Islamismus ein Ausdruck des „Widerstands der Dritten Welt“ gegen die Globalisierung sei. Die Djihadisten vertreten eine Version des Islam, die auf einer politischen Interpretation der Religion fußt. Es handelt sich um eine religiöse, auf eine Zivilisation bezogene Weltanschauung, die keine Dritte-Welt-Ideologie ist. Anders formuliert: Die Politisierung des Islam erfolgt unter Einbau des religiösen Glaubens in eine religiös begründete Weltanschauung von einer Weltordnung. Jeder Islamist hält sich für einen *„true believer“*[16]. Ein solcher Kreis von Gläubigen unterscheidet sich von Kriminellen. So setzt ein Bankräuber sein Leben nicht aufs Spiel, wenn er Gewalt ausübt, denn er ist lediglich auf materielle „Beute“ aus. Djihadisten hingegen, etwa die Täter des 11. September und alle anderen Djihad-Terroristen, waren oder sind bereit, ihr Leben bewusst zu opfern. Diese Handlung wird erbracht auf der Basis einer religiösen Weltanschauung in der Erwartung einer Belohnung von Allah im Paradies – und nicht durch eine kriminelle Motivation. Dazu möchte ich folgendes Beispiel anführen: Der Mörder dreier US-Ärzte in einer christlichen Mission im Jemen sagte nach seiner Tat Ende Dezember 2002 laut Pressemeldungen: „Ich fühle mich dadurch näher zu Allah.“ Das ist eine religiös-weltanschauliche Einstellung; sie hat weder mit Protest gegen die Globalisierung noch mit gemeiner Kriminalität zu tun.

Eine religiöse Weltanschauung wie der Islamismus ist weit mehr als eine politische Ideologie. Obwohl diese religiöse Weltanschauung in vielen Punkten die tradierte islamische Theologie verlässt, bleibt sie dennoch in der Religion des Islam als Glauben verankert. Es ist sehr unaufrichtig, wenn Islamisten und einige in der Denkweise des palästinensisch-amerikanischen Christen Edward Said und seiner – zu Anfang zwar berechtigten, heute aber bis zur Absurdität überzogenen – Orientalismus-Kritik[17] stehende Islamkundler jede Verbindung zwischen Islam und dem 11. September bestreiten. Wer ihrer Gesinnung nicht beipflichtet, wird mit der Keule des „Feindbild Islam“ bzw. des Orientalismus-Vorwurfs erschlagen.

Die Verbindung von religiös-kultureller Weltanschauung und Politik schließt eine sicherheitspolitische Dimension ein, die wir deutlich in der djihadistischen Bedrohung erkennen. In einer offenen Gesellschaft muss es möglich sein, dies offen zu sagen ohne inkriminiert zu werden. Anders verfahren einige Islam-Experten, wenn sie die Koran-Deutung vom *Djihad* als „friedlicher Anstrengung“ vorbringen, um auf dieser Grundlage zu behaupten, dass die Anschläge vom 11. September kein Djihad gewesen seien. Hier muss man diesen Kreis belehren, dass der Koran im Rahmen des Djihad auch „*Qital*/Kampf“, also Gewaltanwendung, zulässt.[18] Hierfür schreibt der Koran jedoch klare Spielregeln vor. Anders formuliert: Der Koran lässt Gewalt zu, aber nur unter bestimmten Bedingungen und unter der Einhaltung von Regeln. Daran halten sich die Djihadisten, obwohl „gläubige Muslime“, allerdings nicht. Bei der Entstehung des politischen Islam um 1928 wurde eine neue Deutung des Djihad entwickelt, die von der bisherigen sakral-juristischen Interpretation, also dem dominierenden *Fiqh*-Verständnis abwich. Dieser Neo-Djihad – verstanden als Djihadismus – lässt Terrorakte zu und predigt Djihad als irregulären Krieg, bei dem gefallene Muslime nicht als „Kriminelle“ gelten, sondern als „*Schahid*/Märtyrer“ verehrt werden.

Die religiöse Weltanschauung der Djihadisten bringt kein politisches Denken vom „Freiheitskampf“ zum Ausdruck. Vielmehr handelt es sich um religiöse Menschen, die „*fi sabil Allah*/auf dem Pfade Gottes“ sterben wollen, um bei ihrem Tod als „*Schahid*/Märtyrer“ ins Paradies einzuziehen. Diese Einstellung hat weder mit Globalisierung noch mit Kriminalität, sondern mit einer auf der Religion basierenden Weltanschauung zu tun. Weltpolitische Konflikte, die auf diese Weise ausgetragen werden, sind schwer kontrollierbar, weil sie als irreguläre Kriege auf der Basis des „heiligen Terrors“[19] Gestalt annehmen. Durch die religiöse Begründung erlangen sie Legitimität bei der Bevölkerung, so dass die Djihadisten mit Unterstützung rechnen können. In „normalen Konflikten“ ist eine friedliche Lösung durch Verhandlungen möglich, wenn jede Konfliktpartei Kompromisse macht. Wie soll dies mit Djihadisten gelingen, die von einem absoluten Glauben als einzig gültiger Wahrheit ausgehen?

Zum besseren Verständnis unserer Thematik müssen wir auf die islamische Tradition des Djihad zurückgreifen und versuchen, ihre Neudeutung im Rahmen der Erfindung von Tradition (Eric Hobsbawm) zu verstehen. Dieses Verständnis wird dadurch erschwert, dass nicht nur Islamisten die Djihad-Tradition neu beleben. Im Vorfeld des Golfkriegs von 1991 hat Saddam Hussein ebenso mehrmals zum Djihad aufgerufen[20] wie Bin Laden am 7. Oktober 2001, obwohl beide nicht die religiöse Autorität dazu besitzen. Zum Djihad gehört auch eine geographische Dimension: Früher lag die historische Djihad-Grenze im Mittelmeer. Heute ist die Lage durch die islamische Zuwanderung viel komplexer geworden, so wurde etwa der 11. September mitten in der Islam-Diaspora des Westens in einer Moschee in Hamburg vorbereitet. Das macht deutlich, dass aufgrund der Entgrenzung in der neuen Geopolitik der Zivilisationskonflikt konfuse Formen annimmt und damit die Abwehr der djihadistischen Bedrohung erheblich erschwert. Anhand dieser Auflistung von Problemen und Themen wird die hohe Komplexität unseres Gegenstandes illustriert.

Eine tiefgründige Analyse muss sich schließlich der Frage stellen, ob es zulässig ist, generalisierend von „dem Islam“ zu sprechen, denn in Wirklichkeit stellen wir fest, dass der Islam eine große kulturelle und religiöse Vielfalt besitzt. Dennoch können wir eine Einheit bezüglich der Weltsicht feststellen. So sind die vielen islamischen Lokalkulturen des Inselreichs Indonesiens anders als jene Marokkos ausgeprägt, wie der Kulturanthropologe Clifford Geertz nach Jahrzehnten der Forschung vor Ort befand.[21] Diese Vielfalt wird im Koran anerkannt: „Und wir haben euch zu Völkern und Stämmen gemacht, damit ihr einander kennen lernt“ (Sure 49, Vers 13). Es steht nicht im Widerspruch dazu, parallel zur Feststellung dieser Vielfalt zu behaupten, dass Muslime dennoch eine einheitliche Weltsicht aufweisen, die auf einer zivilisatorischen Weltanschauung basiert, nach der die Muslime in einer „*Umma*/universellen Gemeinde“ vereinigt sind. Dieses zivilisatorische Bewusstsein einer moralischen bis zum Absolutismus hochstilisierten Überlegenheit bildet die Basis für eine zivilisatorische Identität gegenüber den anderen. Wenn diese Weltanschauung einer religiös als „*Dar al-Islam*/Haus des Islam“ definierten Zivilisation im Rahmen eines Neoabsolutismus politisiert wird, erwächst daraus ein neuer Totalitarismus, der kompromisslos in Kontrast zu allen anderen Weltsichten steht. Die tiefgründige Analyse von Religion, Kultur und Weltanschauung klärt darüber auf, dass ein religiöser Pluralismus, den der Weltfrieden erfordert, bei den Dichotomien „Islam gegen den Westen" beziehungsweise „Der Westen gegen den Rest"[22] weltpolitisch nicht entstehen kann. Eher entwickeln sich in diesem Zusammenhang regionale Konflikte, jedoch mit weltpolitischer Dimension, bei denen Kontraste zwischen dem Islam und anderen Religionen einen religiös-weltanschaulichen Charakter annehmen. Dies gilt gleichermaßen für die Konflikte des Islam in Palästina (mit dem Judentum), in Tschetschenien (mit dem orthodoxen Christentum), in Kaschmir (mit dem Hinduismus) und in Xingiang (mit dem Konfuzianismus). Wir können diese Konflikte nicht angemessen interpretieren, ohne die Politisierung des auf einer Religion basierenden Zivilisationsverständnisses zu berücksichtigen, woraus die angesprochene weltpolitische Dimension erwächst. Mir ist vollauf bewusst, dass diese Konflikte auch als politische beziehungsweise sozioökonomische Interessenkonflikte definiert werden können. Wenn nur diese Dimension der Konflikte anstünde, wären sie leichter lösbar, weil sie dann durch Verhandlungen rational bewältigt werden könnten. Das ist aber nicht der Fall. Zudem erfolgt der Rückgriff auf die Religion nicht instrumentell, sondern aus Glaubensüberzeugungen heraus, wodurch die Politisierung der islamischen Weltanschauung bei der Konfliktlösung zum Problem wird. Ein Glaube ist unverhandelbar. Bei der neoabsolutistischen Alternative „*Iman*/Glaube" oder „*Kufr*/Unglaube", die Qutb und ihm folgend Bin Laden sowie alle heutigen Islamisten formulierten, gibt es weder Kompromisse noch Zwischenlösungen. Der neoabsolutistische Islamismus gibt den Konflikten eine andere, auf den Glauben bezogene, Legitimität, mit der man weder diskursiv noch dialogisch umgehen kann. Ich muss leider auf der Basis meiner Erfahrungen erneut wiederholen, dass viele Menschen im Westen – ganz besonders in Deutschland – die religiös-weltanschauliche Dimension nicht verstehen, weil sie selbst keinen Glauben mehr haben. Aus der Not machen sie eine Tugend und sehen nur die ökonomisch bedingten Interessenkonflikte. In diesem Zusammenhang möchte ich betonen, wie wichtig es ist, die eingangs zitierten Worte von Ernst Bloch (vgl. das Zitat von Anmerkung 14) zu beherzigen, um dem Gewicht der religiösen Weltanschauung Rechnung zu tragen. Noch eine andere Wiederholung scheint mir nach mehrfacher Erfahrung – oftmals handelt es sich um intentionale Missverständnisse – erforderlich: Wenn hier der Konfliktfaktor islamische Weltanschauung ins Spiel gebracht wird, so heißt dies nicht, dass die politischen und sozioökonomischen Konflikte zwischen islamischen und westlichen

Ländern übersehen werden. Dennoch resultieren die weltanschaulichen Konflikte der Weltpolitik nicht aus diesen Interessenkonflikten.[23] Die Zukunftsfrage stellt sich somit folgendermaßen: Wird ein künftiger Friede auf einer islamischen Ordnung (globale Erweiterung von *Dar al-Islam* durch Islamisierung) oder auf westlichen Vorstellungen eines demokratischen Friedens (Kant) basieren?

Ich möchte die islamistische Weltanschauung vom Kampf gegen „*al-Kufr al-Alami*/den internationalen Unglauben", die unter den frustrierten Muslimen sehr populär ist, am Beispiel Saudi-Arabiens erläutern: Der dortige *New York Times*-Korrespondent hat vom saudischen Standort aus berichtet, wie stark der „Appeal" von Bin Ladens Denken sei und dass sich seine Weltsicht in Bezug auf den Westen kaum von der eines Durchschnitts-Saudis unterscheide. An diesem Beispiel sehen wir exemplarisch, dass die weltanschaulichen Differenzen zwischen den Islamisten, also Fundamentalisten, und den Wahhabiten, also islamischen Orthodoxie-Salafisten, sehr fließend sind. Generell verweist diese Beobachtung auf die Bedeutung der weltanschaulichen Dimension des Konflikts, von dem die gegenwärtigen Spannungen zwischen der Welt des Islam und den Ländern der westlichen Zivilisation herrühren. Wer diese Geopolitik des Zivilisationskonflikts jenseits von positiven Vorurteilen und gutem Willen nicht versteht oder verstehen will, kann diese Erkenntnis nicht teilen. Hier liegt dann kein Dissens vor, sondern die Bildung einer Erkenntnis-Barrikade und somit das Fehlen von Diskursivität.

3. Internationale Konflikte und religiös-kulturelle Weltanschauung

Die in diesem Buch vorgelegte Analyse basiert auf der Annahme, dass weltanschauliche Spannungen zwischen der Weltsicht des Westens und der des politisierten Islam zu internationalen Konflikten führen. In diesem Zusammenhang bin ich mit der Gefahr, den altbekannten ideologischen Vorwürfen ausgesetzt zu werden, vertraut. Im europäischen Westen besteht die Neigung, die Schuld an der angespannten Situation in kulturprotestantischer Manier allein bei sich zu suchen und somit Handlungen der Muslime lediglich als mechanische Reaktion auf die Fehler des Westens sowie auf seine Dominanz zu deuten (vgl. 3. Abschnitt der Einführung). In der Welt des Islam erleben wir Tag für Tag, von wenigen aufgeklärten Muslimen und von Angehörigen prowestlicher Eliten abgesehen, wie hasserfüllt der Westen dort gesehen wird. Wie können wir dieser Situation Herr werden, um die bestehende Kluft zwischen beiden Zivilisationen in Grenzen zu halten, ja durch gegenseitige Verständigung zu verringern? Das ist die zentrale Frage friedlicher Konfliktbewältigung im 21. Jahrhundert.

Im Zeitalter des Zivilisationskonflikts bedeutet die Suche nach einem westlich-islamischen Frieden, die Fähigkeit zu entwickeln, sich mit den tatsächlichen Problemen auseinander zu setzen. Ich übersehe nicht im Geringsten, dass die aus der Globalisierung erwachsene wirtschaftliche Kluft zwischen den meisten islamischen Ländern und dem Westen zu den zentralsten dieser Probleme gehört. Die Schere zwischen Arm und Reich muss verringert werden. Ferner müssen Lösungen für die politischen Konflikte – vorrangig jene für Palästina und Jerusalem – gefunden werden. Der Palästina-Konflikt gehört zu den Anlässen der Steigerung des islamischen Hasses auf den Westen, ist aber – dies betone ich wieder – nicht die Ursache dafür. Schließlich ist der Islamismus bereits zwanzig Jahre vor der Gründung des Staates Israel entstanden. Nach der Nennung der ökonomischen und politischen Probleme komme ich nun zu dem oft unterschätzten Faktor der „Weltanschauung". Das weltanschauliche Feindbild vom Westen ist unter den Muslimen weit verbreitet. Er hat tief verankerte historische Wurzeln und besitzt dieselbe Signifikanz wie wirtschaftliche und politische Probleme. Durch zeithistorische Ereignisse wie der Einnahme Bagdads durch US-Truppen wird das „Feindbild Westen" bei den Muslimen gestärkt, aber nicht verursacht. Der Faktor Weltanschauung ist ebenso wichtig wie Ökonomie und Politik.

Wie können wir die Mehrzahl der Muslime zur Abkehr von ihrer antiwestlichen Orientierung als Bestandteil ihrer Weltanschauung bewegen? Ich wiederhole: Das Problem ist nicht eine punktuelle Einstellung, sondern eine historisch verankerte religiös-kulturelle Weltanschauung, die den Hass auf den Westen untermauert. Solange die daraus erwachsenden Einstellungen kultiviert werden, bleibt der Frieden zwischen den Zivilisationen blockiert. Der politische Islam und sein Djihadismus sind eine aktuelle Ausprägung der islamischen Weltanschauung, die Frieden nur bei „*al-taghallub*/islamischer Dominanz" (Afghani) zulässt. In der Debatte über Weltfrieden wird immer argumentiert, dass primär der Westen eine Bringschuld habe. Als liberaler Muslim denke ich, dass dies auch für friedliebende Muslime gilt. Diese besteht in einer religiös-kulturellen Islam-Reform, die islamische Lehren mit der kulturellen Moderne in Einklang bringt. Wir brauchen eine Reform-Theologie und andere Koranschulen als die bestehenden, um muslimischen Kindern eine demokratisch-pluralistische Weltanschauung anstelle des Neoabsolutismus zu vermitteln. Kurz: Bei jeder Bemühung um Konfliktlösung unter den Bedingungen der neuen Postbipolarität gilt die Erkenntnis *„culture matters"*.[24] Die Welt des Islam liefert ein Paradebeispiel für die Dreidimensionalität der Konfliktpotentiale: Weltanschauung, Ökonomie und Weltpolitik.

Kulturmuster bestimmen schließlich die Weltsicht der Menschen und die Anschauungen, die daraus hervorgehen. Dazu gehören der Absolutismus und die zivilisatorische Selbstverherrlichung der Muslime, die durch Bildung vieler von saudischen Wahhabiten finanziell weltweit geförderten Koranschulen als Weltanschauung vermittelt und institutionalisiert werden. Der Schlüssel zu einer Veränderung ist ein Wandel in der religiös-kulturellen Weltanschauung.

Menschen innerhalb der Welt des Islam, die ihre Belange religiöskulturell formulieren, tun dies weder instrumentell noch etwa aus Zynismus, sondern aus tiefer religiöser Überzeugung. Aus diesem Glauben heraus handelten auch die Djihadisten des 11. September ebenso wie Hamas-Djihadisten der Intifada und alle anderen Djihad-Kämpfer in der Welt des Islam. Die Tatsache, dass dieser Glaube eine politische Form annimmt, weil er aus einem politisierten Islam erwächst, ändert nichts daran, dass die Betroffenen aus religiöser Überzeugung agieren. Der Islamismus hat einen dualen Charakter[25]: Er ist zugleich religiös und politisch. Wenn wir die religiösen Handlungsmotive der Islamisten herunterspielen, verschließen wir uns der Möglichkeit, deren Verquickung mit der politischen Dimension zu verstehen. Ich denke, dass europäische Intellektuelle, die alles mit wirtschaftlicher Globalisierung sowie mit der Spannung zwischen „Arm und Reich" erklären, nur einen Teil des Problems erkennen und durch das Übersehen des anderen Teils sich der Möglichkeit berauben, diese Problematik des Islamismus als konfliktträchtige zivilisatorische Weltanschauung zu verstehen.

Auf der anderen Seite gibt es westliche Kommentatoren, die als Erklärung für die Konfliktsituation anstatt der wirtschaftlichen Ungleichheit und des Fehlens von Gerechtigkeit den Faktor Macht betonen. Welcher Machtwille stand als Triebkraft hinter dem Handeln der 19 Terroristen von New York und Washington, das den Westen in eine seiner schlimmsten Krisen seit 1945 geführt hat? Diese Terroristen haben ihr Leben gegeben und als Motiv dafür diente ihnen allein die aus religiösem Hass gespeiste Ablehnung des Westens. Angetrieben wurden sie von dem Wunsch, von Allah für ihre Tat mit dem Paradies belohnt zu werden. Materielle Motive gab es für sie nicht. Ich erlaube mir noch an dieser Stelle anzumerken, wie grob falsch es ist, diese Menschen als „Söldner“ zu bezeichnen, wie es ein deutscher Orientalistik-Professor in einem NTV-Interview tat. Im Arabischen sind „*Murtazaqa*/Söldner“ Menschen, die ohne innere Überzeugung und ohne Ehrgefühl kämpfen. Dagegen sind Djihadisten Kämpfer für eine Weltanschauung „*fi sabil Allah*/auf dem Pfad Gottes“. Der *Spiegel* berichtete von der nachrichtendienstlichen Information, dass es weltweit etwa sieben Millionen organisierter islamischer Fundamentalisten gibt, die bereit sind, für die Weltanschauung des Islamismus zu sterben. Diese sind keine Söldner, nach ihrem Selbstverständnis betreiben sie – wie angeführt – *Djihad fi sabil Allah* im Geiste der *Djihadiyya*, also des Djihadismus[26]; ihr Totalitarismus ist keine politische Ideologie, sondern eine religiös verankerte Weltanschauung. Das ist nicht dasselbe.

Die Erkenntnis dieser Zusammenhänge zwingt zur Einbeziehung von politisierter Religion und zivilisatorischer Weltanschauung in jede Bemühung, die neue weltpolitische Konfliktsituation in einer zunehmend ungeordneten Welt des 21. Jahrhunderts zu deuten, um diese friedlich bewältigen zu können. Im Titel eines meiner Bücher spreche ich daher von Welt*un*ordnung.[27] Ohne falsch zu generalisieren, möchte ich davor warnen, die Tatsache zu verdrängen, dass die islamistische Weltsicht in Bezug auf den Westen die Einstellung eines Durchschnitts-Muslims wiedergibt. Doch dürfen wir aus dieser Feststellung nicht die falsche Schlussfolgerung eines Generalverdachts gegen alle Muslime ziehen. Es ist möglich, durch einen interzivilisatorischen Dialog zwischen dem Westen und der Welt des Islam einen Weg aus der gegenwärtigen Sackgasse zu finden. Ich halte die politisierte islamische Weltanschauung ebenso wie das im Westen existierende reine Macht- und Wirtschaftsdenken bzw. das andere Extrem, die weltfromme „Gutmensch“-Mentalität, für Hindernisse des benötigten, dem Frieden dienenden offenen Dialogs als ein Instrument der Konfliktlösung in der Weltpolitik.

In diesem Stadium meiner Diskussion über die weltanschaulichen Grundlagen des neuen Totalitarismus kann ich nun meine „thetische“ Position über die Spannungen zwischen der Zivilisation des Islam und dem Westen so zusammenfassen, dass die Konfliktpotentiale nicht nur auf das weltwirtschaftliche Gefälle zurückzuführen sind; sie gehen auch in erheblichem Maße auf die weltanschaulichen Divergenzen, unter denen die Frage der Weltordnung an vorderster

Stelle steht, zurück. Es geht hierbei nicht nur um die Dominanz des Westens gegenüber dem Islam, gegen den sich Muslime zur Wehr setzen. Westler müssen verstehen, dass nicht nur Islamisten, sondern auch gebildete gemäßigte Muslime bei dieser Frage mehr als das wirtschaftliche Gefälle meinen, wenn sie die Globalisierung oder die politische Hegemonialstellung der USA beanstanden. Es geht um die alternativ gestellten Optionen: *Pax Americana* des demokratischen Friedens oder *Pax Islamica* der „*Hakimiyyat Allah*/Gottesherrschaft". Wer für einen Weltfrieden unter Bedingungen des Pluralismus eintritt, muss nicht nur die US-Hegemonie, sondern auch den Anspruch der islamischen Weltanschauung ablehnen, das „*Dar al-Islam*/Haus des Islam" auf den gesamten Globus als Grundlage für eine neue Weltordnung zu erweitern.[28]

Ich kenne das Argument des Essentialismus (Unterstellung einer wesenhaften Unveränderbarkeit) und argumentiere dagegen, dass auch Weltanschauungen sozialem und ökonomischem Wandel ausgesetzt sind, wenngleich sie als Glaube resistent sind. „Essentialistisch" ist nicht nur ein Modewort, sondern auch ein postmoderner Vorwurf gegen all jene, die über den Kulturrelativismus hinausgehen und Werteverbindlichkeiten suchen. Kulturelle Werte können sich parallel zum Wandel verändern oder sich je auf ihre Art resistent bewahren. Wenn keine kulturelle Erneuerung stattfindet, bleibt Werteresistenz eine Realität. Auch ich bin dagegen, Menschen kulturell zu essentialisieren, das heißt, ihnen unveränderbare kulturelle Eigenschaften (etwa „der Muslim ist ...", „der Deutsche ist ...") zu unterstellen. So sehr ich eine solche Essentialisierung ablehne, halte ich es für unzulässig – der postmodernen Verallgemeinerung folgend – zu behaupten, dass Menschen keine spezifisch kulturellen Eigenschaften und Verbindlichkeiten hätten. In diesem Geist haben etwa Gutachter in den USA die Befürwortung eines Forschungsprojektes über die Schi'a im Irak mit dem Argument verweigert, ein Segment der irakischen Gesellschaft werde essentialisiert, dies sei Orientalismus. Jenseits einer solchen im Westen sich krankhaft ausbreitenden Sicht muss es möglich sein, dass weltoffene Muslime und ebensolche Westler miteinander sachlich reden. Beide müssen versuchen, die belastende Tradition von „Kreuzzug und Djihad"[29] zu problematisieren und zu überwinden, indem sie eine Brücke schlagen.[30] Wie ist dies zu erreichen?

Dieses Kapitel wurde einleitend mit einer Diskussion über „*the cultural turn*/die kulturelle Wende" begonnen. Damit wurde der Bedarf nach Beleuchtung der kulturellen Dimension der internationalen Politik, die multidimensional ist, zur Sprache gebracht. Das ist der Bezugsrahmen für die Analyse der Konflikte im 21. Jahrhundert. Wenn Kultur die Wahrnehmung der Politik bestimmt und entsprechend politische Handlungen hervorruft, müssen bei jedem Konfliktlösungsversuch die unterschiedlichen weltanschaulichen Wahrnehmungen der jeweiligen weltpolitischen Krisensituation ausgemacht werden.

Um die folgenden Ausführungen besser zu verstehen, müssen wir uns vergegenwärtigen, dass zu den lokal kulturell und zivilisatorisch bedingten Unterschieden zwischen den Menschen differierende Wahrnehmungen von politischen Ereignissen gehören. Diesen Gegenstand nenne ich zivilisatorische Weltanschauungen. Ich will diese Problematik am Beispiel der politischen Entwicklungen vom 11. September bis zur Irak-Krise veranschaulichen. Als ein Mensch, der zwischen dem Nahen Osten, Europa und den USA lebt, bedauere ich, dass viele Menschen aus den genannten Regionen in der seinerzeit stark emotionalisierten Krise von 2002/03 weder einander noch die damalige Krisensituation selbst verstanden. Deutsche und Franzosen schienen zu jener Zeit einen radikalen Wandel vom totalen Krieg zum totalen Frieden als Weltanschauung kultiviert zu haben. Viele unter ihnen hatten damals wohl vergessen, dass sie von Hitlers Despotie nur befreit wurden, weil viele Amerikaner hierfür ihr Leben einsetzten. Die Landung in der Normandie hat viele amerikanische Menschenleben gekostet, und ohne diese Anwendung von Gewalt in Europa damals und im Irak heute hätte die NS-Herrschaft in Deutschland – ebenso wie die Saddams im Irak – viel länger gedauert. Mit der Befreiung Iraks von Saddams Herrschaft enden die Massen-Exekutionen der Schiiten, so wie bei der Befreiung Europas von Hitler die Konzentrationslager geschlossen werden konnten.

4. Zivilisatorisch, weltanschaulich bedingte Wahrnehmungen der Entwicklung vom 11. September bis zum Irak-Krieg

Selbst innerhalb ein und derselben Zivilisation variieren Wahrnehmungen. So sehen wir, dass Westeuropäer seit dem 11. September bis heute noch kein Bewusstsein für die djihadistische Bedrohung des neuen Totalitarismus entwickelt haben, während die Amerikaner – wie am Beispiel des Irak-Konflikts deutlich wurde – genau das Gegenteil zeigen und zu Übertreibungen neigen. Die Europäer stellen also weltanschaulich das Gegenextrem zu den USA dar, obwohl beide zur selben Zivilisation gehören. Hinzu kommt bei den Amerikanern eine missionarische Weltanschauung, so wie sie früher auch von den Europäern vertreten wurde, etwa die *mission civilisatrice* der Franzosen oder die *Kulturbotschaft* der Deutschen. Europäer haben das Blatt umgedreht und lassen sich heute von Islamisten missionieren; sie betrachten es als tolerant, diese Missionierung hinzunehmen. Die USA wollten mit dem Irak-Krieg die Araber und Muslime mit Demokratie beglücken. Doch sehen die nahöstlichen Araber in den Amerikanern keine Befreier, sondern „christliche Kreuzzügler“, die das „*Dar al-Islam*/Haus des Islam“ graduell christianisieren wollen. Auf der Ebene dieser weltanschaulich bedingten unterschiedlichen Wahrnehmungen können Annäherungen nicht stattfinden, geschweige denn Konflikte gelöst werden.

Während des Irak-Krieges war der orientalische Despot Saddam Hussein bei allen drei Wahrnehmungen die Schlüsselfigur. Die Europäer vergaßen sowohl ihre eigenen früheren Gewaltherrscher als auch die Diktatoren von heute; sie konzentrierten ihre Ablehnung auf die USA. So verlangt Habermas eine eigene europäische Identität in der Abgrenzung zu den USA, verliert aber kein Wort über den neuen Totalitarismus der Islamisten. Der Kampf für die Freiheit gegen den Totalitarismus verband früher Europa und Amerika. Während der Proteste gegen die USA fiel kein Wort über den orientalischen mit Blut befleckten Massenmörder Saddam. Selbst die Entdeckung der Massengräber hat auch im Nachhinein keine Entrüstung – oder „Betroffenheit“ – hervorgerufen. Dagegen war für die Amerikaner Saddam ein neuer Hitler. Es ist bedauerlich, dass viele Iraker, die wissen, was für ein Schlächter ihr ehemaliger Herrscher Saddam war, dies nach der Befreiung schnell vergaßen und sich den anderen Arabern anschlossen, die die Invasion der „Juden und Kreuzzügler“ im Irak verurteilten. Diese Einstellung kann man nur mit der islamischen Weltanschauung erklären.

Nach dem Einmarsch der US-Truppen im Irak schien man Saddams Bluttaten schnell vergessen zu haben. Bereits am 18. April 2003 war beim Freitagsgebet in der Abu-Hanifa-Moschee in Bagdad der Aufruf zum Widerstand gerade gegen die sich als Befreier wahrnehmenden USA zu vernehmen. Ich war damals entsetzt und stellte in einem Artikel die Frage, ob die USA den säkularen Saddam entfernten, um eine totalitäre islamische Republik zu ermöglichen. Als Wochen danach Massengräber der Opfer des Saddam-Regimes entdeckt wurden, vermisste ich sowohl bei den Arabern als auch bei den Deutschen Entrüstung hierüber, ich muss diese Feststellung wiederholen, weil sie mir wichtig erscheint.

Alle drei – die arabische, die europäische und die amerikanische – soeben beschriebenen Wahrnehmungen und die mit ihnen verbundenen Weltanschauungen verdrängen die reale Saddam-Geschichte. Dieser Mörder konnte 1990/1991 im Nahen Osten zum Held der Massen werden, weil er sich gegen den Westen erhob. Als US-Truppen in Bagdad einmarschierten, floh Saddam, und ich irrte, als ich ihm in der *Bild*-Zeitung zutraute, als „*Schahid*/Märtyrer" im Kampf gegen die Amerikaner fallen zu wollen, aber er verhielt sich damals, im April 2003, wie ein Feigling.

Damals wie heute können wir die Schwierigkeit der Europäer, sowohl die arabische Politik als auch Saddam zu verstehen, beobachten. Ich entschuldige diese, weil das Verständnis der Diskrepanz als Quelle der Spannung zwischen arabisch-islamischer Weltanschauung und westlicher Weltsicht die Kenntnis der Sprache und der Artikulation erfordert. Die arabischen Massen lassen sich durch die Wucht der Sprache mitreißen. Der größte Orator der Sprache in der Nahostpolitik war der Präsident von Ägypten Gamal Abdel Nasser (1952–1970). Er konnte Millionen von Arabern vom Golf bis zum Atlantik mitreißen. In dieser Tradition des Panarabismus griff Saddam seinerzeit zu arabischer Rhetorik und prägte 1991 den arabischen Ausdruck „*umm al-ma'arik*/Mutter aller Schlachten", womit er seinerzeit die Auseinandersetzung mit den amerikanisch geführten multinationalen Truppen meinte. Damit konnte er Hunderttausende von fanatisierten Arabern auf die Straßen von Tunis, Algier, Rabat, Sanaa und vor allem der israelisch besetzten Gebiete bringen, die gegen den Westen protestierten. Diese Demonstranten, deren Denkweise weder westliche Realpolitiker noch ihre Experten der Weltpolitik verstehen, glaubten damals ihrem Helden, Saddam, dass seine Schlacht nach der Eroberung Kuwaits eine Verteidigungsschlacht sei, welche die Muslime gegen den Westen (islamisch-fundamentalistischer Sprachgebrauch: „*al-salibiyun*/die Kreuzzügler") führen mussten. Die Tatsache, dass die „Mutter aller Schlachten" damals mit einer „Mutter aller Niederlagen" endete, hat nicht im Geringsten zu einer Ernüchterung gegenüber der Demagogie des orientalischen Despoten geführt. Die Wahrnehmung blieb unverändert. Als die US-Truppen im März 2003 kurz vor Bagdad standen und eindeutig ihre technologische Überlegenheit demonstrierten, war die Rede von „*al-djaisch al-Iraki al-basil*/der tapferen irakischen Armee". Der irakische Informationsminister al-Sahhaf mit dem Spitznamen „Comical Ali“ verkündete im Bagdader Fernsehen und anderen arabischen Sendern: „Wir werden sie zermalmen“ und „Bagdad wird zum größten Friedhof für US-Soldaten werden.“ Die Realität hat diese Sprache der arabischen Medien Lügen gestraft, aber die vorfixierten Anschauungen nicht ändern können. Daran sehen wir die kulturelle Resistenz der Weltanschauung.

In Bezug auf die hier vorgenommene Kontrastierung unterschiedlicher zivilisatorisch bedingter Weltanschauungen möchte ich die Frage stellen, wie Araber damals und heute politische Prozesse wahrnehmen? Hat zwischen 1991 und dem Irak-Krieg 2003 ein Wandel in ihrer Wahrnehmung stattgefunden? Bei der Suche nach einer Antwort auf diese Frage ist es angebracht, auf einen früher geführten Nahost-Krieg, der mit einer arabischen Niederlage endete, nämlich den Sechstagekrieg von 1967, einzugehen. Seinerzeit veröffentlichte ein arabischer Philosoph, Sadik Jalal al-Azm, der an der US-Elite-Universität Yale promovierte sowie an der Damaszener Universität lehrte und heute als Emeritus in Damaskus lebt, ein signifikantes arabisches Buch mit dem ungewöhnlichen Titel ›*Die Selbstkritik der Niederlage*‹. In diesem in Beirut 1968 erschienenen Buch ruft er seine arabischen Leser dazu auf, zwischen Politik und arabischer Poesie zu unterscheiden.[31] Arabische Dichter, wie andere auch, leben in der Tat in einer Welt der Phantasie, die in krassem Kontrast zur Wirklichkeit steht. Diese Aussage ist kein Ausdruck von Orientalismus (vgl. Anm. 17) und kein europäisches Vorurteil in Bezug auf die arabische Dichtung als einer abweichenden Wahrnehmung der Wirklichkeit. Wir können diese Geringschätzung der arabischen Poesie bei dem großen hellenisierten islamischen Philosophen der mittelalterlichen Glanzperiode des Islam, al-Farabi[32], nachlesen. Der Rationalist al-Farabi hat zwischen unterschiedlichen Erkenntniswerten differenziert und hierbei den Aussagewert der arabischen Dichtung an letzter Stelle eingestuft. Das Problem ist nicht Dichtung und Wahrheit, sondern besteht darin, dass auch arabische Politiker sich dieser Sprache bedienen. Vor allem der Reichtum der arabischen Sprache und die hiermit zusammenhängende hoch entwickelte Synonymie (die Kunst, für eine einzige Sache viele verschiedene Wörter zu finden) tragen zur Abweichung von der Regel der aristotelischen Logik bei, der zufolge das Denken in synonymen Begriffen unzulässig ist. Aber arabische Politiker tun dies. In diesem Sinne entbehren die dichterischen Reden arabischer Herrscher – unter denen Saddam nur eine kleine Nummer von vielen war – einer logischen Struktur. Menschen brauchen die Sprache, um sich selbst und ihre Erkenntnis zu artikulieren. Das Problem ist hier, dass auch arabische Politiker sich der entsprechenden Sprache bedienen, um ihre Untertanen gleichermaßen zu begeistern und zu täuschen.

Wir wissen aus der Sprachforschung, dass die Sprache nicht nur ein Medium der Artikulation ist, sondern auch zu den Faktoren gehört, „welche die Wahrnehmung und die allgemeine Organisation der Erfahrung beeinflussen“[33]. Diese Aussage hilft, die kulturellen Unterschiede zwischen arabischer und westlicher Denkweise zu erkennen. Daraus geht eine spezifisch arabische Weltanschauung hervor, welche die entsprechende zivilisatorische Identität untermauert. Wie wollen die USA den Irak ohne diese kulturellen Kenntnisse gerade im Zeitalter des „cultural turn“ demokratisieren?

Die Tatsache, dass Präsident Bush Mitte Januar 2003 anderthalb Stunden mit dem irakischen Autor des Buches ›*Republik der Angst*‹[34], Samir al-Khalil alias Kanan Makiyya, sprach, ändert nichts daran, dass George W. Bush – der im Nahen Osten mit dem Krieg die Demokratie einführen wollte – von den Arabern nichts versteht und nicht weiß, dass er von ihnen nicht als Befreier aufgenommen wird. Vor Ausbruch des Krieges verkündete Makiyya Bush in Washington, dass US-Truppen mit Blumen empfangen werden. Durch das Exil hat er offensichtlich vergessen, wie Iraker denken; er verschwieg Bush die arabischen Verschwörungsphantasien. Die Europäer als selbst ernannte Verfechter des „totalen Friedens“ stehen wie Bush verständnislos und verworren da, weil sie weder zu den USA noch zu den arabischen Muslimen einen Zugang haben. Die berauschende Sprache der Araber ist jenen moralisierenden europäischen Menschen ebenso fremd wie der Pragmatismus der US-Amerikaner.

Die sprachliche Artikulation von Wahrnehmung bringt das Verhältnis von Sprache und Denken zum Ausdruck. Im Falle der Araber ist eine Äußerung des früheren, in Bonn wirkenden ägyptischen Diplomaten Hamdy Azzam in einem für europäische Leser geschriebenen Buch über den Islam zitierenswert. Er informiert seine deutschen Leser, dass „für die Araber die Sprache immer noch nicht nur ein einfaches Verständigungsmittel ist, sondern als schöngeistige Kunst gilt, die Menschen und Massen berauschen und in Euphorie versetzen kann“.[35] Europäer, die Despoten generell einen Zynismus sowie einen instrumentellen Gebrauch der Sprache unterstellen, können deshalb häufig nicht realisieren, dass Saddam Hussein und andere arabische Herrscher selbst an ihre rhetorischen Aufrufe

– etwa zum Djihad – glauben, und einen „Religionskrieg zwischen Islam und kreuzzüglerischem Westen“ sehen. Das bedeutet nicht, dass wir es bei Saddam nicht mit einem zynischen Herrscher zu tun gehabt hätten, der vor der Fernsehkamera das islamische Gebet verrichtete. Saddam ist weder fromm noch ein Fundamentalist, dennoch pflegte er dem Islam entlehnte Symbole in einer Synthese mit der Ideologie des Arabismus zu verwenden, um die arabo-islamischen Massen zu „berauschen“.[36] Zu dieser Synthese gehört die Erklärung des Djihad gegen Ungläubige auch in der Sprache des Panarabismus. Ich sehe ein Pendeln zwischen dem Glauben an die eigene Propaganda und der weltanschaulich wahrgenommenen Realität im Sprachgebrauch der Berichterstattung, etwa des in Katar beheimateten arabischen Fernsehsenders al-Jazeera, vor allem während des Irak-Krieges.

Diese Mischung aus Propaganda und sprachlich-rhetorischer Selbsttäuschung kommt bei den arabischen Massen, die mangels aufklärerischer Bildung eben dieser zum Opfer fallen, gut an. Ich bedaure es, von einer auf der Ebene der Wahrnehmung stets vollzogenen hermetischen Abschirmung gegenüber der Realität sprechen zu müssen, zu der die beschriebene Struktur der arabischen Sprache erheblich beiträgt. In der arabischen Welt ist seit langem eine kulturelle Erneuerung fällig. Leider sind die Aufrufe des Damaszener Philosophen al-Azm zur Selbstkritik und die des marokkanischen Denkers al-Djabiri zur Neubelebung des islamischen Rationalismus einsame Rufe in der Wüste geblieben. Am Beispiel der Reaktion der arabischen Massen auf den Versuch, nach dem Fall Saddams die Demokratie im Nahen Osten einzuführen, lässt sich illustrieren, dass bestehende Verblendungen einer realpolitischen Sicht im Wege stehen. Der Irak-Krieg konnte mit einem militärischen Sieg der USA schnell beendet werden, der interzivilisatorische Konflikt hält hingegen an und wird lange andauern. Hätte sich Präsident Bush über die kulturell-zivilisatorischen Faktoren dieser Krisensituation besser beraten lassen, wäre ihm und den Soldaten vor Ort einiges erspart geblieben.

Zwischen dem Golfkrieg 1991 und dem Irak-Krieg 2003 haben die arabischen Massenmedien keinen Wandel erfahren – eine Ausnahme bildet hier lediglich, wenn auch mit vielen Abstrichen und Vorbehalten, der TV-Sender al-Jazeera. Vergleichbar mit der damaligen Umdeutung der Niederlage von 1967 in einen Sieg durch Radio Kairo, berichtete Radio Bagdad 1991 folgendermaßen: „Der Irak hat den Krieg mit den Kräften des irakischen Volkes, das vereint hinter dem Präsidenten Saddam Hussein steht, beendet, nachdem die irakische Armee der Welt eine Lektion an Standhaftigkeit erteilt hat." Ähnlich äußerte sich der irakische *Des*informationsminister al-Sahhaf (Spitzname „Comical Ali"), als US-Truppen in Bagdad 2003 einmarschierten.

Westliche Leser kennen die Staatspropaganda aus ihrer eigenen Geschichte. Das ist nichts spezifisch Arabisches, zumal sich eine derartige Praxis im Verhalten aller Staaten in ähnlicher Weise beobachten lässt. Mit anderen Worten, die hier vorgetragene These, dass es spezifisch arabische Wahrnehmungen der Politik gibt, wäre brüchig und nicht haltbar, wenn es da nicht, trotz aller Einwände, eine arabisch-islamische Weltanschauung gäbe, die sich von der europäischen und US-amerikanischen unterscheidet. Für diejenigen, die dies – ohne Gegenstand und Sprache zu kennen – bestreiten, bleibt der Nahe Osten ein Buch mit sieben Siegeln. In aller Kürze: Ohne die Bedeutung und Rolle der religiös-kulturellen Weltanschauung zu würdigen, können westliche Menschen die Welt des Islam nicht verstehen.

Diese hiermit korrespondierende Weltsicht geht von religiös-kulturellen Formeln aus und nicht von der politischen Realität. Dies können wir nach dem Irak-Krieg zur Kenntnis nehmen. In vielen arabischen Städten wurde die Befreiung vom Joch und von den Soldaten der „ruhmreichen" Republikanischen Garde als ein Einmarsch der „Kreuzzügler" in die Welt des Islam wahrgenommen. Leider ist die Welle der Demokratisierung nach dem Ende des Kalten Krieges an der arabischen Welt vorbeigegangen. Das Fehlen einer freien Presse führt dazu, dass die zynische Staatspropaganda die arabischen Massen prägt. Die in den arabischen Medien verbreiteten Äußerungen arabischer Politiker verraten in Besorgnis erregender Weise, welche regional- und weltpolitischen Folgen die Tatsache hat, dass eine politische Kultur der Demokratie unter den Arabern nicht vorhanden ist. Sie folgen ihren Diktatoren und Despoten bis zur tiefsten Enttäuschung und müssen erst leidvolle Perioden der Selbsttäuschung durchleben, ehe sie dann letztlich doch feststellen, dass sie betrogen wurden.

Heute folgen Islamisten den „Untergrund-Imamen" des Djihadismus. Dabei richtet sich die aus der Enttäuschung erwachsene Aggressivität gegen die Kräfte von außen (Amerikaner, Juden), anstatt gegen die eigenen Herrscher. Auf diese Weise haben die Niederlagen von 1967 im Sechstagekrieg, 1991 am Golf und Saddams Sturz 2003 nicht zu einer dauerhaften Ernüchterung beigetragen. Das ist heute klar zu sehen. In einer solchen politischen Kultur, die weder eine Tradition von institutionalisierter politischer Aufklärung[37] noch von Widerstandsrecht kennt, gedeiht die orientalische Despotie und das Verschwörungsdenken.[38] Allerdings sollten die Europäer nicht selbstgefällig sein, sondern sich vielmehr selbst den Spiegel vorhalten, denn als ich die Verschwörungstheorien („Blut für Öl") und den Antiamerikanismus („US-Kreuzzug") in den europäischen Medien vernahm, wusste ich nicht mehr, ob ich in Europa oder im Nahen Osten lebe. Viele deutsche Medien und Buchautoren haben sich im Laufe der Irak-Krise gewissermaßen durch die Übernahme von Verschwörungsdenken orientalisiert. Ich konnte – von den sprachlichen Unterschieden zwischen Deutsch und Arabisch abgesehen – nur schwer unterscheiden, ob ich al-Jazeera, al-Arabia, Dubai-TV, ZDF oder ARD anschaue. Bei vielen deutschen Büchern über den 11. September und den Irak muss ich sehr darauf achten, ob ich einen deutschen oder einen arabischen Text vor mir habe. Ich sehe oft keinen Unterschied.

Nochmals möchte ich auf den Sechstagekrieg von 1967 als arabisches Modell der Selbsttäuschung zurückkommen. Damals meldeten die arabischen Medien den Sieg, obwohl die ägyptische und jordanische Luftwaffe bereits in den ersten Stunden des Krieges am Boden zerstört worden waren.[39] Nach der niederschmetternden Niederlage aller arabischen Armeen im Sechstagekrieg 1967 rief, wie bereits zitiert, der aufgeklärte Araber al-Azm 1968 „zur Selbstkritik nach der Niederlage" auf. Einige Intellektuelle kündigten daraufhin dem damaligen ägyptischen Diktator, Gamal Abdel Nasser – den man auf keinen Fall mit dem blutrünstigen Despoten Saddam Hussein vergleichen darf –, die Gefolgschaft. Ich selbst war in meiner Jugend Nasserist und wachte erst 1967 auf. Unter der Führung des Dichters Adonis gründeten wir in Beirut die Zeitschrift *Mawaqif*[40] als Organ der Aufklärung. Diese ließ jedoch auf sich warten, und wir, der Kreis um Adonis, scheiterten. Statt Strategien für die Zukunft zu entwickeln, kehrten die Araber dazu zurück, in ihrer „ruhmreichen Vergangenheit" zu kramen, um dort Material für ihre rückwärts gewandten Utopien zu finden. Das Ergebnis war der Islamismus und sein neuer Totalitarismus. Dabei wird das Heil in der Rückkehr zum „goldenen Zeitalter" des 7. Jahrhunderts gesehen. Hier liegt der Beginn des Aufstiegs des politischen Islam, unmittelbar nach der Niederlage von 1967. Saddam als Panarabist gehörte bis zum Irak-Krieg 2003 zu den überlebenden säkularen Herrschern, aber mit seinem ersten Aufruf zum Djihad im September

1990 hat er die Grenze zwischen säkularem Panarabismus und fundamentalistischem Islam verwischt. Diese Konfusion hält bis heute unerschütterlich an. Sind Europäer über die Neubelebung der islamischen Weltanschauung im neuen Gewand des Islamismus informiert?

Zu Beginn der 70er-Jahre des 20. Jahrhunderts waren europäische Vorstellungen vom Islam noch von der Orient-Romantik von ›*1001-Nacht*‹ oder ›*Ali Baba und die 40 Räuber*‹ geprägt. Erst in den beiden letzten Dekaden jenes Jahrzehnts hatte die europäische Öffentlichkeit nach der „Islamischen Revolution" im Iran und dem damit verbundenen Aufstieg Khomeinis[41] begonnen, sich von solchen romantischen Vorstellungen zu trennen und zu einer anderen Wahrnehmung überzugehen. Der schiitische und nichtarabische Ayatollah Khomeini konnte seinen Anspruch nicht erfüllen, alle Muslime anzuführen. Er fand trotz seiner Persönlichkeit als charismatischer Führer bei der Mehrheit der sunnitischen Araber keine Akzeptanz. Khomeinis Makel war, dass er weder Araber noch Sunnit war und somit realpolitisch nicht als arabische Führungspersönlichkeit fungieren konnte. Deswegen scheiterte der intendierte Export der Islamischen Revolution in die arabische Welt.[42] Andere arabische Politiker, die gerne die Rolle des letzten charismatischen Führers Nasser übernommen hätten – etwa Saddam, Qadhafi oder Assad –, entbehrten nicht nur der charismatischen Persönlichkeit; sie sind auch Herrscher von Staaten, die nicht das Gewicht Ägyptens in der arabischen Politik aufweisen. Saddam scheiterte mit seinem Versuch, Islam und Panarabismus miteinander zu verbinden. In der arabischen öffentlichen Meinung werden die „Amerikaner und Juden" als Erklärung für dieses Scheitern angeführt.

Seit der Niederlage im Sechstagekrieg finden die verzweifelten, zum islamischen Fundamentalismus flüchtenden arabischen Massen eine Hoffnung in dieser auf dem Islam basierenden Weltanschauung. Parallel dazu weigert sich die Mehrheit der Araber, die harten Realitäten wahrzunehmen. Die arabischen Massen sehen durch ihre „kulturell gefärbte Brille" in Saddam Hussein ein „Opfer des Westens".

Ich bleibe beim Thema, wenn ich in diesem abschließenden Abschnitt die Art der Wahrnehmung, die hinter solchen weltanschaulichen Einstellungen steht, darstelle. Als Vorarbeit dazu führe ich meine Leser nun ein wenig in die islamische Geschichte ein: Vor der islamischen Religionsstiftung waren die Araber in sich bekämpfende Stämme segmentiert. Der klassische Islam hat – ganz im Gegensatz zum heutigen, defensiv-kulturellen islamischen Fundamentalismus – eine Glanzperiode des Mittelalters mit großen zivilisatorischen Leistungen hervorgebracht. Zuvor bestand die wichtigste Leistung in dem Versuch, die miteinander verfeindeten arabischen Stämme einem einheitlichen Staatswesen unterzuordnen und sie in der „*Umma*/islamischen Gemeinschaft", das heißt unter dem Banner des Islam, zu vereinigen. Diese Leistung war jedoch nicht von Dauer. Abgesehen von den Wirkungsjahren des Propheten Mohammed war der Erfolg des Einigungsversuches begrenzt. Im 10. Jahrhundert hatten die Muslime drei rivalisierende Kalifen: in Bagdad, Cordoba und Kairo. Kreuzzügler gab es damals nicht, auch keine Amerikaner. Aber heute – im Nachhinein – wird „Kreuzzüglern" die Schuld an der Spaltung der islamischen *Umma* zugeschrieben.

Wir leben heute in einer Zeit, in der die Islamisten den klassischen Islam als ein Zeitalter deuten, in dem die *Umma* wahrhaftig vereint und deshalb stark war; dies dient ihnen als Vorbild für die heutige salafistische Orientierung. Die Wirklichkeit zeigt, dass die Umma in politische und religiöse, einander bekämpfende Sekten gespalten war.[43] In diesem Kontext ist es erwähnenswert, dass drei der vier „rechtgeleiteten Kalifen" der Periode vor dem dynastischen Islam (632–662), die heute von den islamischen Fundamentalisten als Quelle ihrer rückwärts gerichteten Utopie wieder belebt wird, von anderen Muslimen ermordet wurden. Es bestand kein Konsens darüber, wer der „wahre Imam" sei.[44] Der britische, auch von Muslimen geachtete Islamwissenschaftler W. Montgomery Watt nannte die islamische *Umma „super tribe*/Superstamm",[45] das heißt ein Modell, das nicht ganz der Wirklichkeit entspricht. Mit der Verbreitung des Islam und der Arabisierung nichtarabischer Völker im Vorderen Orient und in Nordafrika wurde der nichtarabische Teil dieser *Umma* deutlich größer und sie war somit weitaus schwieriger zu vereinigen. Die säkularen Versuche seit dem 19. Jahrhundert, den europäischen Begriff der „Nation" auf die Araber zu übertragen, scheiterten.[46] Unter westlichem Einfluss löste sich die islamische *Umma* in viele Nationen auf. Heute gibt es insgesamt 57 Staaten mit islamischer Bevölkerung. Die Djihadisten wollen die islamische *Umma* wieder vereinigen und richten sich gegen die „Verschwörung" (vgl. Anm. 38), die zu ihrer Spaltung führte. Die Weltanschauung einer globalen Gottesherrschaft ist die Grundlage des neuen Totalitarismus.

Den kulturellen Bräuchen in einem Stamm entsprechend, begreifen die Araber ihre Zugehörigkeit zur *Umma* als brüderliche Beziehung („*uchuwwa*/Bruderschaft"; *ach* bedeutet Bruder) im Rahmen eines Kollektivs. Auf der Konferenz der islamischen Staaten in Doha (Katar) im Februar 2003 bezeichnete der damalige Vertreter Saddams den dortigen kuwaitischen Außenminister als „Verräter" des Stammes der Araber und qualifizierte ihn als „*Qurd*/Affe" ab, machte also aus ihm ein Tier. Dies geschah vor international laufenden Fernsehkameras. Wer mit Fremden gegen den eigenen Staat kollaboriert, sinkt zum Tier herab und wird als „Affe" von der rhetorischen Formel der „arabischen Bruderschaft" ausgenommen. Der Fremde kann kein Befreier sein. Das ist das Schicksal der Amerikaner nach dem Irak-Krieg 2003, die Anfeindung statt Dank ernten. Präsident Bush missioniert für Demokratie, nicht für das Christentum. Die arabische Wahrnehmung sieht den Fall jedoch anders, und die Realität interessiert daher nicht. Hier prallen zwei Weltanschauungen und zwei Wahrnehmungen aufeinander.

Nach einer von 1979 bis 2003 andauernden Herrschaft fielen Saddam und Bagdad durch den Einmarsch westlicher Truppen. Zuvor hat Saddam Hussein jahrzehntelang die Ideologie des Arabismus auf die Spitze getrieben und nicht nur den „arabischen Brüdern" seines Stammes aus Tikrit, sondern auch den Arabern und der ganzen Welt gezeigt, dass die Übersetzung des Begriffs der „Bruderschaft" realpolitisch nichts anderes als Expansionismus heißt. Nach dem Fall Saddams liegt die Zukunft der arabischen Region des Nahen Ostens mehr denn je in der kulturell erforderlichen Selbstbefreiung der Araber von den Mythen der Vergangenheit und vor allem von den rhetorischen Selbsttäuschungen, welche die arabische Wahrnehmung und die entsprechende Weltanschauung dominieren. Weder diese Aufgabe noch eine Neuordnung des Nahen Ostens kann von US-Soldaten erfüllt werden. Solange die vergangenheitsfixierte Stammesideologie den arabischen Begriff von Politik prägt und somit die politische Kultur von der Illusion einer islamischen *Umma* bestimmt, solange die Araber sich als Pluralismus-feindliches Kollektiv begreifen und sich hiervon nicht durch kulturelle und politische Aufklärung selbst befreien, bleiben die selbst auferlegten Fesseln der Unfreiheit und Rückständigkeit die Hauptmerkmale des Nahen Ostens als einer der weltweit konfliktreichsten Regionen. Demokratie ist nicht nur ein Gang zur Urne, sondern auch eine politische Kultur, die es in den arabischen Ländern nicht gibt.

Anders als in Deutschland und Japan nach 1945 wird die Demokratie in die Welt des Islam nach dem Irak-Krieg nicht von außen eingeführt werden können. Es würde den Rahmen sprengen, dies näher zu begründen und ist auch nicht das Thema dieses Buches. Es muss genügen, das westliche von Kant ausgehende Politikkonzept des demokratischen Friedens, wonach ein demokratischer Naher Osten ein besserer Partner für den Westen ist, als sehr sympathisch zu bezeichnen. Als ein in Damaskus aufgewachsener Araber, der arabisches Verschwörungsdenken und die politische Kultur der orientalischen Despotie kennt, muss ich jedoch hinzufügen, dass jeder Versuch, eine Demokratisierung von außen anzustreben, angesichts der fehlenden Voraussetzungen scheitern muss. Wir werden mehr Verschwörungsdenken, mehr Tribalismus und mehr Islamismus beobachten können, und der Antiamerikanismus wird weiterhin gedeihen. Dies alles ist bereits nach dem Kriegsende in Irak eingetreten und hält an. Die Weltanschauung der arabischen Muslime muss durch diese selbst geändert werden, ansonsten werden sie für die politische Kultur der Demokratie nicht aufnahmebereit sein. Wie heißt wohl der schöne Koran-Vers: „Und Allah verändert nichts an einem Volk, solange dieses sich nicht selbst verändert" (Sure 13, Vers 11). Was Allah nicht tut, werden die US-Amerikaner auch nicht schaffen. Solange Muslime durch einen Reform-Islam ihre Weltanschauung nicht einem erneuerten Denken unterwerfen, bleiben sie außerhalb der „Dritten Welle der Demokratisierung".[47] In dieser Umwelt gedeiht der totalitäre Islamismus als Ideologie der Opposition zu den korrupten Despotien, die die meisten Muslime unserer Zeit beherrschen. Der Djihad der Islamisten ist kein „Djihad für Demokratie", wie die Wochenzeitung „Die Zeit" (vgl. Vorwort) deutsche Leser leider fehlinformiert.

II. Politischer Islam als Islamismus: Die neueste Spielart des Totalitarismus als Bedrohung des Pluralismus der offenen Gesellschaft

Parallel zu den Wandlungen in der Weltpolitik nach dem Ende des Ost-West-Konflikts und seiner Bipolarität ändern sich auch die sicherheitspolitischen Instrumente. Früher und heute hat man die Stärke eines Staates an seinen militärischen und ökonomischen Kapabilitäten gemessen. Heute spielen nichtstaatliche Akteure zunehmend eine zentrale Rolle in der Weltpolitik; sie verfügen nicht über die angeführten Machtmittel, aber sie haben eine religiös-kulturelle Weltanschauung, auf deren Basis sie Millionen von Menschen mobilisieren können. Dazu führen sie einen irregulären Krieg. Der politische Islam und viele islamistische Bewegungen sind das prominenteste Beispiel dieser nichtstaatlichen Akteure.

Zum Verständnis des politischen Islam als einem nichtstaatlichen Faktor greife ich auf Hannah Arendts Werk über den Totalitarismus[1] zurück und sehe alle von Arendt angegebenen Kriterien einer Bewegung in meinem Gegenstand, bis auf die Beschreibung der Herrschaftspraktiken, erfüllt. Anders als der NS-Faschismus und der Stalin-Kommunismus ist der Islamismus als eine neue Form des Totalitarismus momentan nur eine Bewegung mit einer Weltanschauung, die, bis auf wenige Ausnahmen, noch keine reale Umsetzung in staatliche Praktiken gefunden hat.

In der vorliegenden Analyse wird unterschieden zwischen (1) der institutionellen Spielart (der gemäßigte Islamismus, der sich demokratisch tarnt) und (2) den djihadistisch agierenden Islamisten, die sich zur Gewalt im Sinne der Neudeutung des Djihad (Neo-Djihad) bekennen. Insgesamt argumentiere ich, dass religiös-kulturelle Weltanschauungen zu einem sehr wichtigen Sicherheitsfaktor in der postbipolaren Weltpolitik werden, in der nichtstaatliche Akteure eine zunehmende Bedeutung erlangen.

Der Djihadismus ist, im Gegensatz zu dem in Form von legalen Parteien wirkenden institutionellen Islamismus, ein Terrorismus des irregulären Krieges. Hierdurch kommt eine weitere Komponente der Gewalt bei der Deutung des Islamismus als Totalitarismus zum Tragen. Jeder Islamismus ist ein Totalitarismus, egal ob friedlich oder gewaltförmig, denn alle Islamisten sprechen von ihrer Weltsicht als *„Schumuliyya"*. Dieses Wort hat keine andere Bedeutung als „Totalitarismus", weil sie eine Weltsicht mit dem Anspruch zum Ausdruck bringt, für alle Lebensbereiche zu gelten sowie jede Linie zwischen öffentlicher und privater Sphäre vehement zurückzuweisen. Damit steht der Islamismus als eine religiös begründete und totalitäre Ideologie im Widerspruch zur offenen Gesellschaft, weil er keine andere Weltsicht als die eigene zulässt und quasi organisch für alle Lebensbereiche eine Bestimmung als religiöse Vorschrift bietet. Der *„al-Islam al-Siyasi*/politische Islam" tritt nach dem Faschismus und dem Kommunismus als neuer Totalitarismus in unserem Jahrhundert auf; er ist deshalb keine vorübergehende Zeiterscheinung, weil er alle wirtschaftlichen und politischen Probleme zwischen der Welt des Islam und dem Westen in eine Weltanschauung einbaut, mit deren Symbolen ein Zivilisationskonflikt in der Weltpolitik artikuliert wird.

1. Der Hintergrund des politischen Islam: Die Krise der säkularen Moderne und die Rückkehr des Sakralen

Eine zentrale These dieses Kapitels baut auf der Deutung des Islamismus als Gegenbewegung zur offenen Gesellschaft im Popper'schen Verständnis[2] auf. Daraus folgt, dass der politische Islam im Widerspruch zu jedem Pluralismus steht. Zu Ende gedacht bedeutet dies, dass es keinen demokratischen Islamismus, also keinen „Djihad für Demokratie" (vgl. Vorwort) geben kann. Dies wäre eine *contradictio in adjecto*, also ein Widerspruch im Beiwort. Eine aktuelle Folge der soeben zurückgewiesenen Fehldeutung ist die Ablehnung der Einschätzung der türkischen Islamisten der AKP in Deutschland und in den Medien als „islamisch-konservative" Richtung, vergleichbar mit der europäischen „christlichen Demokratie". Die AKP steht in der Tradition ihrer vier islamistischen Vorgängerparteien in der türkischen Politik; ihre Selbstpräsentation als islamisch-konservativ, analog zu den europäischen Christdemokraten, beruht auf einer Täuschung, damit der neuen Partei das Schicksal ihrer drei Vorgänger, nämlich das Verbot durch das türkische Verfassungsgericht, erspart bleibt.[3] Die europäischen christdemokratischen Parteien erkennen den Pluralismus an, die Islamisten dagegen nicht, auch wenn sie diesen in der öffentlichen Diskussion scheinbar befürworten. Ich habe diese Erörterung mit dem Bezug zu einer friedlich-institutionellen Spielart des Islamismus eingeleitet, um einer möglichen Zurückweisung meiner Kontrastierung von politischem Islam und demokratischem Pluralismus zuvorzukommen. Wenn ich die Spannung zwischen dem politischen Islam und der säkularen Demokratie hervorhebe, bestreite ich keineswegs, dass eine demokratische Deutung des Islam möglich ist.[4] Diese kann nur von einem Reform-Islam, nicht vom Islamismus getragen werden.

In der vorliegenden Analyse geht es darum, in unserem postbipolaren Zeitalter der Rückkehr des Sakralen über das Verhältnis von Religion und Weltfrieden zu debattieren.[5] Mit einer kritischen Haltung gegenüber dieser Entwicklung zu einer „postsäkularen Gesellschaft" frage ich, ob mit der Rückkehr des Sakralen eine Krise der kulturellen Moderne verbunden ist. Eine weitere Frage ist, ob der Friede zwischen den Zivilisationen säkular oder als interreligiös legitimierter Frieden möglich ist. Ist eine Konfliktlösung ohne Konsens über eine kulturübergreifende Moralität möglich? Jenseits jeder Diskussion über Totalitarismus wissen wir, dass jede Religion als Glaube „das Absolute" vertritt. Wenn Religion und „das Totalitär-Kämpferische" in der Politik – also Glauben und Militanz – verbunden werden, haben wir es dann mit einem Totalitarismus wie im Fall des Islamismus zu tun.

Die Folge der Politisierung der Religion in allen Weltreligionen ist das Auftreten einer Fülle von religiösen Fundamentalismen, aus denen der neue Totalitarismus hervorgeht. In diesem Kapitel frage ich zunächst, ob der Islam als solcher generell eine politische Religion ist, wie fälschlicherweise unterstellt wird. Zwar räume ich ein, dass im klassischen Islam politische Inhalte (etwa das Kalifat) vorhanden sind, gehe aber dennoch von der Annahme aus, dass im politischen Islam, also im Islamismus unserer Gegenwart, andere Inhalte vertreten werden. Die Politisierung des Islam in unserer Zeitgeschichte, besonders in unserer krisenhaften Zeit der Bipolarität, unterscheidet sich erheblich von älteren Erscheinungen der Verbindung von Religion und Politik in der islamischen Geschichte. Wenn wir diese Differenzierung übersehen, begeben wir uns in die Falle islamistischer Argumentation, die unter instrumentellem Rückgriff auf den Pluralismus Geltung für die Anschauungen des Fundamentalismus beansprucht, ohne die Voraussetzungen zu erfüllen, die der Pluralismus vorschreibt, nämlich die Akzeptanz des Anderen.

Der klassische Islam predigt den „*Da'wa*/Aufruf“ zum islamischen Glauben mit dem Ziel, Angehörige anderer Religionen missionarisch zum Übertritt zum Islam zu bewegen; dies muss aber nicht unbedingt politisch sein. Im Gegensatz dazu wird das *Da'wa*-Verständnis der Islamisten vom politischen Glauben an eine Ordnung begleitet, die eindeutig totalitär ist. Der „*al-Daula al-Islamiyya*/islamische Staat“ ist die politische Formel, die der klassische Islam nicht kennt; sie ist das zentrale Kennzeichen des zeitgenössischen Islamismus. Wer sich dazu bekennt, enthüllt sich als Islamist. Der anvisierte islamische Staat ist nach der Ideologie der „*Hakimiyyat Allah*/Gottesherrschaft“ eindeutig das Gegenmodell zur offenen Gesellschaft; er vertritt eine totalitäre Ordnung.

Hinter der Feststellung, dass das Sakrale in einer politischen Gestalt zurückkehrt, steht folgende grundsätzliche Erkenntnis: Ohne die kulturelle Moderne hätte es keinen religiösen Fundamentalismus gegeben; dieser ist also kein Traditionalismus. Mit der Erkenntnis, dass die kulturelle Moderne die wichtigste kulturübergreifende Leistung der Menschheit war und bleibt und dass sie sich derzeit in einer Krise befindet, verbinde ich die Beobachtung, dass die Fundamentalismen in allen Religionen als eine Reaktion auf eine Krise der kulturellen Moderne aufsteigen. Im Jahr 1980, als der Harvard-Soziologe Daniel Bell seinen Essay „*Return of the Sacred*“[6] veröffentlichte, war diese Entwicklung noch nicht eindeutig sichtbar. Darin schreibt er, unter politischer Religion sei eine säkulare Ideologie, wie etwa die der Jakobiner der Französischen Revolution, zu verstehen. Wenn wir uns die Beispiele für politische Religion anschauen, die in der deutschsprachigen Forschung über diesen Gegenstand[7] angeführt werden, finden wir keine authentische Religion darunter. Bei solchen politischen Religionen wird einer säkularen Ideologie der Charakter eines Glaubens ohne Gott und ohne Spiritualität aufgedrückt. Anders verhält es sich bei den religiösen Fundamentalismen; diese – so im politischen Islam – verbinden nicht etwa eine politische Ideologie mit allen Aspekten des Glaubens; der Islamismus verfährt genau anders herum, die Religion wird verweltlicht – wenn auch nicht im Sinne von „säkularisiert“.[8] Religion wird zu einer Artikulationsform politischer Belange, bei der religiöser Glaube zur weltlichen Ideologie wird. Das ist der Inhalt des nach seiner Politisierung zu einer politischen Religion gewordenen Islam. Im Folgenden will ich am Gegenstand des politischen Islam meine These von der zunehmenden Bedeutung des Faktors „zivilisatorische Weltanschauung“ in der internationalen Politik veranschaulichen und hierbei meine Deutung des Islamismus als Totalitarismus konkretisieren.

An dieser Stelle möchte ich an meine im ersten Kapitel dargestellte Argumentation erinnern, dass eine religiöse Weltanschauung als kulturelles Muster nicht auf ökonomische Probleme reduziert werden darf. Wer dies tut, dem bleibt das Verständnis, politische Religionen als einen Ausdruck von Neoabsolutismen[9] zu sehen, verschlossen. In dieser Eigenschaft stehen diese jedem interreligiösen Frieden als Hindernis im Wege. Denn ohne Anerkennung des religiösen Pluralismus als Grundlage politischer Kultur kann kein demokratischer Frieden gedeihen. Pluralismus ist ein zentraler Bestandteil der offenen Gesellschaft. Der politische Islam lässt einen solchen Pluralismus jedoch nicht zu. Als Totalitarismus ist er vielmehr die Antithese zur offenen Gesellschaft. Die westliche Zivilisation, die im Gefolge der Säkularisierung des christlichen Abendlandes entstanden ist,[10] ist säkular und somit im Vergleich zu anderen religiös definierten Zivilisationen ein Einzelfall. Weil die islamische Zivilisation durch eine Religion definiert ist, trägt die Politisierung der Religion dazu bei, Konflikten den Charakter von Zivilisationskonflikten zu verleihen. Da der religiöse Fundamentalismus[11], der sich in diesen Rahmen einordnen lässt, ein neuer Totalitarismus ist, nimmt der Konflikt zwischen seinem Glauben an Gottesherrschaft im Kontext der Rückkehr der Religion in einer politisierten Form und dem säkular-demokratischen Staat den Charakter eines Zivilisationskonfliktes an.

Geschichtlich ist Säkularisierung[12] eine Erscheinung, die allein innerhalb des westlichen Christentums vorgekommen ist. Die Rückkehr der Religion nach der abgeschlossen geglaubten Säkularisierung wird unter dem Titel *„Return of the Sacred"* unterschiedlich interpretiert, sowohl positiv als auch negativ. In meiner Deutung richte ich mein Augenmerk auf zwei Ebenen: erstens auf eine begriffliche Ebene, also auf den Gegenstand im Allgemeinen, und zweitens auf den Islam als ein Beispiel im Besonderen. Auf beiden Ebenen werden zwei Fragen in Bezug auf Religion und Pluralismus[13] gestellt:

1. Kann die an Vernunft orientierte Diskurs-Ethik und ihre säkular-demokratische Denkweise des Pluralismus, die aus dem philosophischen Diskurs der Moderne hervorgeht, auf jede Religion übertragen werden? Anders formuliert: Ist ein interreligiöser Pluralismus ohne Säkularisierung möglich? Wenn sich Religion für die Erfüllung dieser Voraussetzung einer Reform unterziehen muss, wie

würde sie aussehen? In meiner umfassenden Studie ›*Im Schatten Allahs*‹[14] habe ich näher begründet, dass weder Orthodoxie noch Islamismus mit Pluralismus und Menschenrechten vereinbar sind. Beide schreiben eine organische Einheit von Wissen, Politik und Glauben vor; sie lassen keine Unterscheidung zwischen öffentlicher und privater Sphäre zu und verbinden die hierauf basierende Weltanschauung mit einem absoluten Geltungsanspruch.

2. Religion beruht auf Glauben, nicht auf Wissen. Der Unterschied zwischen beiden besteht darin, dass Glaube absolut, Wissen dagegen reflexiv ist, das heißt, es kann durch Nachdenken der Revision unterzogen werden, ist also überprüfbar. Pluralismus beruht auf der Verbindung von Vielfalt und Konsens. Unter Kenntnis dieser Grundannahme ist die Frage zu stellen, ob Religion durch Reflexionsschübe von dem Glauben anhaftenden Absolutismus befreit werden kann. Anders formuliert: Verliert eine Religion ihre Authentizität, wenn sie auf das Absolute verzichtet? Ich denke, eine Privatisierung der Religion durch religiöse Reformen kann zu positiven Antworten führen, wohingegen eine Politisierung des Sakralen genau ins Gegenteil mündet, weil sie das Absolute in der Religion zu einem Neoabsolutismus potenziert.

Die kulturelle Moderne hat die Religion vom Absoluten befreit. Es gibt noch eine weitere Dimension der Religion, nämlich die als kulturelles System. Darüber hinaus besteht ein Zusammenhang zwischen Religion und Zivilisation. Dies wird besonders nach dem Ende des Ost-West-Konflikts in der Weltpolitik dadurch deutlich, dass zivilisatorische Weltanschauungen zu einem signifikanten Faktor werden. Aus dieser Perspektive lassen sich diese thematisierten Probleme als Zivilisationskonflikte ansprechen.[15] Im modernen Europa hat man das Dilemma, welches mit beiden angeführten Problemfeldern korrespondiert, durch die Säkularisierung kulturell überwunden. Mit Säkularisierung meine ich die Trennung der Sphären des Privaten und des Öffentlichen in Bezug auf Religion. Das ist das positive Ergebnis des seit dem Westfälischen Frieden herrschenden Religionsfriedens in Westeuropa. Anlässlich der 350-Jahre-Feier dieses Friedens in Osnabrück haben der jüdische Israeli Uri Avneri und ich, ein Muslim, in dortigen Festreden[16] in der Marienkirche konsensuell argumentiert, dass nur ein Friede solcher Art in Nahost ein jüdisch-islamisches Miteinander ermöglichen kann. An diesem Beispiel lässt sich seit der im September 2000 begonnenen Intifada festhalten: Die Politisierung der Religion im Islam ist eine djihadistische Bedrohung der jüdischen Existenz, und die Politisierung des

Judentums führt zur Verneinung der Rechte der Palästinenser. Hier stoßen zwei totalitäre Weltanschauungen unversöhnlich aufeinander.

Heute gefährdet die Politisierung der Religion sogar selbst den inneren Frieden westlicher Gesellschaften der USA und Westeuropas, die sich durch die Säkularisierung vor diesen Problemen gefeit wähnten. Durch die Migration nach Europa steht der säkulare Kontinent im 21. Jahrhundert vor Problemen, die man bereits überwunden glaubte. Im Privaten kann ein in Europa lebender Muslim seine Religion als „absoluten Glauben" behalten, aber in der öffentlichen Sphäre darf eine solche Einstellung in einer, wenn auch toleranten, säkularen Demokratie nicht hingenommen werden, weil sie dem politischen und religiös-kulturellen Pluralismus[17] widerspricht, ja ihn gefährdet. Jedem Glauben – gleich ob religiös oder säkular – verlangt die Demokratie ab, andere Glaubensrichtungen als gleichwertig zu respektieren. Ist dies im Islam möglich?

Im Koran steht: „Die Religion bei Gott ist der Islam" (Sure 3, Vers 19). Auf dieser Grundlage fühlen sich Muslime gegenüber Angehörigen anderer Religionen religiös-moralisch überlegen. Pluralismus erfordert hingegen moralische Gleichheit aller Religionen. Können wir dies verändern? Ohne eine Reform können Muslime das sicherlich nicht. Diaspora-Muslime pflegen den „absoluten Glauben", anstatt Reformen in ihrer Religion anzustreben, und geraten somit in Konflikt mit Europa und seiner säkularen Identität; sie fordern dennoch das Grundrecht der Religionsfreiheit. Die Islamisten unter ihnen vertreten jedoch unter diesem Deckmantel eine totalitäre Weltanschauung. Politisch-kulturelle Gesinnungsethiker verleugnen, hierin eine Konflikt-Situation zu sehen, und tabuisieren die gesamte Problematik. Sie übersehen, dass die Politisierung des missionarischen Bewusstseins der Überlegenheit in eine djihadistische Bedrohung münden kann. Diese Weltanschauung des Islamismus unter „Religionsfreiheit" zu dulden, kann nicht anders als eine Niederlage der offenen Gesellschaft gegenüber ihren totalitären Feinden unter Hinweis auf Toleranz begriffen werden. Die Krise der kulturellen Moderne wird auch durch diesen Kulturrelativismus weiter potenziert.

Im Zeitalter der Globalisierung und der parallel dazu verlaufenden Migration gehen die gestellten Fragen nicht allein die Menschen der islamischen Zivilisation an, in der der Kampf zwischen dem neuen Totalitarismus und anderen alternativen Formen des offenen Islam wütet. Dieses Buch eines Reform-Muslims ist mit der aufklärerischen Absicht an europäische Leser gerichtet, ihnen zu vermitteln, dass diese Fragen für Europa heute existentiell geworden sind. Der Grund hierfür ist die massive islamische Migration nach Europa. Heute leben in Westeuropa etwa 17 Millionen muslimische Migranten. In weniger als einem halben Jahrhundert, also um das Jahr 2050, wird sich diese Zahl in etwa verdreifachen. Sollte die Türkei etwa 2010 der EU beitreten, wird diese Problematik gravierend werden, weil die türkische Bevölkerung mit heute 70 Millionen Muslimen und zahlreichen Migrationswilligen bei ihrem Beitritt auf etwa 80 Millionen angewachsen sein wird, während die westeuropäische Bevölkerung parallel dazu – so auch in Deutschland – stets abnimmt. Wenn der Islam säkularisiert wäre, würden diese Probleme nicht bestehen. Damit wird gesagt, dass die Fragen, die den inneren Frieden in Westeuropa angehen, nicht die Religion des Islam, sondern sowohl den islamistischen als auch orthodoxen Neoabsolutismus betreffen. Seit dem 11. September ist dies eine Feststellung, die nur blinde, „ politisch korrekte" Gesinnungsethiker beanstanden würden. Die Problematik Islam–Westen stellt sich in den Worten des Islamwissenschaftlers John Kelsay nüchtern folgendermaßen dar:

„Die Art, wie westliche und islamische Kultur ihre jeweilige Umgebung verstehen, hindert sie in ihrer Fähigkeit, sich auf andere religiöse und politische Interessen einzustellen, gerade dann, wenn … es unmöglich ist, einander aus dem Wege zu gehen. … Der Westen und der Islam können nicht länger mit einzelnen geographischen Regionen identifiziert werden. … Die Geschwindigkeit der Migration von Muslimen in den Westen legt nahe, dass wir bald gezwungen sein werden, nicht einfach über ‚Islam und der Westen', sondern über ‚Islam im Westen' zu sprechen. Muslimische Gemeinschaften formieren sich in sektiererischen Enklaven …, die im Westen existieren, aber nicht zu ihm als Zivilisation gehören."[18]

Derselbe mit dem Islam fachlich vertraute Wissenschaftler warnt davor, das islamische Erwachen allein als Nostalgie zu deuten, und verweist auf den Anspruch des politischen Islam. Die klassische Dekolonisation war eine legitime antikoloniale, also gegen europäische Herrschaft gerichtete Bewegung; ihre Träger haben keinen Widerspruch darin gesehen, sich europäischer Ideen (etwa Freiheit und Volkssouveränität) zu bedienen und gegen europäischen Kolonialismus einzutreten.[19] Dagegen ist der religiöse Fundamentalismus im Islam antiwestlich auch auf der Ebene der Werte. Die angestrebte Entwestlichung der Welt im Rahmen einer „Revolte gegen den

Westen“ (Hedley Bull) richtet sich also auch gegen die Weltsicht der kulturellen Moderne; sie will entwestlichen.

Sehr instrumentell verwerfen Islamisten in ihrer Propaganda die Kritik an ihrem Totalitarismus mit der Keule „Feindbild Islam“. Europäer könnten hierauf mit einer Doppelstrategie in der Tradition Karls des Großen antworten: Abwehr des expansiven Djihad-Islam und Dialog mit dem friedlichen Islam. Heute gibt es keine klassischen Djihad-Kämpfer mehr, dafür aber Djihadisten in der Enklave der Islam-Diaspora in Europa. Durch die fehlende Integration entstehen Parallelgesellschaften. In diesen ethnisieren sich die in Europa lebenden Muslime und kapseln sich ab; eben diese fehlende Integration macht sie anfällig für den Islamismus. In diesen Parallelgesellschaften stoßen wir auf Probleme der Integration in Bezug auf Familie, Schule und Arbeitsplatz. Durch die Politisierung der Religion werden die Probleme in weltanschaulich-religiöse Konfliktpotentiale verwandelt, die das Gemeinwesen balkanisieren.

Die Norm der religiösen Toleranz, die zu den Errungenschaften der kulturellen Moderne gehört, gilt nicht für politisierte Religionen als neuen Totalitarismus. Europäer müssen verstehen, dass die Rückkehr des Sakralen im Zeichen der Krise der kulturellen Moderne weder eine politische Theologie der Befreiung und Emanzipation ist, wie man sie in früheren Zeiten aus Lateinamerika kennt, noch eine religiöse Renaissance bedeutet. Mit einem positiven Vorurteil falscher Toleranz an den politischen Islam heranzutreten, endet in einer kolossalen Fehleinschätzung. In der Tat verwenden die Vertreter des Islamismus als einer politischen Religion Inhalte wie etwa den der Befreiung. Damit meinen sie aber Entwestlichung, also die Befreiung der Welt vom Westen. Dies ist auch gegen die kulturelle Moderne im Sinne von Entwestlichung der Welt durch Islamisierung und Entsäkularisierung gerichtet. Islamisten wollen die kulturelle Moderne abschaffen. Europäer sollten nicht auf die Worte, sondern auf die inhaltliche „Füllung“ in der Sprache der Islamisten achten.

Der alte Konflikt zwischen Kreuzzug und Djihad wird neu belebt, wobei Gegenwart und Geschichte im islamischen Kollektivgedächtnis miteinander verzahnt werden. Vor allem ist der Islam in der Deutung einer politischen Religion eher eine Ordnungsvorstellung als eine Theologie, in der die Beziehung Mensch/Gott reflektiert wird. Bei den Islamisten steht der weltanschauliche Zivilisationskonflikt, den sie politisieren, im Mittelpunkt. Hierbei werden die alten historischen Belastungen von Kreuzzug und Djihad in neuer

Gestalt aktualisiert. Doch ist diese Thematik, die von Samuel P. Huntington im Rahmen des ›*Clash of Civilizations*‹[20] aufgenommen wird, viel älter als jenes Buch und ist in den Schriften des politischen Islam zu finden, die lange vor Huntington erschienen sind. Eine zentrale Schrift von Sayyid Qutb trägt den Titel: ›*Der Islam und das Problem der Zivilisation*‹[21], deren 9. Auflage acht Jahre vor Huntingtons Buch in Kairo erschien und den Konflikt zwischen Islam und Westen in ihren Mittelpunkt stellt. Diese Schriften sind im postbipolaren Westen unbekannt, daher weiß man nicht, dass in der islamischen Welt im Rahmen der Rückkehr des Sakralen ein Neoabsolutismus floriert, der als Glaube ausgegeben wird und in Kontrast zu jeder Art von Pluralismus steht. Aus der Politisierung der neoabsolutistischen Weltanschauung geht der neue Totalitarismus hervor, der noch keine Tradition staatlicher Herrschaftspraktiken hat. Ich will diesen Abschnitt mit folgendem Erlebnis abschließen, und erlaube mir, es zu kommentieren.

Am 16. September 2002 war ich in Ankara, um über mein Konzept des „Euro-Islam" zu reden, und war erschrocken, in den CNN-Nachrichten die Rede eines Islamisten auf einer öffentlichen Versammlung in London zu vernehmen, der zu Tausenden dort zujubelnder islamischer Migranten mit aggressiver Stimme sprach: „Is there any doubt in your mind that there is a clash of civilizations?" Die Reaktion war eine laute demagogische Zustimmung. Es gehört nicht zur Redefreiheit, eine solche kriegerische Agitation und Verhetzung mitten in Europa zuzulassen. Dieser politische Islam steht in krassem Widerspruch zu Demokratie und Pluralismus und gehört in unserer Zeit nach dem Schock des 11. September zur Problematik der Sicherheitspolitik.[22] Die offene Gesellschaft muss sich das Recht nehmen, sich und ihre politische Kultur gegen diesen neuen Totalitarismus zu verteidigen. Die Krise der kulturellen Moderne bietet Anlass, ihre Mängel zu überwinden, nicht aber ihren Werten durch Kulturrelativismus in den Rücken zu fallen.

2. Der historische Hintergrund und seine Vergegenwärtigung als Vorgeschichte: „Die Erfindung der Tradition"

Es gehört zur defensiv-kulturellen Abwendung von der Moderne zu re-traditionalisieren. Dies nimmt die Form einer Vergegenwärtigung von Kreuzzug und Djihad an. Bei diesem Rückgriff auf die Geschichte wird der Versuch unternommen, Tradition für den neuen

Totalitarismus zu instrumentalisieren. Für solche und ähnliche Rückgriffe auf die Geschichte hat Eric Hobsbawm den Begriff *„invention of tradition"*[23] geprägt. Um dies besser zu verstehen, müssen wir auf die entsprechende Geschichte zurückgreifen und erkennen, wie ihre Traditionen neu erfunden und instrumentell gebraucht werden. Sie umfasst sowohl aus der Perspektive des Islam als auch aus der des Christentums viele Belastungen, die ich in einer früheren Arbeit mit der Formel „Kreuzzug und Djihad" (vgl. Anm. 10) zusammengefasst habe. Beide Zivilisationen haben in diesem Rahmen Krieg gegeneinander geführt, für den jede Partei ihre eigene zivilisatorische Sprache verwendete. Aber nicht nur gegenseitige Bedrohung, auch Faszination, also auch Brücken hat es gegeben; für diese interessieren sich die Islamisten allerdings nicht.

Alle Zivilisationen pflegen stets Selbst- und Fremdbilder,[24] die jeweils in Traditionen eingebettet sind und im Kollektivgedächtnis bewahrt werden. Die im Sinne von Erfindung neu belebten Traditionen sind aber nicht das „Alte", sondern eine in die neuen Zustände projizierte Vorstellung hiervon; also neuer Wein in alten Schläuchen. Somit erklärt sich, dass es sich bei dem Gerede über den islamischen *Djihad* und die christlichen *Kreuzzüge* in der Gegenwart um eine Rhetorik handelt, die nicht mit den bestehenden Realitäten in Einklang steht. Es existieren *„images"* beider Zivilisationen – des Islam und des Westens – von sich und vom anderen. Wir haben es hier mit Zivilisationen zu tun, die sich auf religiöser Grundlage definieren. Anders als im Islam hatte sich jedoch das christliche Abendland, das auf Karl den Großen zurückgeht, im Rahmen der Renaissance in eine neue Zivilisation transformiert, die säkularer Westen genannt wird.[25] Der Islam hat eine solche Entwicklung nie vollzogen. Daher nimmt der weltanschauliche Zivilisationskonflikt den Charakter eines Zusammenpralls zwischen säkularen und religiösen Weltbildern an. Das ist heute mehr als die Erfindung von Tradition. Es geht um den Konflikt zwischen dem demokratisch-säkularen Staat und der totalitären Gottesherrschaft. Um Missverständnisse vorbeugend aus dem Wege zu räumen, betone ich, dass ich mit diesem Argument weder „religiös" mit „totalitär" gleichsetze noch unterstelle, dass der islamistische Totalitarismus traditionell Wurzeln im Islam hat. Orientalische Despotie ist kein Totalitarismus.

Ein Beispiel für die *„invention of tradition"* ist die islamische Wahrnehmung der Kriege am Golf 1991, auf dem Balkan, in Afghanistan sowie jüngst im Irak. Alle zeithistorischen Ereignisse werden als christliche Kreuzzüge gegen den Islam[26] wahrgenommen. Zunächst sind nach dem 11. September in der Wahrnehmung der Europäer die Ängste vor dem islamischen Djihad in der neueren islamistischen Gestalt des Terrorismus gewachsen. Die Aufrufe zum Djihad vor und nach dem Irak-Krieg 2003 hat jedoch kaum ein Europäer ernsthaft als Bedrohung aufgefasst. Daraus geht hervor, dass das Bedrohungsbewusstsein der Muslime weit ausgeprägter ist. Die westliche Antwort auf den Djihadismus wird von ihnen als Neubelebung der Kreuzzüge wahrgenommen. Ganz gleich wie der Irak-Krieg beurteilt wird, ein Kreuzzug war er nicht. Doch im Bewusstsein der Muslime war er ein solcher und selbst die höchste Autorität des sunnitischen Islam, Scheich al-Tantawi, Rektor der al-Azhar Universität, hat ja in einer *Fatwa* den Widerstand gegen diesen „Kreuzzug" als Djihad legitimiert.

Im Zentrum dieses Buches steht eine geschichtliche Linie vom 11. September 2001 bis zum Irak-Krieg 2003; sie trug zu zivilisatorisch bedingten Wahrnehmungen bei, die das gegenseitige Misstrauen zwischen der Welt des Islam und dem Westen untermauern und anschauliches Material für die These vom weltanschaulichen Zusammenprall der Zivilisationen bieten. Nicht diese Beobachtung, sondern die Gleichsetzung der islamischen Zivilisation mit den Auswüchsen der Politisierung der Religion ist falsch. Die größte Bedrohung des Weltfriedens im 21. Jahrhundert scheint von der zivilisatorischen Auseinandersetzung in der Mittelmeerregion[27] im Zuge der djihadistischen Bedrohung auszugehen. Wie bereits angemerkt, weisen beide rivalisierenden Zivilisationen schon historisch eine Bilanz sowohl an Bedrohung als auch gegenseitiger Befruchtung in dieser Region auf. Aus diesem Grund hatten der Mittelmeergipfel vom November 1995 im Anschluss an die Friedensvereinbarungen von Oslo sowie die in diesem Zusammenhang stehenden euromediterranen Kulturdialoge (u. a. in Den Haag im März 1997) eine besondere politisch-kulturelle Friedensfunktion. Zu bedauern ist die bei solchen Anlässen oft fehlende Aufrichtigkeit auf beiden Seiten.[28] Zusätzlich wirkt die Politisierung des Islam auf die Rivalität der beiden Zivilisationen in ihrer gegenwärtigen Form verschärfend ein. Christen dagegen betreiben gleichermaßen Beschwichtigung und Selbstbezichtigung, was jedoch von den Muslimen falsch, nämlich als eine moralische Schwäche des Westens, verstanden wird. Für diese Art des Dialogs habe ich die Formel „Selig sind die Belogenen" geprägt.[29] Selbst der 11. September hat im deutschsprachigen Raum nicht vermocht, an diesem Muster zu rütteln. Leider hat der Irak-Krieg selbst die im bescheidenen Maße vorhandene Dialoggrundlage weitgehend zerstört und die antiwestliche Einstellung unter den Muslimen erheblich verstärkt.

Wir dürfen die Geschichte nicht auf das christlich-islamische Mittelmeer einengen. Denn unsere Welt besteht nicht allein aus der westlichen und der islamischen Zivilisation, es gibt noch weitere, sehr wichtige Zivilisationen, etwa in Ostasien. Vor der asiatischen Krise nannte man einige ost- und südostasiatische Staaten im letzten Jahrzehnt des vergangenen Jahrhunderts aufgrund ihrer damals traumhaften wirtschaftlichen Wachstumsraten *„Asian tigers"*. Daher wurden sie als „Gefahr" für den Westen in Bezug auf die Führung in der Weltwirtschaft im 21. Jahrhundert angesehen. Damals versuchten westliche Politiker, die bisherigen ostasiatischen Erfolge und die mit ihnen verbundene Herausforderung mit Hinweisen auf dortige Verletzungen der Menschenrechte abzuwerten, wobei sie scheinbar in ihren politischen Angriffen auf Ost- und Südostasiaten die Menschenrechte und die Wettbewerbsfähigkeit dieser Länder bewusst miteinander verwechselten. Obwohl in Südostasien etwa 400 Millionen Muslime leben, findet der zentrale Zivilisationskonflikt zwischen dem Islam und dem Westen nicht in Ostasien, sondern in der islamischen Mittelmeerregion statt. Hier liegt der arabische Kern der islamischen Zivilisation. Zwar ist der Islam als Zivilisation von inneren Zerreißproben zerrüttet, aber die westliche Islam-Fixierung vereinheitlicht und trägt dazu bei, dass der Islam als politische Religion zum Faktor der Weltpolitik wird.[30] Nun befand sich zweifellos die zentrale Logistik der Terroranschläge des 11. September in Afghanistan, wenngleich sie unmittelbar von Hamburg aus geplant wurden. Die Täter waren hingegen arabische sunnitische Islamisten; diese sind die zentralen Träger des politischen Islam. In diesem Buch warne ich wiederholt davor, die Politisierung des Islam als soziokulturelle Erscheinung lediglich auf ökonomische Probleme zurückzuführen, dies wäre falsch; jedoch möchte ich es nicht unterlassen, auf den UN-Bericht, der eine blockierte wirtschaftliche Entwicklung in der arabischen Welt konstatiert, hinzuweisen.[31] Der politische Islam ist sowohl Auswuchs als auch Ursache dieser Entwicklung. Wir dürfen Weltanschauungen nicht unterschätzen, zu denen auch der Djihadismus gehört. Dieser gefährdet nicht nur den Westen, sondern auch die Muslime selbst.

Durch vielschichtige Probleme ist die Welt des Islam heute die am stärksten fragmentierte Zivilisation. Die Opfer der als Djihad verübten Morde sind in Algerien, in Palästina, in Ägypten und in Afghanistan zu beklagen. Wichtig ist es anzuführen, dass die Opfer der Fundamentalisten vorwiegend selbst Muslime sind. Vor dem 11. September bot der Djihad keine Erklärung für die Zentrierung des Zivilisationskonflikts auf den islamischen und den westlichen Zivilisationskreis. Das gängige Klischee „Feindbild Islam“[32] wurde von Polemikern stets bemüht, um die Erkenntnis zu unterdrücken, dass der Islam und der Westen die einzigen Weltzivilisationen sind, die in ihren Weltanschauungen universelle Geltungsansprüche pflegen und hier aufeinander prallen. Dies erklärt, warum die westliche Wahrnehmung einer externen Bedrohung sich auf den Islam, nicht auf Konfuzianismus, Buddhismus oder Hinduismus bezieht! Die djihadistische Bedrohung beruht nicht einfach auf einem religiösen Glauben, sondern auch auf einem kulturellen System mit universellem Anspruch. Jede Politisierung dieses Universalismus wird daher zu einer politischen Gefahr für den Weltfrieden. Ich habe bereits John Kelsay zitiert (Anm. 18), der davor warnt, diese Weltanschauung als Nostalgie herunterzuspielen. Es geht um eine neu erfundene Tradition, deren Konstruktionen in den Dienst des neuen Totalitarismus gestellt wird.

Wir können im Islam von einer großen religiösen sowie kulturellen Vielfalt sprechen, die mit der Tatsache zusammenhängt, dass die islamische Zivilisation aus Tausenden unterschiedlicher Lokalkulturen besteht und einer religiösen Binnendifferenzierung (etwa Sunna und Schi'a) unterworfen ist. Mit diesem Hinweis will ich den Unterschied zwischen positiv zu wertender Vielfalt und der negativen Erscheinung der religiös-politischen Fragmentation, die aus der Politisierung hervorgeht, unterstreichen. Einheit unter den Muslimen entsteht auf weltanschaulicher Ebene, wenn eine Gefahr von außen wahrgenommen wird. Die weltweite Mobilisierung der Muslime während des Irak-Krieges 2003 bietet ein Beispiel hierfür, und so lässt sich die Feindschaft zum Westen veranschaulichen. Die meisten Muslime sind sich in ihrer Selbstwahrnehmung als Opfer des Westens einig – ich nenne dies Selbstviktimisierung –, unter sich selbst sind sie aber verstärkt gespalten. Die Bewegung al-Qaida[33] baut auf der Fixierung des „Feindbild Westen“ auf, um einen islamischen Internationalismus zu entfalten. Die Kriegsrhetorik von US-Präsident Bush während des Irak-Krieges war kontraproduktiv und hat unbeabsichtigt zur Verstärkung des „Feindbild Westen“ in der islamischen Zivilisation beigetragen. Sie schürt nachhaltig einen Antiamerikanismus[34] unter den Muslimen und hat zum Zulauf zu den Islamisten beigetragen.

Bei der Neubelebung der Geschichte geht es nicht nur um die Erfindung von Tradition; dabei stehen auch Realitäten an. Wir müssen uns an den wichtigen Unterschied erinnern: Die westliche Zivilisation hat eine säkulare Identität, ist also anders als der Islam, der sich durch religiöse Weltbilder definiert. Der westliche Universalismus war bis zur Renaissance christlich, wandelte sich aber durch die Säkularisierung. Die islamische Zivilisation besteht seit ihrer Entstehung auf einen universellen, religiös definierten Geltungsanspruch. Es trifft zu, dass es im Islam nach der Begegnung mit dem Westen teilweise eine normative, auf westlich gebildete Eliten beschränkte, jedoch keine strukturelle Säkularisierung gegeben hat. Leider sind aber unter den gegenwärtigen Bedingungen im Schatten des Islam und seiner Politisierung keine Religionsreformen in Sicht, die in voraussehbarer Zukunft auf Säkularisierung abzielen. Es ist sehr bedauerlich, dass solche Reformen im heutigen Islam als Häresie verfemt werden.[35] Der islamisch-westliche Zivilisationskonflikt ist also ein weltanschaulicher Konflikt zwischen einem säkular begründeten und einem religiös motivierten Universalismus. Wenn auf islamischer Seite der Islam als politische Religion, also als Islamismus auftritt, ruft dies unvermeidlich Konflikte hervor. Die Europäer können und dürfen die Welt des Islam nicht verändern, aber wenn der Islam als politische Religion in der Diaspora auftritt, betrifft Europa dies direkt, und hier sollte es Mitspracherecht erhalten und einen Reform-Islam fordern. In diesem Rahmen habe ich mein Konzept des Euro-Islam entwickelt.[36] Die Abwehr gilt nicht undifferenziert dem Islam, sondern allein dem politischen Islam, seiner djihadistischen Bedrohung und dem neuen Totalitarismus.

Leider wird vom politischen Islam die traditionelle, seit Jahrhunderten unveränderte Zweiteilung der Welt in eine islamische und eine außerislamische Territorialität durch die hier angesprochene Erfindung von Tradition revitalisiert: „*Dar al-Islam/*Haus des Friedens" versus „*Dar al-Harb/*Haus des Krieges" oder, um den heute gängigen Begriff zu benutzen, *Dar al-Kuffar,* das heißt Sphäre des Krieges oder der Ungläubigen. In Friedenszeiten wird nach der Lehrmeinung muslimischer „*Ulema*/Schriftgelehrter" eine dritte Sphäre, die des „*Dar al-'Ahd*/Haus des Vertrages" als Sphäre des Friedens zugelassen. Diese ist jedoch temporär: die Einstellung des Djihad darf nur so lange andauern, wie die Muslime zu schwach sind, um ihre Territorialität zu erweitern. Wie auch Armanazi[37] zeigt, ist dieses Weltbild bis heute nicht revidiert worden. Den maßgebenden muslimischen Rechtsgelehrten zufolge ist die Aufteilung der Welt – auch im Zeitalter der Nationalstaatlichkeit – nicht aufgegeben worden. Aus dieser Tatsache ergibt sich die Spannung zwischen der Realität der Nationalstaaten in der Welt des Islam und dem universellen Geltungsanspruch des Islam, der bei seiner Politisierung archaische Elemente in die Weltpolitik einführt. Aber auf der Ebene der Weltanschauung findet ein Krieg zwischen den beiden oben beschriebenen territorialen Sphären statt, der heute als solcher zwischen Zivilisationen weltanschauliche Gestalt annimmt.

In krassem Gegensatz zur beschriebenen Dichotomie einer zivilisatorisch zweigeteilten Wahrnehmung der Welt steht die Tatsache, dass die Welt des Islam heute aus 57 nationalstaatlichen Einheiten besteht. Diese Realität ändert nichts an der beschriebenen Wahrnehmung. Alle Staaten der heutigen Welt des Islam sind nach den westlichen Nationalstaaten europäischen Musters gestaltet. Dies wird in der islamischen Öffentlichkeit als Ergebnis einer Verschwörung der „westlichen Kreuzzügler" gegen den Islam wahrgenommen, um die islamische *Umma*-Gemeinde zu spalten. Wer die europäisch-islamische Geschichte und ihre Unterteilung in „christliches Abendland" und Westen kennt, weiß, dass der Begriff „westliche Kreuzzügler" ein Widerspruch in sich ist. Er wurde während des Krieges gegen den Terrorismus von islamischer Seite neu belebt. Die Vereinigung der Muslime als universelle *Umma* in einer neuen islamisch dominierten Weltordnung – einer *Pax Islamica* – steht groß auf den Fahnen der islamischen Fundamentalisten und im Mittelpunkt ihrer Rhetorik. Bei der Spannung zwischen *Pax Islamica* versus *Pax Americana* geht es nicht um Gerechtigkeit, wie deutsche „Gutmenschen" meinen, sondern darum, wer die Welt im 21. Jahrhundert beherrscht. Hier prallen zwei Weltanschauungen aufeinander: säkularer demokratischer Frieden versus Gottesherrschaft.

Gegen Postmodernisten argumentiere ich, dass es auch reale Geschichte gibt, die objektiv stattgefunden hat. Zur Entmystifizierung der Rhetorik im Wettkampf der Zivilisationen, die auf Selbst- und Fremdbildern basiert, ist es möglich, auf diese reale Geschichte ohne „*invention*/Erfindung" zurückzugreifen. So erklärt sich uns die Tradition der islamischen „*Umma*/Gemeinde", die sich nicht allein auf *Djihad* und *Kreuzzug* beschränkt. Der international angesehenste deutsche Islam-Wissenschaftler Joseph van Ess hat dem Früh-Islam sein Lebenswerk gewidmet. In seiner mehrbändigen Studie zeigt er, dass bereits in der frühislamischen Geschichte die Stammessolidarität weitaus stärker als die der *Umma* war. So war damals bei den Muslimen ein „Gläubiger derjenige, der ihrer Gemeinde angehörte, jeder andere Muslim dagegen ein Ungläubiger", schreibt van Ess und fährt fort:

„Man handelte und dachte im Kollektiv. Dabei verstand man dieses Kollektiv vorwiegend als soziale Gruppe, der man gerade angehörte. Der *Umma*-Begriff, der heute hoch geschätzt wird, spielt kaum eine Rolle ... Die Stämme hatten ihre eigene Moschee ... man wollte nicht hinter jemandem das Gebet verrichten, mit dem man ... nicht übereinstimmte."[38]

Die Fragmentierung in Stämme gilt bis heute; auf ethnischer Grundlage finden wir sie sogar in der europäischen Islam-Diaspora vor. Der Islamismus als politische Religion will dies verändern, indem er versucht, die *Umma* internationalistisch zu vereinen. Das ist modern wie einst der kommunistische Internationalismus. Aber die Muslime bleiben in der Frage gespalten und verfangen, die sie vierzehn Jahrhunderte nicht beantworten konnten: Wer ist der „wahre Imam"[39] der Muslime? Nur ein von allen Muslimen anerkannter Imam kann aus der djihadistischen Bedrohung eine reale Kriegserklärung gegen den Westen machen. Das ist das Wunschdenken der Islamisten, die durch die konstruierte einheitliche *Umma* die Realität der Vielfalt übersehen.

Der Glaube der Muslime – und manch westlicher Orientalisten –, es habe eine einheitliche *Umma* gegeben, die ihre Einheit durch die westliche Expansion eingebüßt habe, entspricht der Romantik, nicht aber den Fakten der realen Geschichte. Seit dem Tod des Propheten sind sich Muslime untereinander nicht einig, welcher Imam befugt ist, die *Umma* zu leiten. Die islamische Weltanschauung konstruiert eine *Umma* als Solidargemeinschaft. Die Politisierung dieser Weltanschauung resultiert aus der Unterstellung, dass die *Umma* ein politisches Gebilde werden müsse. Das ist eine Erfindung von Tradition. Islamisten behaupten, dass der Westen sie stets behindert habe, sich zu einigen. In konfrontativen Situationen auf globaler Ebene – etwa mit dem Westen – gelingt es den Islamisten, die islamische Weltanschauung zu politisieren und in eine mobilisatorische Ideologie – etwa als Antiamerikanismus während des Irak-Krieges – zu verwandeln. Dies muss der Westen in seine Politik einbeziehen, wenn er nicht den Hass der Muslime auf sich ziehen will. Die religiöse Weltanschauung wird in der Symbolik von *Kreuzzug* und *Djihad* als historische Referenz neu belebt und instrumentalisiert; dies ist weit mehr als bloße Rhetorik. Die Erfindung von Tradition dient der Politisierung der Religion in Krisensituationen. Im vorliegenden Fall werden die Muslime in diesem Rahmen für „die Revolte gegen den Westen“[40] als Aufstand der islamischen *Umma* gegen die Feinde des Islam mobilisiert. Wer dies nicht versteht, dem bleibt jedes Verständnis der weit über aktuelle Situationen hinausgehenden Popularität Bin Ladens unter den Muslimen versperrt. Dies erklärt auch, warum die Truppen der westlichen Allianz im Irak-Krieg nicht als Befreier, sondern als Kreuzzügler aufgenommen werden. Die einen verstehen sich als Befreier, die anderen sehen in ihnen Eroberer. Dies sind zwei unterschiedliche zivilisatorische Wahrnehmungen.

3. Zivilisationskonflikte und Weltpolitik: Zwischen Hegemonie und Pluralismus

In der Regel sollten weltanschauliche Differenzen zwischen den Zivilisationen als Ausdruck der Vielfalt zur Normalität gehören. Dies funktioniert in der Realität aber nur, wenn ein gemeinsames Verständnis von Pluralismus vorherrscht, welches ermöglicht, dass Menschen aus unterschiedlichen Zivilisationen einander akzeptieren und respektieren. Im Idealfall könnte ein demokratischer Friede in einem Pluralismus der Zivilisationen angestrebt werden. Die Politisierung der Religion kann jedoch dieses Ziel gefährden. Sie führt zu Zivilisationskonflikten, die bei einer Militarisierung kriegerische Formen annehmen können. In unserer Zeit geschieht dies im Kontext der Auseinandersetzung nichtwestlicher Zivilisationen mit der westlich geprägten, also säkularen Moderne sowie mit der von ihr hegemonial getragenen Weltordnung. In dieser Konfliktsituation geht es nur teilweise – also in Bezug auf Werte – um einen Konflikt zwischen Moderne und Vormoderne. Denn, die Auseinandersetzung mit der Moderne in der islamischen Zivilisation geschieht in einem politischen Rahmen der westlichen Hegemonie. Der islamische universelle Geltungsanspruch gerät in diesem historischen Kontext in Konflikt mit dem Westen als Rivalen. Bereits der islamische Erneuerer Afghani erinnerte Ende des 19. Jahrhunderts daran, dass das Wesen des Islam in dessen „*Taghallub*/Überlegenheit“ gegenüber anderen begründet liege; er erkennt jedoch, dass in der modernen Geschichte der Westen, nicht der Islam, die Welt dominiert. Seine Erklärung hierfür lautet, dass die westliche Hegemonie auf Kosten des Islam entstanden ist. Diese Denkweise ist heute in allen Ausprägungen des politischen Islam vorzufinden; sie ähnelt einem Nullsummen-Spiel, bei dem einer gewinnt, wenn der andere verliert. Ein Pluralismus ist bei dieser Einstellung nicht möglich, weil hier entweder nur der Islam oder nur der Westen dominieren kann. Die Schlussfolgerung liegt nahe: Beide müssen sich verändern, wenn ein Weltfrieden angestrebt werden soll. Was sagen uns die Fakten der Geschichte?

Die islamische Zivilisation konnte sich in ihrer Entfaltung der ersten Stufe zwischen dem 7. und 9. Jahrhundert zunächst militärisch durch Djihad (Vorderer Orient, Nordafrika, Zentralasien, Europa), sowie später – in der zweiten Stufe – bis zum späten 15. Jahrhundert vorwiegend durch den Handel (West- und Ostafrika, Ost- und Südostasien) ausdehnen und weite Teile der Welt dominieren. Damals gab es zwar ein Christentum, aus dem das christliche Abendland hervorging, aber noch keine westliche Zivilisation. Der Islam konnte mit seinem Djihad- Eroberungsprojekt weltweit islamisieren und dennoch keine umfassende Globalisierung erreichen. Trotz dieser Einschränkung kann die islamische Zivilisation beanspruchen, das erste Globalisierungsprojekt in der Weltgeschichte gewesen zu sein. Auf die Eroberung des Kalifats von Damaskus (661–750) und Bagdad (750–1258) folgten die erfolgreichen osmanischen Eroberungen – von der Verwandlung von Konstantinopel in Istanbul 1453 bis zur gescheiterten Belagerung von Wien 1683. Diese islamische Expansion verfolgte den Anspruch, die ganze Welt zu islamisieren, konnte ihn aber nicht in vollem Maße verwirklichen.[41] Die türkischen Osmanen haben eine Wiederaufnahme der von den Arabern getragenen militärischen Djihad-Tradition im Islam betrieben. Diese sowohl militärische als auch friedliche Verbreitung des Islam durch Krieg und Handel war ein Bestandteil der islamischen Geschichte.[42] Der Westen als Zivilisation entstand im Zeitraum 1500–1800. Kraft seiner modernen Technologie konnte er die gesamte Welt imperial erobern und hat somit die islamische Zivilisation abgelöst.[43] Auch hier haben wir es vergleichsweise mit einer Geschichte der europäischen Expansion zu tun.

Sind die angeführten historischen Verweise erforderlich für das Verständnis der durch die europäische Expansion (nicht durch die USA) erfolgte Demütigung in der islamischen Zivilisation? Islamische Historiker beschuldigen den Westen, dass er ihre Zivilisation daran gehindert habe, ihre eigenen Standards global umzusetzen. Allein die Tatsache, dass die westliche Zivilisation durch die europäische Expansion dieses Ziel erreichen konnte, bringt sie in Konflikt mit dem Islam. Ich behaupte, dass Europäer, die mit dem Finger anklagend auf die *Pax Americana* zeigen, nicht verstehen, dass dies der historische Hintergrund der Geburt des zeitgenössischen politischen

Islam ist; die westliche Expansion ist primär eine europäische und nur komplementär eine amerikanische Geschichte.

Die islamische Zivilisation ist eine regional untergliederte Weltzivilisation, die jedoch nicht global werden konnte. Erst die Machtinstrumente der Moderne (moderne Wissenschaft und Technologie) haben es einer anderen Zivilisation, nämlich dem Westen, ermöglicht, den gesamten Globus zu erfassen. Somit hat die westliche Moderne auch der islamischen Expansion, sei es durch Krieg oder Handel, Einhalt geboten. Diese historische Tatsache bietet eine der Quellen der traditionell, also nicht tagespolitisch, motivierten antiwestlichen Orientierung im Islam, aus der die heutige Politisierung der Religion hervorgeht. Im Lichte dieser Tatsachen richtet sich der djihadistische al-Qaida-Terrorismus als eine zivilisatorische Herausforderung gegen die westliche Zivilisation. Weder der Palästina-Konflikt noch die Hegemonialpolitik der USA, sondern eben der beschriebene historische Hintergrund ist die Grundlage des Konflikts. Es ist die europäische Expansion, die parallel zum Scheitern der islamischen Expansion muslimische Historiker veranlasst, bildlich das Symbol der Waagschale zu verwenden; die vor der westlichen Expansion ausgehende Entwicklung schlug zugunsten des Islam aus. In diesem Rahmen wollen islamische Fundamentalisten, die keine Traditionalisten sind, westliche Wissenschaft und Technologie – aber ohne die dazu gehörige rationale Weltsicht – übernehmen. Während sie die kulturelle Moderne zurückweisen, befürworten sie die instrumentelle Moderne (Wissenschaft und Technologie) und halbieren auf diese Weise die Moderne.[44] Damit wollen Fundamentalisten den Westen mit seinen eigenen Waffen besiegen. Das ist der Rahmen für die Bestimmung des Verhältnisses *„The West and the Rest“*[45]. Aber die westlichen Werte der kulturellen Moderne weisen sie defensiv-kulturell zurück; zu diesen Werten gehören der kulturell-religiöse Pluralismus und der demokratische Frieden.

Wenn ich vom islamischen Traum der soeben beschriebenen halben Moderne spreche, differenziere ich zwischen kultureller und institutioneller Moderne.[46] Mit Hilfe der institutionellen Moderne (Wissenschaft und Technologie sowie deren Errungenschaften) konnte sich die westliche Zivilisation weltweit durchsetzen und auf diese Weise umfassende Globalisierungsprozesse[47] auslösen, von denen auch die Welt des Islam erfasst wurde. Der oben angeführte Vorwurf, der Westen habe seine Hegemonie auf Kosten des Islam durchgesetzt, ist nicht nur im Rahmen der Politisierung des Islam, das heißt des islamischen Fundamentalismus unserer Zeit, zu sehen.

Er ist viel älter als diese relativ jungen, gegenwartsbezogenen Phänomene. Auch die antiamerikanischen Züge der Politisierung des Islam müssen in die Geschichte der Demütigung einer Zivilisation im Rahmen der Entfaltung westlicher Hegemonie eingeordnet werden. Nicht nur die islamische Weltanschauung, auch die westliche Hegemonie steht im Widerspruch zum Pluralismus in der Welt. Dadurch wird deutlich, dass die Hindernisse auf dem Weg zu einem demokratischen Weltfrieden auf beiden Seiten zu finden sind.

Bereits im 19. Jahrhundert haben Vertreter des islamischen Erwachens – wie der bereits zitierte Afghani – die europäische Expansion als eine „Christianisierung der Welt" auf Kosten des Islam angeprangert und – wie angeführt – zur Wiederherstellung der islamischen „*Taghallub*/Überlegenheit" aufgerufen. Dies war ein Ausdruck einer kulturellen Revitalisierung im Islam. Aber auch islamische Traditionalisten, wie etwa die Azhar-Gelehrten, die gewiss keine Fundamentalisten sind, haben in zahlreichen Schriften die Feindschaft zwischen dem Islam und dem Westen der expansiven europäischen Moderne zugeschrieben, welche es dem Westen erlaubt, die islamische Welt zu erobern und sie durch Verwestlichung zu unterjochen. Es ist die Rede von „*al-Ghazu al-Fikri*/geistiger Eroberung" und von „*al-Taghrib*/Verwestlichung" als Instrumente der neuen Kreuzzüge[48]. In dieser islamistischen Literatur kommt die Einstellung zum Ausdruck, alles Westliche abzulehnen. Dies steht im Widerspruch zum offenen Geist der Muslime des Hoch-Islam, als ihre Zivilisation Aristoteles verehrte. Auch in ihrem liberalen Zeitalter haben Muslime sich für die europäische Aufklärung begeistertet[49]; heute prangern sie nur den Westen an. Liegt dies alleine an der westlichen Hegemonie?

Ohne die bestehenden Hegemonialstrukturen klein zu reden, möchte ich mein Unbehagen über die Einstellung im heutigen islamischen Denken der Orthodoxie und des Islamismus zum Ausdruck bringen, das ich mit der Formel „*Verlogenes Spiel mit der Opferrolle*" (vgl. Anm. 29) charakterisiere. Das ist eine kulturelle Einstellung der Selbstviktimisierung, die als Rechtfertigung für einen antiwestlichen Neoabsolutismus dient. Diese trägt jedoch nicht zu dem pluralistischen Geist bei, den wir benötigen. Denn es stellt sich hier die Frage, warum eine Zivilisation, die Expansion groß auf ihre Fahnen geschrieben hat, einer anderen Zivilisation vorwirft, dasselbe zu tun. Der islamische Djihad war ebenso kriegerisch und expansiv wie die europäische Expansion, die erst später erfolgte. Der Vorwurf wird allerdings damit gerechtfertigt, dass der Islam durch seine Versuche, die Welt zu islamisieren, nicht die Eroberung, sondern allein eine „göttliche Mission des Weltfriedens“ verfolgt habe. Heute stoßen wir wieder auf den neu belebten Argumentationsstil der Islamisierung der Welt. Er richtet sich gegen die Verwestlichung: *Pax Islamica* versus *Pax Americana*. Ist dieser Geist mit Pluralismus vereinbar? Der iranische Gelehrte und Philosoph Daryush Shayegan sieht in dieser Einstellung islamischer Intellektueller eine „kulturelle Schizophrenie“.[50] Ich möchte diese Problematik anhand einer Anekdote aus den Erfahrungen des westlich-islamischen Dialogs veranschaulichen.

Bei einer westlich- bzw. euro-islamischen Dialogveranstaltung im jordanischen al-Mafraq im Juni 1997 konnte ich beobachten, wie ein historischer Vergleich des islamischen Djihad mit den Kreuzzügen durch einen schwedischen Wissenschaftler beinahe zum Abbruch der gesamten Veranstaltung geführt hätte. Der schwedische Vertreter musste seine wissenschaftlich fundierten Äußerungen sowie seinen Vergleich von *Kreuzzug* und *Djihad* zur Rettung des Dialogs nicht nur zurücknehmen, sondern sich sogar bei den anwesenden Muslimen hierfür entschuldigen. Die aufgeregten Muslime behaupteten, der Djihad solle der Befreiung, der Kreuzzug dagegen der Aggression dienen. Das ist ein manichäisches Weltbild. Der heilige Krieg ist dieselbe Erscheinung, auch wenn es unterschiedliche christliche und islamische Traditionen gibt.[51] Es wundert mich auch, wenn manche Europäer – darunter Kunsthistoriker – die türkische Vision von der „Befreiung Istanbuls vom byzantinischen Joch“ als Legitimation der Eroberung teilen und sogar den Eroberungstag als interkulturelles Fest mitfeiern. Um es klar zu stellen: Istanbul bleibt Istanbul und kann niemals wieder Konstantinopel werden, aber deshalb dürfen wir die Geschichte dieser durch Eroberung herbeigeführten Veränderung nicht fälschen.

Der Dialog zwischen den Zivilisationen soll den Zusammenprall durch die Schaffung einer Grundlage für den Pluralismus verhindern. Eine der zentralsten Schwierigkeiten des Dialogs, die dies unterminiert, besteht darin, dass Schuldzuweisungen der Muslime und Selbstbezichtigung der Christen das Gespräch dominieren. Dabei werden die historischen Belastungen, die von beiden Seiten stammen, nicht in friedenspolitischer Absicht gemeinsam und offen angesprochen, sondern tabuisiert. Der soeben angeführte Zwischenfall von al-Mafraq zeigt, dass ein Dialog ohne Vergegenwärtigung der Probleme und ein tabufreies Gespräch über diese scheitern muss. Nach dem 11. September bedarf es der Änderung des Diskurses. Der Westen muss moralisch selbstbewusster auftreten und parallel dazu Abstriche an seiner Hegemonie zulassen; die Muslime müssen ihrerseits jedem Neoabsolutismus abschwören. Dies wird uns im 4. Kapitel über den 11. September im Rückblick näher beschäftigen.

Die bisherigen Ausführungen untermauern die Einsicht, dass rivalisierende Zivilisationen – vor allem der Westen und der Islam – nur auf der Basis der konsensuellen Akzeptanz der eingangs angesprochenen kulturübergreifend begründeten internationalen Moralität und durch eine Reform der Weltordnung zueinander finden können. Hegemonie – sowohl real als auch weltanschaulich – ist durch Pluralismus zu ersetzen. Hierzu gehört auch eine kulturübergreifende Geltung des Rechts, vor allem von Menschenrechten und Demokratie, die auf der kulturellen Moderne aufbaut und die im Islam vor allem durch Neubelebung der Tradition des islamischen Rationalismus des Mittelalters Legitimität erhalten kann. Es hat Zeiten gegeben (etwa die Hellenisierung des Islam oder der islamische Einfluss auf die Renaissance sowie der Einfluss der Französischen Revolution auf Muslime), in denen gute Ansätze für eine Annäherung zwischen den Zivilisationen bestanden, die aktualisiert werden müssten. Hier wird deutlich, wie weit mein Standpunkt von der von Samuel P. Huntingtons in seinem Buch ›*Clash of Civilizations*‹ geschriebenen Position entfernt ist. Huntington und ich sprechen zwar dasselbe Problem, den Zivilisationskonflikt an, gelangen jedoch zu völlig unterschiedlichen Schlussfolgerungen.[52] In der Diskussion über diesen Gegenstand wird Huntington dämonisiert mit der Folge, dass ein Verbot verhängt wird, das Problem überhaupt anzusprechen.

4. Eine Alternative zum islamistischen Totalitarismus im euro-islamischen Dialog

Wer sich für den interzivilisatorischen Pluralismus im Rahmen eines demokratischen Friedens einsetzt, der darf alte Belastungen nicht verschweigen, weil wir Lehren aus der Geschichte ziehen müssen. Wir können Djihad und Kreuzzug, die über Jahrhunderte eine historische Realität waren, nicht verleugnen, geschweige denn wegzaubern; aber ihre Neuinterpretation als Erfindung von Tradition durch den heutigen politischen Islam belegt, dass die Geschichte auch unsere Gegenwart begleitet. Diese Erfindung historischer Tradition trägt zur Untermauerung einer weltanschaulichen Wahrnehmung bei, die den Zusammenprall mit der westlichen Zivilisation fördert. Wenn wir behaupten, es gäbe keinen „*Clash*“, bleibt dieser dennoch Realität. Vielversprechender ist die Suche nach Wegen für den Umgang mit Konflikten zwischen den Zivilisationen, die durch die Politisierung der Religion angeheizt werden. Hierbei müssen wir die Grundlagen für Pluralismus und Dialog klar und verbindlich neu bestimmen.

Mit diesem Verständnis will ich einen weiteren Ausflug in die Geschichte der Beziehungen zwischen Orient und Okzident unternehmen. Diese Geschichte enthält jenseits von Kreuzzug und Djihad eine gegenseitige Beeinflussung, deren Neubelebung helfen kann, die benötigten Brücken zwischen den zwei sonst rivalisierenden Zivilisationen zu schlagen. Historiker, die mit der islamischen Zivilisation und ihrer Geschichte vertraut sind, kennen den Ehrentitel „*al-Mu'allim al-thani/*Der zweite Lehrer“, der für den Begründer der politischen Philosophie im Islam, al-Farabi (870–950), geprägt wurde. Muslimische Zeitgenossen al-Farabis stuften diesen nur an zweiter Stelle ein, da sie die erste – *al-Mu'allim al-auwal* – für einen Nicht-Muslimen, für Aristoteles, vorbehalten hatten. Muslime unserer Gegenwart würden dies mit einer westlichen Autorität – etwa Kant – nicht tun; sie haben ein schizophrenes Verhältnis zur westlichen Zivilisation, wie der Iraner Shayegan richtig feststellt (Anm. 50). In der neueren Geschichte gibt es nicht nur Islamisten, sondern auch islamische Bewunderer Europas. Zu diesen gehört der muslimische Liberale Rafi' al-Tahtawi. In seinem Pariser Tagebuch bringt der als islamischer Imam – später auch Student in Paris – nach Europa gereiste al-Tahtawi seine Bewunderung für Europa zum Ausdruck. Er hebt hervor, dass Muslime zu seiner Zeit, also dem 19. Jahrhundert (dies gilt auch für das 21. Jahrhundert), in Rückständigkeit lebten und nur dann weiterkommen könnten, wenn sie ihren Geist für Lernprozesse von anderen – wie sie dies zwischen dem 9. und dem 12. Jahrhundert in Bezug auf den Hellenismus taten – öffnen würden.[53]

Doch war Tahtawi auch nicht frei von den Wesensmerkmalen islamischer Weltanschauung. Deshalb hebt er hervor, dass die Muslime letztendlich den Europäern überlegen seien und nur das von ihnen übernehmen dürfen, was nicht in einem Konflikt mit der Schari'a steht. Dies zeigt deutlich, dass die islamischen Revivalisten und Modernisten des 19. Jahrhunderts nicht so weit gingen wie ihre Vorfahren, die islamischen Rationalisten. Sie haben die von der islamischtheozentrischen Weltanschauung gesetzten Schranken nicht überschritten. Die mittelalterlichen islamischen Rationalisten haben nicht nur Aristoteles verehrt, sondern auch eine rationale Sicht der Welt begründet. Große Europäer wie Ernst Bloch und Maxime Rodinson haben deshalb die muslimischen Philosophen wie Ibn Sina/ Avicenna (980–1035) und Ibn Ruschd/Averroës (1126–1198) sehr geschätzt. Diesen islamischen Denkern ist Europa nicht nur für die Übermittlung eines von seiner islamischen Interpretation geprägten klassischen griechischen Erbes dankbar, auch ihre eigenen erkenntnistheoretischen Errungenschaften werden anerkannt. Vorrangig gehört dazu Ibn Ruschds Lehre von der *„al-Haqiqa al-musdawadja/* doppelten Wahrheit“. Diese Erkenntnis differenziert zwischen philosophischem, auf Vernunft gegründetem Wissen und einem auf göttlicher Offenbarung basierenden religiösen Glauben. Habermas, der für die auch von Islamisten geforderte „postsäkulare Gesellschaft“ Toleranz fordert, scheint kein Wissen über diese Differenzierung im Islam gehabt zu haben, als er seine Vorlesung „Glauben und Wissen“ (vgl. Anm. 6) hielt. Islamische Rationalisten erreichten die Anerkennung der Vernunft als Quelle des Wissens. Auf diesem Boden ebneten sie den Weg zur Etablierung des modernen Rationalismus.

Wenn ich hier im Geiste des Friedens zwischen den Zivilisationen daran erinnere, dass es zwischen Europa und dem Islam nicht nur *Djihad* und *Kreuzzug* gegeben hat und darauf verweise, dass beide Zivilisationen in ihrem Verhältnis schon bessere Zeiten hatten, dann muss ich gleichzeitig hervorheben, dass nicht die Schari'a als Brücke zwischen beiden Zivilisationen diente, sondern der islamische Rationalismus, der der Renaissance den Impuls gab. Die Islamisten tragen heute auf ihrer Fahne die Parole *„Tatbiq al-Schari'a*/Anwendung der *Schari'a*“[54]. Das ist nicht die Brücke, die einst der islamische Rationalismus nach Europa geschlagen hat. Der Islam der islamischen Rationalisten ist offen für das Fremde, die *Schari'a* nicht. Diese ist exklusiv und absolutistisch, trennt also die Welt des Islam vom „Rest der Welt“.[55] Die traditionelle Schari'a ist als *lex divina* nur ein vormodernes Recht. Die politisierte Schari'a der Islamisten ist eine der Grundlagen des neuen Totalitarismus.

Dialog zielt auf friedliche Konfliktlösung. Das gehört keineswegs zu den Zielen der Islamisten. Daher ist meine Kritik am Islamismus nicht nur von der Verteidigung der offenen Gesellschaft, sondern auch vom Ziel geleitet, Brücken zwischen den Zivilisationen zu bauen. Dies geschieht nicht durch Übungen in der Rhetorik des

„Gutmenschen" und verbale Bekundung der christlichen Nächstenliebe. Wir müssen offen fragen, auf welcher Basis Brücken zu schlagen sind. Hierzu müssen wir den Inhalt des Dialogs näher bestimmen. Der bedeutende Zivilisationshistoriker Leslie Lipson beschreibt den intellektuellen islamischen Einfluss auf den sich am Vorabend der Renaissance formierenden Westen mit folgenden Worten:

„Aristoteles schlich durch eine Hintertür nach Europa. Seine Rückkehr ist den Arabern zu verdanken, die mit den griechischen Denkern vertraut waren. Sowohl Avicenna als auch Averroes waren von ihm [Aristoteles, B. T.] beeinflusst. Als die Universität von Paris eingerichtet wurde, wurde Aristoteles von Cordoba aus eingeführt."[56]

Der international führende Islamologe Maxime Rodinson bezeichnet die vom muslimischen Cordoba und Toledo auf den Westen ausstrahlende Anziehungskraft als *„La fascination de l'Islam"*.[57] Parallel zu dieser Faszination gab es aber die Djihad-Bedrohung und das Schwert der *Schari'a*, das sich auch gegen den offenen Islam richtete. Der politische, an der *Schari'a* orientierte Islam nimmt heute die Form des Djihadismus an. Dieser ist eine Bedrohung für den Westen. Für den Umgang mit den Djihadisten bedarf es einer Sicherheitspolitik (vgl. Anm. 22). Es wäre falsch, mit ihnen einen Dialog zu führen, weil dieser ihnen als Camouflage dienen würde. Wenn wir von positiven europäisch-islamischen Begegnungen sprechen, müssen wir wissen, welcher Islam Europa fasziniert und willkommen heißt. Es war der islamische Rationalismus – weder der Djihad-Islam noch der *Schari'a*-Islam –, der faszinierte. Dialog und Abwehr sind in dieser Situation kein Widerspruch. Karl der Große hat Maßstäbe dafür gesetzt. Mit dem Kalifen von Bagdad Harun al-Raschid, der keinen Djihad gegen Europa führte, hatte er den ersten islamisch-christlichen Dialog, während er den in Europa expandierenden Emir von Cordoba bekriegte.[58]

Für einen Pluralismus der Zivilisationen auf der Grundlage der kulturübergreifenden Moralität muss das Konfliktfeld des Religiös-absoluten neutralisiert werden. Mit politischen Religionen als neue Formen des Absolutismus kann es weder Frieden noch eine pluralistische Kultur geben. Dagegen kann die Neubelebung des positiven Teils des islamischen Erbes[59], des Rationalismus, Optionen und Hoffnung geben. Im Gedenken des 11. September 2001 habe ich ein Jahr später, am 11. September 2002, in der Hauptstadt der mit 210 Millionen Muslimen größten islamischen Nation Indonesien parallel zum Bedarf an Dialogfähigkeit unterstrichen, dass wir auf Schuldzuweisungen von islamischer Seite verzichten müssen. Im Gegenzug muss der Westen aufhören, seine Hegemonie zur Schau zu stellen. Leider ist genau diese technologische Überlegenheit im Irak-Krieg massiv vordemonstriert worden, die viel Hass auf den Westen hervorgerufen hat, obwohl dieser – in positiver Hinsicht – die Welt des Islam von einem blutigen Despoten befreite.

Militärmacht verbindet nie, wohl aber geistige Traditionen wie die Hellenisierung des Islam und der islamische Einfluss auf die Renaissance. Das islamische Erbe zeigt, dass der Islam in seiner frühen Zivilisation Aufklärer hatte, die Grundlagen für eine nichtreligiöse Ordnung erdachten. Der größte politische Philosoph und Rationalist im Islam, al-Farabi, war ethnisch ein Türke; seine großen Werke, vor allem ›*al-Madina al-fadila*/Die tugendhafte Ordnung‹, schrieb er jedoch auf Arabisch. Arabisch war immer die Sprache der Leitkultur des Islam, der sich auch al-Farabi fügte. Ich habe al-Farabi im Rahmen meines Nachdenkens über mögliche Brücken zwischen Islam und Deutschland angeführt und ihn als „*Mu'allim*/Lehrer" gewürdigt. Wenn türkische Islamisten und orthodoxe Muslime von Dialog sprechen, frage ich mich, warum sie dann nicht eine ihrer großen Moscheen in Deutschland al-Farabi-Moschee nennen? Ich stelle fest, dass die deutsche Islam-Diaspora keine Moschee mit dem Namen al-Farabis oder anderer islamischer Aufklärer vorzeigen kann, dafür viele mit osmanischen Namen von Djihad-Kriegern. Die Großmoscheen in Pforzheim und in Bremen heißen Fateh-Moschee. Fateh ist der Titel von Sultan Mehmet II., der Konstantinopel eroberte. Ist das ein Zufall? Oder prägt dieser nichtpluralistische Geist den Islam in der deutschen Diaspora-Kultur?[60] Die Mannheimer Großmoschee ist ebenfalls nach einem Eroberer, Sultan Selim, benannt. Dieser damit in Verbindung stehende Islam ist politisch und nicht dialogisch!

Als liberaler Muslim und Brückenbauer zwischen den Zivilisationen kann und will ich viele offene Fragen nicht unterschlagen. Al-Farabi wäre ein Modell für die Muslime in Deutschland, wenn sie sich für den Westen öffnen und Pluralismus akzeptieren. Wer aber die Eroberer-Sultane ins Feld führt, betreibt neoosmanische Nostalgie und keinen Dialog; das ist keine „Folklore". Ich erinnere an die oben zitierte Deutung von Kelsay und unterstreiche die Notwendigkeit klarzumachen, auf welche islamische Geschichte wir uns berufen, wenn wir uns für Annäherung einsetzen. Die *Da'wa*-Muslime (Missionare) denken in der Diaspora an die Djihad-Tradition, auch wenn sie sie mit friedlichen Mitteln fortsetzen wollen. *Hidjra* ist eines davon; dieser Begriff bedeutet im Islam nicht wertneutrale Zuwanderung. *Hidjra* ist mit der Pflicht, den Islam zu verbreiten, verbunden.[61] Wenn Vertreter des politischen Islam unter den Deutschland-Türken in altosmanischer Kriegsausrüstung auftreten und islamistische sowie türkisch-nationale Sprüche ausrufen, dann ist das keine islamistische Variante zum Kölner Karneval, sondern als Symbolik eines politischen Islam mit ethnischen Zügen anzusehen, die als Kampfansage alarmierend ist. Auch in Großbritannien, wo ethnisch unterschiedliche Muslime leben, wenngleich vorwiegend Südasiaten – man denke an Bradford[62] –, ist die Lage bezüglich des Islam als politischer Religion sehr ernst. In einem Projekt an der University of California/Berkeley haben wir die Formel „Islamisches Europa oder Euro-Islam" geprägt.[63]

5. Der neue Kalte Krieg der politischen Religionen: Totalitarismus versus offene Gesellschaft

In Zivilisationen, deren Weltanschauungen auf religiöser Grundlage fußen, kann ihre Politisierung zur Erhebung von neoabsoluten Geltungsansprüchen führen. Diese gefährliche Politisierung der Religion, die religiöse Fundamentalisten betreiben,[64] beruft sich nicht auf Religion als ethischer Glaube; vielmehr haben wir es hier mit politischer Religion, also mit religiopolitischem Glauben zu tun. Die Verbindung von Glaube und Politik macht den dualen Charakter des totalitären Fundamentalismus aus. Was geschieht in dieser Situation?

Wenn die Europäer ihre kulturelle Moderne mit Kulturrelativismus, Postmoderne und falscher Toleranz gegenüber den Gotteskriegern[65] tauschen, dann sind orthodoxe Muslime und Islamisten in dieser Situation der kulturellen Relativierung die Sieger. Für sie ist Toleranz eine Schwäche des Westens. Als Folge setzen sie ihre theozentrische Weltsicht an die Stelle der kulturellen Moderne und beanspruchen hierfür universelle Geltung. Ohne die Akzeptanz eines religiösen Pluralismus auch durch die Muslime ist der ersehnte Weltfrieden als „Weltordnung der Zivilisationen" nicht denkbar. Der benötigte Frieden zu Beginn des 21. Jahrhunderts wird vor allem in der Mittelmeerregion insbesondere davon abhängen, wie beide Zivilisationen ihre universellen Geltungsansprüche im Umgang miteinander bewältigen werden. Der religiöse Fundamentalismus als politische Religion bietet keine Option für die benötigte Bewältigung, weil gerade er die bestehenden weltanschaulichen Differenzen zwischen den Zivilisationen fördert und politisiert, ja diese sogar schürt. Nach dem islamistischen Weltbild lauten die Optionen: Verwestlichung oder Islamisierung! Für Islamisten gibt es keine Zwischenlösung.

Es reicht nicht, sich weltfromm zu versichern, dass der Zusammenprall der Zivilisationen nicht Realität werden darf. In der gegenwärtigen Situation und besonders seit dem 11. September sind die Europäer herausgefordert, konkret eine doppelte Aufgabe zu erfüllen: zum einen zu lernen, Toleranz gegenüber dem Islam zu entwickeln – und zwar ohne Selbstaufgabe oder Anbiederung – und mit Muslimen zusammenzuleben, zum anderen aber ihre eigene Identität offensiv zu verteidigen, indem sie eine wehrhafte Demokratie gegen die Vertreter des politischen Islam in der Diaspora ausüben. Der interzivilisatorische Dialog mit dem Islam findet daher sowohl auf außenpolitischer und -wirtschaftlicher als auch auf innereuropäischer Ebene statt. Er ist nicht konfliktfrei und umfasst auch die Dimension eines Sicherheitsdialogs. Wenn Muslime sich dem Gespräch über die Sicherheitsfragen entziehen, riskieren sie, einen Generalverdacht gegen sich zu fördern.

Wenn Europa europäisch bleiben will, dürfen die Europäer nicht im Namen des Multikulturalismus auf die abendländische Identität ihres Kontinents verzichten. Diese müssen sie im Sinne des inneren und äußeren Friedens, allerdings ohne Feindschaft zum Islam, bewahren. Die bevorstehenden Aufgaben zu Beginn des 21. Jahrhunderts werden wahrlich schwer sein. Mir scheint, dass die Europäer auf die hier beschriebene Situation nicht vorbereitet sind. Überall in Europa vernehme ich entweder die ständige Rhetorik des guten Willens oder die überzogene Angst vor dem Islam. Um auf eine Aufgabe vorbereitet zu sein, muss man die damit zusammenhängenden Probleme kennen und ihnen nicht aus dem Wege gehen, wie europäische Politiker dies gerne tun. Besonders in Deutschland und in der Schweiz ist die Diskussion über diesen Gegenstand durch gehässige Polemik stark belastet.

Eine rationale Diskussion kann nicht durch die romantische Verklärung anderer Zivilisationen, parallel zu Übungen in Selbsthass, gefördert werden. Der Pluralismus erfordert feste und nüchterne Grundlagen, die den Kalten Krieg der politisierten Religionen verhindern können. Im Westen ist heute die Thematik der Zivilisationskonflikte und ihre historisch unterschiedlichen Variationen von

Djihad und *Kreuzzug* ein heißes Eisen. Ganz besonders in Europa stoßen wir auf viele Gesinnungsethiker, die Konfliktpotentiale zwischen den Zivilisationen verleugnen und nicht nur unterstellen, dass Konflikte konstruiert werden, sondern sogar verbieten, darüber zu reden. Kritik an den USA wird so zum Antiamerikanismus. Nach dieser Logik störe allein die USA die heile Welt der Menschheit. Meine mehrfach gegen diese Haltung geäußerte Position lautet, dass der weltanschauliche Zusammenprall zwischen den Zivilisationen eine Realität ist, die bisher nur vom Ost-West-Konflikt überdeckt wurde. So ist die Beschäftigung mit dem Zivilisationskonflikt kein Versuch, einen Ersatz für die Bipolarität zu finden, sondern eine nüchterne Analyse der Weltpolitik sowie der Gesellschaften unserer Zeit, die die Menschen aus unterschiedlichen Kulturen und Zivilisationen umfassen. Als nüchterner sozialwissenschaftlicher Islamologe und kultureller Grenzgänger stelle ich mich dieser Aufgabe und erkenne, dass der Zivilisationskonflikt auch in der Islam-Diaspora stattfindet. Dabei heizt die Politisierung der Religion den weltanschaulichen Wertekonflikt an und verhindert einen Wertekonsens als Basis für eine friedliche Koexistenz. Das Resultat ist ein religiöser Neoabsolutismus. In dieser Situation ist der Kulturrelativismus, weil er selbstzerstörerisch seine Strategie der Relativierung nur auf den Westen und die Universalität von Normen und Werten (etwa die der Menschenrechte) anwendet, den Absolutismus der anderen jedoch herunterspielt, wie Gellner anmerkt.[66] Im Gegensatz zu den Kulturrelativisten vertreten Neoabsolutisten eine politische Religion und deuten kulturrelativistische Einstellungen als zivilisatorische Schwäche, ja sie verachten deren Träger. Der Frieden zwischen den Zivilisationen im Zeitalter des Krieges der Weltanschauungen erfordert auch die Bewahrung der Identität Europas.[67] Innerhalb Europas kann der Euro-Islam als eine mit den europäischen Verfassungen vereinbare Deutung eines nichtpolitischen Islam gelten; er bietet eine Plattform für einen Frieden der Zivilisationen. An den Grenzen Europas zur Welt des Islam gilt die Suche nach einer internationalen Moralität. Auf beiden Ebenen wirkt der Fundamentalismus als politische Religion polarisierend, indem er den Krieg der Weltanschauungen anheizt. Die Schlussfolgerung in der bereits angeführten Tradition Karls des Großen lautet: Toleranz dem Islam, wehrhafte Demokratie dem Islamismus. Djihad und Kreuzzug müssen historisch aufgearbeitet und dann im Rahmen eines Friedensfestes der Zivilisationen gemeinsam begraben werden. Gelingt dies nicht, dann wird die Politisierung der Religion zu einem „neuen

Kalten Krieg"[68] der Weltanschauungen beitragen. Es ist auch ein Krieg zwischen säkularer Demokratie und religiös motiviertem Totalitarismus.

Wir leben in einer Zeit der Krise. Aus der Geschichte wissen wir: Krisen können zu demokratischen Wenden – so wie bei der Französischen Revolution – oder zu Totalitarismus – wie in Deutschland nach 1933 – führen. Die Krise in der islamischen Welt während der zweiten Hälfte des zwanzigsten Jahrhunderts endete mit einer Rückkehr des Sakralen, die die Form des religiösen Fundamentalismus annimmt. Ich habe vor einem Jahrzehnt bereits argumentiert, dass dies ein Totalitarismus ist.[69] Im 21. Jahrhundert wird diese Entwicklung fortgesetzt, in deren Verlauf die Politisierung der Religion zu einer Vielfalt von Zivilisationskonflikten auf unterschiedlichen Ebenen führt und weiter führen wird. Die politischen Religionen werden im Rahmen der Krise des Nationalstaates in der postbipolaren Epoche artikuliert. Hierbei entwickelt sich der Zivilisationskonflikt zu einer wichtigen Einheit in der internationalen Politik. In dieser neuen Epoche wird jedoch die Globalisierung mit einer fortschreitenden Regionalisierung einhergehen, die mehr von zivilisatorischen Gruppierungen als von Staatenblöcken bestimmt ist. Internationale Politik wird im 21. Jahrhundert immer mehr auf den Beziehungen zwischen den zivilisatorisch definierten Staatengruppen basieren. Als Beispiel hierfür ist die Organisation der Islamischen Konferenz (OIC), die 57 islamische Staaten umfasst, zu nennen. Der Westen ist in EU, NATO und OECD organisiert. Damit meine ich ganz bestimmt nicht die Huntington'sche neue Weltordnung der Zivilisationen. Vielmehr argumentiere ich, dass es zu einem Wettkampf zwischen Staatsordnungen kommen wird, der eher zu einer neuen Welt*un*ordnung führt. Konkret geht es darum, ob der säkulare Nationalstaat sich gegen die ihn herausfordernden alternativen Ordnungen – so zum Beispiel der neue Totalitarismus der Gottesherrschaft, die der politische Islam vertritt – behaupten wird und als Strukturelement des internationalen Systems bestehen bleibt.

Zusammenfassend halte ich fest, dass jede Religion als Glaube das Absolute in sich trägt, was im Widerspruch zum Pluralismus als Spiel der gegenseitigen Anerkennung unter Gleichen steht. Der politische Islam bildet keine Ausnahme. Durch Säkularisierung könnte das Absolute in das Private verlegt und aus dem öffentlichen Leben verdrängt werden, wodurch das Konfliktpotential verringert werden könnte. Besonders missionarische Monotheismen, vorrangig unter ihnen der Islam, sind in Bezug auf Absolutismus rigoros. Wenn dieses Absolute mit Universalismus verbunden und dazu noch politisiert wird, dann resultiert hieraus ein Anspruch auf Weltherrschaft. Im Islam war dieser Inhalt immer vorhanden, etwa in der Vision der Erweiterung von „*Dar al-Islam*/Haus des Islam“ auf den gesamten Globus. Das ist die klassische islamische Friedensutopie. Im Islamismus erhält dieser Inhalt in unserer Gegenwart ein neues Gesicht als djihadistischer Internationalismus.

Um gegen politische Religion, die den Weltfrieden bedroht, erfolgreich zu sein, müssen wir einen ehrlichen, problemorientierten interreligiösen – also keinen verlogenen – Dialog[70] mit dem Ziel verfolgen, einen Minimalkonsens zu ergründen. Einen solchen Konsens nenne ich „internationale Moralität“. Dies kann nur auf säkularer Grundlage erreicht werden. Ohne die Entpolitisierung des Islam wird es für Muslime nicht möglich sein, sich in eine religiös und kulturell vielfältige Welt im Rahmen des Pluralismus zu integrieren. Als muslimischer Realist, der von westlichem Wunschdenken frei ist, muss ich eindeutig feststellen, dass der unterstellte „Post-Islamismus“, den Gilles Kepel anvisiert und der in der deutschen Zeitschrift *Internationale Politik* gepredigt wird,[71] zwar in westlichen Köpfen, nicht aber in den Realitäten der Welt des Islam existiert; der Islamismus wächst und gewinnt stets an Zulauf.

III. Vom totalitären Islamismus zum djihadistischen Terrorismus: Die historischen Wurzeln des Djihadismus

Der Djihadismus ist die militärische Komponente des Islamismus.[1] Nahezu jedes Mal nach einem djihadistischen Terrorakt hören wir die beinahe rituellen Warnungen mancher Islam-Experten. Sie beziehen sich nicht etwa auf mögliche weitere Anschläge im Rahmen des irregulären Krieges, also man warnt nicht vor der eigentlichen Bedrohung, sondern vor sich selbst im Kontext eines „Feindbild Islam“. Diese Erscheinung ist vergleichbar mit der politischen Kultur der Linken während des Ost-West-Konflikts. Damals war es unter den Intellektuellen verpönt, den aggressiven Kommunismus und seine Verletzungen der Menschenrechte anzuprangern. Man kritisierte vielmehr den Westen als die Gefahr jenes Totalitarismus für die offene Gesellschaft. Jeder, der des Antikommunismus bezichtigt wurde, war geächtet. In Bezug auf unser Thema hören wir heute sogar, dass Djihad im Islam „Anstrengung“ bedeute und lediglich die neuen „Kalten Krieger“ des Westens Djihad mit Terror verbänden und ihn als Bedrohung verfemten, weil sie einen neuen Feind suchten. Das Klischee lautet: Der Islam habe heute den Platz des Kommunismus eingenommen. Diese „Experten“ scheinen nicht nur die klassische islamische Geschichte nicht zu kennen – Djihad galt als kriegerisches Welteroberungsprojekt –, sondern übersehen sogar den Text des Koran. Darin wird Djihad unter anderem mit Gewalt in Form von „*Qital*/Kampf“ assoziiert. Doch der Koran bindet – ebenso wie Clausewitz – die Kriegshandlungen an festgeschriebene Regeln.[2] Bei allem Eintritt für eine Verständigung zwischen den Zivilisationen dürfen wir die Geschichte nicht fälschen: Muslime haben zur Verbreitung des Islam Djihad-Kriege geführt. Doch ist Djihad anders als Djihadismus. Neu ist, dass der Islamismus die irreguläre Gewalt rechtfertigt. Islamisten wollen mit ihrem Djihadismus als Ideologie und der Praxis des irregulären Krieges die Welt dahin verändern, dass sie von einer „*Hakimiyyat Allah*/Gottesherrschaft“ bestimmt wird. Die neue Interpretation des Djihad mündet in eine djihadistische Ideologie als einer militäri-

schen Strategie im Rahmen ihrer Revolte gegen den W
Politisierung des Islam zu einem Islamismus wird auf di
mit Militarisierung des Djihad zu einem Djihadismus gep
ist eine Bedrohung für die westliche Sicherheit.

1. Einführung: Die Neudeutung des Djihad im irregulären Krieg der Islamisten gegen die säkulare Weltordnung

Die Vertreter des so genannten gemäßigten Islamismus retuschieren den neuen Totalitarismus und täuschen ihren westlichen Gesprächspartnern vor, sie seien Demokraten, die in den Institutionen arbeiten wollten. Nicht diese Islamisten, sondern jene, die sich der Gewalt verschreiben, stehen hier im Mittelpunkt. Das ist der Djihadismus. Er wird durch Zellen in Westeuropa getragen, die sich in der Islam-Diaspora eingenistet haben.[3] Der 11. September hat den Befund massiv bestätigt. Auch Sicherheitsbehörden erkennen diese Tatsache als erwiesen an. So hat der deutsche Bundesinnenminister Otto Schily im Mai 2002 bei der Vorstellung des Jahresberichtes des Verfassungsschutzes für 2001 argumentiert, die extremistischen Gruppen der deutschen Islam-Diaspora seien die „größte Bedrohung für die innere Sicherheit in Deutschland".[4] Die im Bericht aufgeführten Gruppen bekennen sich selbst zum islamischen Djihad.[5] In der europäischen Diaspora betreiben die djihadistischen Islamisten eine Doppelstrategie: Sie appellieren in der deutschen Öffentlichkeit an die Toleranz der deutschen „Gutmenschen" und täuschen sie bewusst, indem sie selektiv den Korantext anführen und sich dabei philologisch auf die skriptuelle Djihad-Bedeutung von „Anstrengung" beschränken. Dabei treten die Islamisten auf, als wären sie Exponenten des Friedens und Verfechter des religiösen Dialogs zwischen dem Westen und dem Islam. Der andere Aspekt der Doppelstrategie besteht darin, dass die Islamisten die westliche religiöse Toleranz[6] für sich und ihre Vereine instrumentalisieren. Während sie untereinander den Geist des gewaltförmigen Djihadismus pflegen, reden sie nach außen von Frieden und Dialog. Ihre Anhänger lesen zur religiös-ideologischen Schulung die Texte von Hasan al-Banna. Dieser war der Begründer der ersten fundamentalistischen Bewegung im Islam, der *Muslim-Bruderschaft*. Die neue Interpretation des Djihad-Begriffs stammt von ihm in einem maßgebenden Essay.[7]

Die Bewegung der *Muslim-Bruderschaft* ist heute auch in der Bundesrepublik in mehreren Großmoscheen sowie im institutionell organisierten deutschen Islam massiv vertreten; sie hat selbst die sonst vorbildliche Islam-Diaspora Frankreichs infiltriert. Eben auf diese Muslim-Bruderschaft, die fälschlicherweise als gemäßigt dargestellt wird, gehen die Ursprünge des Djihadismus als Weltanschauung des irregulären Krieges zurück. In den schulischen Einrichtungen der Islamisten – wie auch früher in den einstigen Bin-Laden-Ausbildungslagern in Afghanistan – wird bzw. wurde der von Hasan al-Banna verfasste Djihad-Essay gelesen, in dem die Anwendung der Gewalt religiös legitimiert wird. Diese Beobachtung gilt auch für die Koranschulen der deutschen Islam-Diaspora; sie sollte uns zu denken geben! Wenn nicht nur im Sinne des klassischen Djihad, sondern auch der Begriffsbestimmung des Djihadismus der Islam-Unterricht in der europäischen Islam-Diaspora gestaltet wird, dann kann Integration vergessen werden. In der deutschen Öffentlichkeit wird dies jedoch nicht wahrgenommen.

Zwischen dem Djihad-Essay al-Bannas, seinem 1928 begründeten politischen Islam und der arabischen Niederlage im Sechs-Tage-Krieg 1967 besteht eine historische Linie. Nur wenige Jahre nach diesem Krieg veröffentlichte der Muslim-Bruder Yusuf al-Qaradawi, der heute als Traditionsbewahrer der spirituellen Väter des islamischen Fundamentalismus von al-Banna und Sayyid Qutb gilt, den ersten Band seiner Trilogie ›*al-Hall al-Islami*/Die islamische Lösung‹. Darin liefert er eine Kriegserklärung gegen die „*al-Hulul al-mustawrada*/importierten Lösungen".[8] Auch diese Bücher werden in der deutschen Islam-Diaspora in entsprechenden Übersetzungen im Zuge der Indoktrination der islamistischen Ideologie gelesen. Im Namen des Dialogs[9] ist der Islamist al-Qaradawi auf Einladung von Moscheevereinen mehrfach nach Deutschland gekommen, obwohl er unter Djihad die Entwestlichung der islamischen Welt versteht.

Die Wende in der Entwicklung des Islamismus war nicht das Jahr 1928, sondern 1967, als es die soeben angeführte umfassende und, zivilisatorisch gesehen, sehr demütigende arabische Niederlage im Sechs-Tage-Krieg[10] gab. Im Juni 1967 entstand das „*Arab Predicament*"[11], also eine Art „arabisches Dilemma", in dessen Rahmen der Islamismus – wie zuvor Kommunismus und Faschismus anderswo – zur Massenbewegung wurde. Dieser breitete sich seit den siebziger Jahren vom arabischen Nahen Osten auf die gesamte Welt des Islam aus und löste dabei ein Phänomen aus, das die Vertreter des politischen Islam als „*Sahwa Islamiyya*/islamisches Erwachen"[12] bezeichnen. Diese Erscheinung, die in diesem Buch als Djihad-Islamismus angesprochen wird, repräsentiert eine ideologisch-religiöse Strömung, die von einer politischen Bewegung getragen wird. Ihr Name, der *„al-Islam al-siyasi*/politische Islam“, manifestiert eine Weltanschauung, die gegen die bestehende Weltordnung agiert und sich in diesem Kampf des irregulären Krieges des Djihads bedient. Die Islamisten betreiben keinen „Djihad für Demokratie“ (so falsch in *Die Zeit*), sondern für die globale *„Hakimiyyat Allah*/Gottesherrschaft“. Das ist der neue Totalitarismus.

Vor der Bildung der al-Qaida gab es keine Bewegung, die alle islamistischen Gruppen – sie waren auf allen Ebenen fragmentiert – integrierte. Osama Bin Laden hat mit seiner *„al-Qaida*/die Basis“ den ersten Versuch unternommen, diese Bewegungen zu einer weltpolitischen Kraft zu vereinen.[13] Die mit der Globalisierung einhergehende Entgrenzung unserer Welt hat die Vernetzung des al-Qaida-Djihadismus ermöglicht, was die Terroranschläge des 11. September veranschaulicht haben. Der islamistische Totalitarismus wird angesichts dieser Entwicklungen zum Gegenstand einer veränderten internationalen Sicherheitspolitik. Schon lange vor dem 11. September 2001 ist der Bedarf an einer *„New Security*/Neuen Sicherheitspolitik“[14] offensichtlich geworden.

Zum benötigten neuen Sicherheitsansatz in einer ungeordneten Welt gehören die Thematisierung der global gewordenen Migration sowie die Turbulenzen, die aus ihr hervortreten. Das Standardwerk des großen MIT-Politikwissenschaftlers Myron Weiner *›The Global Migration Crisis‹*[15] ist die erste Arbeit, in der die Verbindung zwischen *„security“* und Migration erkannt und analytisch durchdrungen wird. Im Lichte der Terroranschläge vom 11. September, die in der deutschen Islam-Diaspora vorbereitet wurden, habe ich seinen Ansatz in Bezug auf die islamische Migration nach Europa aufgenommen und weiterentwickelt.[16] Bei der Neudeutung des Djihad zum Djihadismus spielt die europäische Islam-Diaspora eine zentrale Rolle in der Dreiecksbeziehung: Welt des Islam, der Westen und islamische Parallelgesellschaften in Europa.

Ohne die geistigen und historischen Wurzeln des Djihadismus in der Welt des Islam zu verstehen, kann der irreguläre Krieg des Djihad-Terrorismus als eine Gefahr für den Weltfrieden und die Weltordnung[17] nicht angemessen verstanden werden. Westlichen Lesern muss vermittelt werden, dass der politische Islam nicht nur von al-Qaida und ihren Aktivisten ausgeht. Es geht um einen Djihad gegen den Westen, der von einer weltanschaulichen „Orientierung“ getragen wird.

Ehe die neue Deutung des Begriffes Djihad im Kontext des Terrorismus dargestellt wird, muss der Vorwurf „Feindbild Islam" streng zurückgewiesen werden. Mit solchen Spielchen werden Täuschungen betrieben, so etwa wenn Djihad mit „Anstrengung" und nicht mit „Gewalt" wiedergegeben wird. Eine Kritik dessen wird als Anfeindung des Islam verfemt. Bei vielen Orientalisten und Islamkundlern, die in der Regel Philologen sind, herrscht hier wiederum schiere Verwirrung. In diesem Kreis werden orientalische Philologie und islamische Wirklichkeit durcheinander gebracht. Islamisten und einige Orientalisten werfen in unheiliger Allianz jedem, der die neue Deutung des Djihad als Terrorismus anführt, vor, Vorurteile über den Islam zu verbreiten. Wenn die „verdächtige Person" gar ein Muslim ist, wird ihr von Orientalisten die Kompetenz und von Islamisten die Zugehörigkeit zum Islam abgesprochen. Die Islamisten gehen somit schnell zur „*Takfir*/Exkommunikation" desjenigen über, der nicht ihre Auffassung des Islam teilt. Viele Europäer erkennen diese mittelalterliche Intoleranz nicht.

Zur Erläuterung des Djihad greife ich auf die angelsächsische Vorgehensweise zurück, die ich in Harvard – leider nicht in Deutschland – gelernt habe: Erst die Fakten, dann die Meinung. Dabei ist es zunächst erforderlich zu erklären, was Djihad im Islam bedeutet. Auf dem Boden der Fakten ist dann zu fragen, warum Akte des Terrorismus, wie vor dem 11. September und danach, im heiligen Gewand, also religiös als Djihad legitimiert werden können.[18]

Auf die Frage, was Djihad in der Religion des Islam bedeutet, gibt es eine einfache Antwort: Im Koran wird Djihad inhaltlich als Anstrengung, auch und vor allem zur Verbreitung des Islam, bestimmt. Eine solche Anstrengung kann friedlich als „*Da'wa*/Aufruf zum Islam" erfolgen, sie kann aber auch – wenn erforderlich – mit Gewalt verbunden sein, also als „*Qital*/Kampf" betrieben werden. Dieser Begriff steht im Koran. So wird veranschaulicht, dass der islamische Djihad vom Ansatz her nicht pazifistisch ist. Für die Ausübung von Djihad als *Qital*, also Gewaltanwendung, schreibt der Koran allerdings strenge Regeln vor, wie etwa keine Zivilisten anzugreifen und den Gegner vorzuwarnen. Hierdurch wird deutlich, dass der Koran die Anwendung von Gewalt als *Qital* legitimiert. In diesem Sinne haben Muslime zwischen dem 7. und 17. Jahrhundert ihre Djihad-Kriege zur Verbreitung des Islam geführt. Doch unterscheidet sich der klassische Djihad vom irregulären Krieg des Terrorismus, zu dessen Wesenszügen der Angriff aus dem Hinterhalt gehört. Die Opfer des Terrors sind in der Regel Zivilisten, die zu Tode kommen.

Beides, sowohl die Form des Angriffs als auch die Objektwahl der Terroristen sind durch die koranische Lehre vom Djihad verboten. Der Neo-Djihad der Islamisten bietet jedoch Rechtfertigungen dafür, dieses Verbot zu übergehen.

Bei meinen Erläuterungen ist die Rede von Djihad im historisch-sozialwissenschaftlichen Sinne, also einer Analyse, die von der Realität und nicht von einer philologischen Textinterpretation ausgeht. Der Pionier der Religionssoziologie Emile Durkheim lehrt uns die Regeln einer soziologischen Methode, die nicht von Doktrinen, sondern vom *„fait social"*, also von sozialen Tatsachen, ausgeht, so darf beim Rückgriff auf die im Korantext enthaltene Djihad-Lehre die historische Realität nicht übersehen werden. Beim Studium der gewaltförmigen Ausrichtung des neuen Djihad-Totalitarismus steht nicht an, was der Koran sagt, sondern nur das, was die Djihadisten unter Djihad verstehen und wie sie danach handeln. Historisch war Djihad in der islamischen Geschichte ein kriegerisches Welteroberungsprojekt, das von der Vision einer Erweiterung des *„Dar al-Islam*/Haus des Islam" auf die gesamte Welt getragen wurde.[19] Hierbei ging es – und es geht immer noch – um die Vision von der islamischen Globalisierung, die sich als Islamisierung der gesamten Welt versteht. Dieses Ziel wurde seinerzeit kriegerisch verfolgt und als Djihad legitimiert.[20] Das erste islamische Weltreich des Omaiyyaden-Kalifats wird von Historikern als erstes islamisches Imperium, als *„jihad state"*[21], beschrieben. Auch dieser hat mit Terrorismus nichts zu tun, weil islamische Djihad-Eroberer geordnete Expansionskriege, nicht aber Terror, betrieben. Muslime behaupten, ihre Eroberungen umfassten Gewalt nur als „Verteidigungsakt" und seien daher keine *„'idwan*/Aggression". Wie kann ein Angreifer kein Aggressor sein, auch wenn er glaubt, mit seiner Islamisierung eine „Friedensmission" zu erfüllen? Das Selbstverständnis der Muslime, mit ihrem Djihad zur Verbreitung des Islam eine Friedenspolitik zu betreiben, geht bis auf das 7. Jahrhundert zurück und hat mit dem Djihadismus der Islamisten unserer Gegenwart nichts zu tun. *„Dar al-Islam*/Haus des Islam" wird religiös als das Haus des Friedens wahrgenommen. Muslime haben bei ihren Eroberungen versucht, ihre „Friedensmission", die die Eingliederung aller Gebiete in das Haus des Friedens zum Ziel hatte, kriegerisch durchzusetzen. Ihren Krieg nennen sie hingegen *djihad*, nicht *harb* (das arabische Wort für Krieg). Das klingt widersprüchlich, ist aber das islamische Selbstverständnis, das eine spezifische zivilisatorische Weltanschauung wiedergibt.

In der Geschichte wandelt sich alles, auch der Djihad-Begriff, der im ideologischen 20. Jahrhundert der „-ismen" erstmals zum „*al-Djihadiyya*/Djihadismus" wird.[22] Dies geht mit dem zeitgeschichtlichen Phänomen des religiösen Fundamentalismus einher, welcher zur globalen Erscheinung innerhalb aller Weltreligionen wird. Im Islam nimmt der Fundamentalismus durch die Verbindung mit dem Djihadismus die Gestalt einer sicherheitspolitischen Bedrohung an. Entgegen der weit verbreiteten und inflationären Verwendung des Begriffs bedeutet Fundamentalismus inhaltlich die Politisierung der Religion. Wie bereits angeführt, tritt diese Erscheinung in der Welt des Islam erst mit der Gründung der bereits angeführten „*Harakat al-Ikhwan al-Muslimun*/Bewegung der Muslim-Brüder" im Jahre 1928 in Kairo auf. Die wichtigen Namen bei der Neudeutung des Djihad-Begriffs Hasan al-Banna und Sayyid Qutb, beide Ägypter, sind bereits angeführt worden.

Der Bezug des Islamismus auf eine globale Vision der Islamisierung ist keine Interpretation. Er findet sich beim geistigen Vater des politischen Islam Qutb, der die „islamische Weltrevolution" deklarierte.[23] Hierdurch ist er zum Lenin des „*Sahwa al-Islamiyya*/islamischen Erwachens" aufgestiegen. In dieser Tradition steht auch Bin Laden. Seine *al-Qaida* ist als Avantgarde der „islamischen Weltrevolution" einzuordnen.

Zusammengefasst lässt sich sagen, dass der klassische Djihad ein regulärer Krieg zur Verbreitung des Islam – sprich Islamisierung der Welt – war, wohingegen der Terrorismus von Bin Ladens *al-Qaida* in der 1928 begonnenen Tradition des neoislamischen bzw. islamistischen Djihad-Terrorismus als Form des irregulären Krieges steht. Dies sind die Fakten der Neudeutung des Djihad im 20. Jahrhundert in der islamischen Zivilisation. Sie begleitet uns weiter ins 21. Jahrhundert. Wir können mit Philologie und philologischen Islamstudien der Islamkunde die soeben beschriebene zeithistorische Entwicklung des Fundamentalismus sowie die Quellen des Terrorismus im politischen Islam nicht verstehen.

Die vorgebrachte Analyse zeigt, dass die Behauptung, der Anschlag auf New York und Washington habe „mit dem Islam nichts zu tun" und sei die Wahnsinnstat weniger Verrückter gewesen, schlicht Augenwischerei ist. Den Djihadisten vom 11. September wurde von einem Sprecher der deutschen Islamgemeinde propagandistisch unterstellt, sie hätten den Abend vor ihrer Tat in Boston bei „Wein und mit Prostituierten" verbracht. Dies war ein Teil des Propagandakrieges der Islamisten, um vom Djihadismus abzulenken. Dagegen wurde auf dem Terrorismus-Kongress des BKA und FBI nach dem 11. September 2001 die Analyse über den Djihad-Terrorismus von Sicherheitsexperten angenommen, die auf Tatsachen beruht und der oben genannten Fehldeutung widerspricht.[24] Kriminalistische Informationen auf *investigativem Level* müssen durch historische und geisteswissenschaftliche Analysen ergänzt werden, um die Weltanschauung und Motivation der Djihadisten angemessen zu erklären. Darüber hinaus müssen wir diesen Gegenstand in die übergeordnete Erscheinung des neuen Totalitarismus[25] einordnen.

Es trifft zu, dass der zeitgenössische Terrorismus als Form des irregulären Krieges schon ältere Quellen hat; er ist jedoch im Wesentlichen eine Erscheinung der Gewalt der postbipolaren Zeit, die zudem nicht nur auf den Islam beschränkt ist. Neu ist die kulturelle Verkleidung des Phänomens, die wir in allen gesellschaftlichen Sphären feststellen. In diesem Zusammenhang des *„cultural turn"* (vgl. Kap. 1) werden Religion und Kultur zu Themen der Sicherheitsstudien. Die *„New Security"* kommt ohne Verständnis der Kultur nicht aus, weil der Terrorismus seine religiös-kulturellen Grundlagen hat, ohne die wir seine Wurzeln und Erscheinungsformen nicht angemessen verstehen können. Auch im 21. Jahrhundert werden Kultur und Religion, die zur Entstehung von Terrorismus[26] beitragen können, weiterhin für das Verständnis von Konfliktpotentialen von zentraler Bedeutung bleiben. Westler müssen begreifen, dass religiös-kulturelle Muster immanent sind und keine Widerspiegelung ökonomischer Globalisierung darstellen, andernfalls bleibt ihnen der Djihadismus als Weltanschauung verschlossen; er ist kein Protest gegen ökonomische Globalisierung, vielmehr beruht er auf einer religiös-kulturellen Weltsicht. Die Disziplin der Internationalen Beziehungen, die ein Fachmann während des Kalten Krieges „*The dividing discipline/*die geteilte Disziplin"[27] nannte, ist bisher auf das Studium der religiös-kulturellen Bestimmungsfaktoren der internationalen Politik nicht vorbereitet. In ihr herrschen noch die Zeiten des Lagerdenkens, bei denen linke und rechte Denkschulen die Disziplin bestimmen. Die linken Schulen vertreten die politische Ökonomie und versuchen dabei, internationale Politik ausschließlich im Rahmen der „kapitalistischen Weltwirtschaft" zu erklären. Auf der anderen Seite gibt es die so genannten „rechten Schulen" der „*Security Studies/*Sicherheitsanalysen". Beide alten und veralteten Muster können uns heute nicht helfen, die veränderte Weltpolitik zu erklären.

Anthony Giddens von der *London School of Economics* hat in

einem nach dem Ende des Kalten Krieges veröffentlichten Buch mit dem Titel ›*Beyond Left and Right*/Jenseits von links und rechts‹ dafür plädiert, linke und rechte Gesinnungen zu überwinden; es gehe um richtige oder falsche Analysen.[28] Diese Empfehlung gilt auch für unser Thema.

2. Vom Fundamentalismus als Politisierung der Religion und vom Djihad-Terrorismus als *„action directe"*

Im internationalen Vergleich ist das vorhandene Wissen in Deutschland sowohl über den Fundamentalismus als auch über Gewalt und Religion in der Weltpolitik gering. Auch international beteiligt sich in der Disziplin der Internationalen Beziehungen nur ein kleiner Kreis von Wissenschaftlern an der Forschung über den Fundamentalismus, die vergleichend an der American Academy of Arts and Sciences mit maßgeblichen Veröffentlichungen betrieben wurde.[29] Es ist sehr schwer, die Einsicht zu vermitteln, dass neben Ökonomie und Sicherheitspolitik auch religiös-kulturelle Faktoren in der Weltpolitik bestimmend sein können. Diese Erkenntnis wurde im Fach Internationale Beziehungen als einer *„dividing discipline"* (Holsti, wie Anm. 27) bisher nicht akzeptiert. Zu den Folgen des 11. September 2001 gehört zunächst die positive Erscheinung eines wachsenden Interesses an religiös-kulturellen Erklärungen, da andere bei der Deutung der Geschehnisse an der Oberfläche verharren. Zuvor wurde der Begriff *„cultural turn"* (vgl. Kap. 1), der auf die Bedeutung der kulturellen Faktoren aufmerksam macht, erläutert. Die daraus resultierende Erkenntnis lautet: *„Culture Matters"*[30] – Kultur kann uns also vieles erklären und muss in diesem Zusammenhang zum Rüstzeug der Analyse gehören. In Deutschland kippte alles während des Irak-Krieges zugunsten von Verschwörungsdenken, in dessen Rahmen der politische Hintergrund des 11. September verleugnet wurde.

Eine Erklärung für die Unterschätzung der religiösen Weltanschauung, gepaart mit einer Überschätzung der Toleranz, könnte das im postchristlichen Europa dominierende Denken sein. Hierdurch können Europäer die religiös motivierten Weltbilder des neuen Totalitarismus nicht verstehen. Rechtlich und moralisch waren die Anschläge von New York und Washington ein Verbrechen. Aber nach dem Selbstverständnis der Täter und gemäß ihrer Weltanschauung waren sie religiöse Handlungen (vgl. Anm. 18).

Mohammed Atta und die Todespiloten vom 11. September verstanden sich nicht als Kriminelle, sondern als moralisch agierende Djihad-Kämpfer, die den Willen Allahs vollziehen. Wenn Europäer diese Motivation verleugnen und folgerichtig die entsprechende Weltanschauung nicht verstehen, bleibt ihnen jede Erkenntnis über die Folgen der Politisierung der Religion verschlossen. Die post-christlich-europäische Haltung gegenüber anderen Weltreligionen, etwa in Asien, wo es die postmoderne weltanschauliche Orientierung nicht gibt, ist von einem Nichtverstehen der Welt im 21. Jahrhundert charakterisiert. Meine auf der Basis meines Wirkens in vier Kontinenten in den Jahren 1980–2000 entwickelte Annahme lautet, dass die Rückkehr der Religion in einer politisierten Form als neuer Totalitarismus erfolgt. Hier geht es um eine Weltanschauung und eine sie vertretende Bewegung. Wer über den Faschismus gearbeitet hat, weiß, dass George Sorels Doktrin der *„action directe"* dazugehört. Im heutigen Islam ist der Djihadismus die direkte Aktion der Islamisten.

Als Kulturdolmetscher stelle ich mir die Aufgabe, die Weltanschauung der Djihadisten meinen europäischen Lesern zu erklären und ihnen zu helfen, den neuen Totalitarismus zu verstehen. Verbrecher haben häufig materielle Motive für ihre kriminellen Handlungen. Die von den Terrorpiloten erhoffte Belohnung, als Märtyrer ins Paradies einzugehen, ist jedoch keine solch materielle Beute. Der Djihadismus lässt irreguläre Gewalt, den „heiligen Terror" als *„action directe"* zu. Hier handelt es sich um eine religiöse Weltanschauung, nicht um eine kriminelle Orientierung. Die Djihadisten agieren auf der Basis religiös-kultureller Überzeugungen; sie üben Gewalt in *„The Mind of God"*[31] aus, wie Mark Juergensmeyer zutreffend schreibt. In den Feuilletons großer deutscher Zeitungen herrscht noch die alte verkrustete im Anschluss an Giddens kritisierte Denkweise links versus rechts vor. Daraus erwächst die simple Erklärung, dass der islamische Djihad ein Protest gegen die Ungerechtigkeiten der Globalisierung sei. Schuld an seinen Folgen sei somit der Westen selbst. Die Sicherheitspolitik des Westens zur Abwehr des Djihad-Terrorismus wird als „Vergeltung" verfemt. Anhänger der Globalisierungsthese glauben, Religion und kulturelle Einstellungen sowie religiös-kulturelle Motivationen spielten hierbei keine Rolle bzw. sie dienten allein als Artikulationsmittel. Fakten spielen in ihrem „Glauben" keine Rolle. Jenseits von Gesinnungen steht faktisch fest, dass Religion in einer politisierten Gestalt zunehmend zu einem Bestimmungsfaktor in der Weltpolitik wird; das hat wenig mit Globalisierung zu tun. Ich stoße oft auf die Schwierigkeit, meinem europäischen, vor allem deutschen Publikum die Bedeutung der Religion als weltpolitischen Faktor zu vermitteln. Zudem wird die religiöse Legitimierung der Gewalt nicht als Glaube, sondern als instrumenteller Vorwand eingestuft. Aus meinen Studien über den politischen Islam weiß ich, dass die Djihadisten gläubige Muslime und keine Zyniker sind. Ihr neuer Totalitarismus ist politisch, trägt aber unübersehbare religiöse Züge. International werden diese Entwicklungen erkannt. So wurde auf dem Jahreskongress des Berufsverbandes der *International Studies Association* in Chicago im Februar 2001 erstmals die Beschäftigung mit Religion als Gegenstand zugelassen, was bisher den theologischen Fakultäten vorbehalten war. In Chicago durfte unser Team über die Rolle der Religion in den Internationalen Beziehungen ausführlich diskutieren. Unser Projekt über Religion und internationale Politik, das wir an der *London School of Economics* durchgeführt hatten, durfte in Chicago in mehreren Fachpanels vorgestellt werden. Die Fachzeitschrift *Millennium, Journal of International Affairs*[32] hat die Ergebnisse veröffentlicht. Solche Arbeiten bieten ein Vorverständnis zu den Ereignissen vom 11. September 2001, aber auch zu der religiösen Mobilisierung gegen den Westen (nicht nur gegen die USA) in der Welt des Islam.

Bei allem Respekt für meinen verehrten Frankfurter Lehrer Jürgen Habermas, der ohne eine Erforschung der Politisierung der Religion, aus der der religiös motivierte Terrorismus und die entsprechenden fundamentalistischen Weltanschauungen erwachsen, die deutsche Diskussion über „Glauben und Wissen" beeinflusst, ja prägt, möchte ich gegen ihn die These vom Islamismus als neuem Totalitarismus anführen.[33] Die internationale Forschung ist in Deutschland leider kaum bekannt, auch nicht unter den vielen deutschen Autoren, die über Religion und Fundamentalismus weit verbreitete Bücher veröffentlichen, in deutschen Medien als vermeintliche Experten auftreten und das Publikum fehlinformieren. Man erwartet von denen, die sich in der internationalen Politik mit politisierter Religion befassen, die Arbeiten zu kennen, die fundiert und kompetent über Terrorismus „*In the Mind of God*" veröffentlicht worden sind, ehe sie hierüber urteilen. Die globale Erscheinung der politisierten Religion in unserer bipolaren Epoche tritt nicht nur im Islam auf, sondern kommt in fast allen Religionen der Welt vor. Der religiöse Fundamentalismus, der aus der Politisierung der Religion hervorgeht, kann, wie der Djihadismus zeigt, auch mit Gewalt verbunden werden. Ich habe diesen Abschnitt mit einem Hinweis auf den internationalen Standard begonnen, ohne dessen Erkenntnisse keiner – auch Habermas nicht – schreiben sollte. Das *„Fundamentalism Project“* (vgl. Anm. 29) hat lange vor dem 11. September über den religiösen Fundamentalismus als weltweite Politisierung der Religion aufgeklärt.

In Kapitel I über den weltanschaulich-religiösen Neoabsolutismus und in Kapitel II über die Politisierung des Islam zu einem Islamismus habe ich gezeigt, dass jede Religion absolute Ansprüche stellt. Somit ist das Absolute ein Bestandteil einer jeden Religion. Wenn dieser Anspruch politisiert wird, dann haben wir es mit einer Problematik zu tun, die die nationale und internationale Sicherheit betrifft. Genau das geschieht in unserem postbipolaren Zeitalter. Die zentrale Herausforderung des islamischen Fundamentalismus unserer Zeit besteht in der Neubelebung des universellen Anspruchs auf die Geltung der „*Hakimiyyat Allah*/Gottesherrschaft“ nicht nur in der Welt des Islam, sondern auch global im Rahmen einer *Pax Islamica*, also einer islamischen Weltordnung. Diese versteht sich als eine Alternative zur bestehenden westlich geprägten Weltordnung des Westfälischen Friedens. Der neue Totalitarismus ist eine Bedrohung der offenen Gesellschaft.

Wenn der Djihad-Islamismus, dessen Wurzel auf die Muslim-Brüder in Ägypten 1928 zurückgehen, alleine ein Taliban-Phänomen[34] bliebe, könnten sich die Europäer beruhigen. Aber die Logistik dieser Bewegung findet sich in der westeuropäischen Islam-Diaspora.[35] Udo Ulfkotte spricht vom „Krieg in unseren Städten“. Der djihadistische Islamismus als Ausdruck des politischen Islam veranschaulicht die *al-Qaida*-Connection, deren Netzwerk auch Westeuropa umfasst. Der Zivilisationskonflikt, der hierbei geschürt wird, findet seine Artikulation in religiöser Sprache. Das ist ein Glaube und kein instrumenteller Vorwand. Der wichtigste Satz, den Bin Laden in seinen Reden andauernd wiederholt, lautet, der stattfindende Krieg sei *„bi al-asas harb diniyya*/im Wesentlichen ein religiöser Krieg“. Er fügt dann unmittelbar hinzu: „*Salibiyyun*/Kreuzzügler“ versuchten die wahren Ursachen, die religiös seien, zu verdecken, indem sie behaupten, hinter dem Konflikt stünden soziale und ökonomische Belange. Demnach müssten also jene europäische Intellektuelle, die die Globalisierungsthese als Erklärung für den Djihadismus vertreten, nach der Logik von Bin Laden alle Kreuzzügler sein, eben weil sie alles ökonomisch und sozial deuten und die religiösen Zusammenhänge, die Bin Laden in den Mittelpunkt stellt, negieren. Auch im Zusammenhang mit dem Irak-Krieg (vgl. Kap. 5) wurde wiederholt argumentiert, dass die Kreuzzügler das „*Dar al Islam/* Haus des Islam" erobern wollten. Nicht etwa ein Fundamentalist behauptet dies – es war der Scheich von al-Azhar Sayyid al-Tantawi selbst in seiner *Fatwa* vom März 2003.

Die Politisierung des Islam beginnt im 20. Jahrhundert maßgebend mit den Schriften von Sayyid Qutb (1906–1966), in denen wir die sprachliche Symbolik des politischen Islam vorfinden. Qutb war der Denker und Visionär einer islamischen Weltordnung. Der Ägypter al-Banna, der mit der Neudeutung des Djihad als Neo-Djihad die ideologische Grundlage für den Terrorismus gegen den Westen geschaffen hat, war der Georges Sorel des Islam: Der Neo-Djihad von al-Banna ist die „*action directe*" des Islamismus. Es geht nicht nur um Terror. Ohne al-Banna und Qutb zu kennen, nennt der Oxford-Gelehrte für Internationale Beziehungen Hedley Bull dieses Phänomen „*The Revolt against the West*"[36]. Es ist nicht nur eine Revolte gegen westliche Hegemonie, sondern auch und vor allem gegen westliche Werte.

Im Gegensatz zur Djihad-islamistischen Revolte gegen den Westen finden wir beinahe in allen antikolonialen Bewegungen vom 19. bis Mitte des 20. Jahrhunderts eine Anlehnung an europäische Werte wie Freiheit, Nationalstaatlichkeit und Volkssouveränität vor, um nationale Unabhängigkeit zu legitimieren.[37] Diese Beobachtung gilt nicht für den religiösen Fundamentalismus und den ethnischen Nationalismus unserer Zeit. Hier werden religiös-kulturelle Inhalte ins Feld gebracht, auf deren Boden ein neuer Totalitarismus gedeiht. Bei der Hervorhebung des religiös-kulturellen Faktors in der internationalen Politik, der durch zivilisatorische Weltanschauungen und ihre Politisierung hervortritt, wird der Vorwurf des Kulturalismus erhoben. Meine Antwort lautet, dass eine kulturelle Monokausalität abzulehnen ist. Ich ordne die Religion in einen Gesamtkontext ein. Es ist ebenso falsch, die Rolle der Religion zu degradieren, als auch sie zum einzigen Handlungsmuster hochzustilisieren.

Seit mehr als zwei Jahrzehnten arbeite ich über den islamischen Fundamentalismus und habe früher, ehe mein Gesicht durch die Mitwirkung an vielen TV-Sendungen über den Golf-Krieg 1991 in den Medien bekannt wurde, im Sudan, in Ägypten, Marokko, Tunesien und Jordanien zahlreiche Interviews und Gespräche mit islamischen Fundamentalisten geführt. Nicht nur aus dem Studium des Schrifttums sowie der grauen Literaten dieser totalitären Bewegung, sondern auch aus diesen direkten persönlichen Begegnungen habe ich die gesicherte Erkenntnis gewonnen, dass die Djihad-Islamisten bei ihren politischen Handlungen religiös motiviert sind und ihrer Überzeugung stets treu bleiben. In einem anderen Zusammenhang ist der bekannte holländische Forscher Johannes Jansen zu ähnlichen Ergebnissen gekommen, als er die Formel von der „*dual nature of Islamic fundamentalism*/dem dualen Charakter des islamischen Fundamentalismus“[38] geprägt hat. Damit ist gemeint, dass der Fundamentalismus sowohl religiös als auch politisch ist. Es handelt sich um eine politische Erscheinung, die aus einer Politisierung der Religion resultiert, aber dennoch religiös bleibt. Anders formuliert: Der Rückgriff auf die Religion ist keine Maske zur Tarnung, also auch nicht eine Instrumentalisierung der Religion. Wenn einige Islamwissenschaftler, die vom Fach her eigentlich Philologen sind, die Auffassung vertreten, Islamisten als politisch handelnde Aktivisten hätten mit dem Islam nichts zu tun, dann ist das eine auf Fehlinformationen basierende, absolut falsche Deutung des Phänomens. Diese Fehlinformationen tragen sogar dazu bei, Sand in die Augen zu streuen, und führen zu gefährlichen Rückschlüssen. Es ist bedauerlich, dass Personen unter dem Mantel des Islam-Experten dieses falsche Wissen während des Irak-Kriegs 2003 in den deutschen Medien unwidersprochen verbreiteten.

Wenn die Politisierung des Islam mit einer neuen Deutung des Djihad kombiniert und dann von einer der Bewegungen übernommen wird, die eine wichtige Strömung innerhalb der heutigen islamischen Zivilisation repräsentiert, dann liegt eine Erscheinung vor, die signifikant ist. Nach einem *Spiegel*-Bericht wird vermutet, dass es weltweit etwa sieben Millionen organisierte Djihad-Islamisten gibt. Diejenigen, die die Ansicht vertreten, dies habe mit dem Islam nichts zu tun, veranlassen mich dazu, folgende Parallele zu ziehen: Nun ist es richtig, dass der Stalinismus nichts mit dem Humanisten Marx zu tun hat, der im Kontrast zum Stalinismus als einer totalitären Ideologie steht. Das Marx'sche Denken war humanistisch und keine totalitäre Ideologie. Nun kann aber niemand bestreiten, dass der Stalinismus aus dem Lenin-Kommunismus hervorgegangen ist, und dieser war ja eine real existierende Deutung der Marx'schen Lehre. Diese Interpretation war für ein halbes Jahrhundert sehr einflussreich und hat zudem weltweit Geschichte gemacht. Ebenso lässt sich nicht bestreiten, dass der islamische Fundamentalismus eine real existierende Strömung innerhalb der islamischen Zivilisation ist, also eine einflussreiche Islam-Deutung darstellt, sosehr diese dem Geist der islamischen Offenbarung auch widersprechen mag.

Wir können nicht den Koran zitieren, um zu belegen, dass die Terrorakte vom 11. September von Verrückten oder Verbrechern begangen wurden, die mit dem Islam nichts zu tun hätten; sie haben nicht unter Berufung auf Konfuzius oder Buddha gehandelt. Es handelten Menschen, die an die Religion des Islam glaubten, sich für die „wahren“ Muslime hielten und im Glauben daran sich der islamischen Symbolik des Djihad bedienten: Sie beriefen sich auf den „*Djihadiyya*/Djihadismus“. Dasselbe gilt auch für Bin Laden,[39] der sich als einen wahren Muslim bezeichnet und seine islamischen Widersacher dagegen für „unwahre“ Muslime hält. Darüber hinaus versteht er sich als Führer der Muslime, also als wahren Imam der islamischen *Umma* – neu an Bin Laden ist, dass er, obwohl Sunnit, als Untergrund-Imam agiert.[40] Er steht dabei in einer doppelten Tradition: der des aus dem Untergrund agierenden Imam und des den Neo-Djihad tragenden Imam. Hier haben wir es mit dem Phänomen des *„true believer“*[41] zu tun.

Das Phänomen des religiösen Fundamentalismus, das aus der Politisierung der Religion hervorgegangen ist, hat einen globalen Charakter und betrifft nicht nur den Islam.[42] Die islamische Spielart des religiösen Fundamentalismus ist deshalb relevanter als andere – etwa im Judentum oder im Hinduismus –, weil sie ihren Totalitarismus nicht alleine auf die islamische Zivilisation begrenzt.[43] Der totalitäre Islamismus stellt universelle Ansprüche.

Heute wird der Islamismus mit finanzieller Unterstützung Saudi-Arabiens gefördert.[44] Als Zweck gibt man an, durch die *Da'wa* die Islamisierung voranzutreiben. In diesem Zusammenhang ist eine Verbindung zwischen dem fundamentalistischen Djihadismus und dem salafitischen Wahhabismus entstanden. Wir finden dies bei der Muslim-Bruderschaft, die saudisches Ölgeld empfängt. Durch die Finanzierung des Islamismus – verdeckt als Wohlfahrtsaktivität – haben sich die Saudis in den arabischen Ländern und in der gesamten islamischen Welt, aber vor allem in der westlichen Islam-Diaspora, einen Namen gemacht und dadurch politisch-religiösen Einfluss gewonnen. Generell handelt es sich beim Djihad-Islamismus um eine wichtige Strömung innerhalb der islamischen Zivilisation. Damit begann diese Entwicklung – im Gegensatz zu der weitverbreiteten Ansicht – lange vor der iranischen Revolution 1979. Im Westen aber wurde man erst durch Ayatollah Khomeini auf den politischen Islam aufmerksam. Doch sind der sunnitische islamische Fundamentalismus und sein

Totalitarismus viel älter als der schiitische. Die Entwicklung von al-Banna und Qutb zu Bin Laden ist entscheidender als Khomeinis Iran.

3. Der Djihad-Islamismus als Gegenstand der Sicherheitspolitik

Der neue Totalitarismus wird von einer global vernetzten Bewegung, nicht von einem Staat getragen. Er bringt sich durch seinen gewaltförmigen Djihadismus als irregulären Krieg militärisch auf die weltpolitische Bühne. Dadurch erlangte der politische Islam eine relevante Dimension in der internationalen Politik. Um Missverständnissen aus dem Wege zu gehen, wiederhole ich, dass die Islamisten den Islam falsch deuten, obwohl sie nicht außerhalb der Religion des Islam bzw. seiner Zivilisation stehen. Sie begreifen sich als „Retter des Islam". Im 21. Jahrhundert wollen die Islamisten im Rahmen des Djihadismus erreichen, dass der Islam, trotz der Schwäche der Muslime, zur dominierenden Zivilisation avanciert. Indem sie eine autochthone religiöse Sprache zur Begründung ihres politischen Ziels verwenden, erlangen sie Sympathien innerhalb der islamischen Welt, wodurch sich ihre Popularität erklärt. Auf dieser Grundlage können sie für ihr Eintreten für einen islamischen Staat mobilisieren. Damit sind viele Sicherheitsfragen verbunden. Der von manchen Terrorismus-Experten betriebene Vergleich zwischen der Baader-Meinhof-Gruppe und den Djihadisten hinkt; hier haben wir es nicht mit der Subkultur einer terroristischen Vereinigung wie der RAF, sondern mit einer populistischen Bewegung mit Massenbasis zu tun, die sich religiös legitimiert und somit mobilisieren kann. In diesem Sinne ist es falsch, von einer Bande namens al-Qaida zu sprechen, weil so die djihadistische Bedrohung heruntergespielt wird und damit keine angemessene Sicherheitspolitik entfaltet werden kann.

Sicherheitsexperten beschäftigen sich mit Realitäten, nicht mit weltanschaulichen Glaubensfragen oder philologischen Texten. In der Terrorismus-Forschung befassen wir uns also nicht mit Religion im Rahmen einer Theologie, das heißt nicht mit Fragen des Glaubens an Gott, sondern mit einer politischen Strömung innerhalb der islamischen Zivilisation, die durch die Migration auch im Westen existiert und global vernetzt ist. In Europa berufen sich die Islamisten auf die Religion und fordern für ihre Aktivitäten Anerkennung im Namen der Religionsfreiheit. Ihre spezifische Weltanschauung, die den Djihad-Terrorismus untermauert, darf jedoch nicht im Rahmen der Religionsfreiheit toleriert werden. Islamisten behindern jede öffentliche Debatte über ihren Totalitarismus mit der Keule „Feindbild Islam“.

Wenn in einer Diaspora-Kultur Demokratie-feindliche Weltanschauungen, zum Beispiel im Bildungssektor durch eine Form des Islam-Unterrichts, Verbreitung findet, dann ist das eine sicherheitspolitische Frage. Die Bedeutung der Weltanschauung reicht bis in die Sicherheitspolitik,[45] und somit muss eine Demokratie im Interesse der Selbsterhaltung eine Erziehung in ihren Werten sicherstellen. Gilt dies für die Islam-Diaspora?

Alphabetisierte Muslime sind gewöhnlich seit ihrer Kindheit mit dem Korantext durch den Besuch von Koranschulen vertraut. Hierfür gibt es kontroverse Deutungen. Der Text vermittelt Bilder und Symbole, die jeweils eine Weltanschauung artikulieren. Ich kenne diesen Prozess aus meiner eigenen Sozialisation als fünfjähriges Kind, als ich Arabisch anhand der Lektüre des Koran in einer Koranschule in Damaskus gelernt habe. Erst durch meine westliche Bildung habe ich als Wissenschaftler gelernt – wenn ich über den Islam spreche –, nicht vom Korantext und seiner Symbolik, sondern von der gesellschaftlichen Realität auszugehen. Natürlich versuche ich, eine Verbindung zwischen der Wahrnehmung des Textes und der Realität herzustellen, aber die Realität lässt sich nicht anhand des Textes deuten. Ebenfalls lassen sich die Weltanschauung, die aus der Politisierung der Religion hervorgeht, und die hiermit zusammenhängenden Auswirkungen nicht aus der Philologie der Lesarten ableiten. Auf der Basis dieser Erkenntnis gelange ich nicht zu der falschen Schlussfolgerung, dass die Religionsfreiheit für jede Koran-Deutung gilt. Der Djihad-Islamismus ist eine Spielart des religiösen Fundamentalismus. Er steht als Weltanschauung im Kontrast zur demokratischen Ordnung und bedroht die Sicherheit des Systems. Auf der Basis dieser Ausführungen lässt sich zusammenfassend feststellen, dass der Islamismus eine politische Realität ist, die sich in politischen Bewegungen manifestiert, welche eine religiöse weltanschauliche Legitimation haben. Dieses Vorwissen ist für Sicherheitsexperten aus zwei Gründen von Belang:

1. Das treibende Motiv für die Handlungen der islamischen Fundamentalisten basiert auf dem religiös-politischen Glauben, dass der Islam eine Einheit von „*din wa-daula*/Staat und Religion“ sei. Fakt ist, dass der Begriff Staat weder im Koran noch im Hadith (den Aussprüchen Mohammeds) vorkommt. Trotzdem ist der Glaubenssatz

„*din wa-daula*/Einheit von Staat und Religion" heute ein Bestandteil der religiös-fundamentalistischen Ideologie. Dies gilt übrigens auch für den Begriff „*Hakimiyyat Allah*/Herrschaft Gottes". Für die Sicherheitspolitik ist die Kenntnis von dieser Weltanschauung deshalb relevant, weil in diesem Rahmen eine politische Strategie verfolgt wird, die bestehenden Systeme in der Welt des Islam zu stürzen und die Integration islamischer Migranten im Westen zu behindern. Vorrangig wollen Islamisten einen islamischen Staat auf der Basis der *Schari'a*[46] im Sinne einer Gottesherrschaft aufbauen. Dies soll der erste Schritt auf dem Weg zu einer Islamisierung der Welt sein. Einer der Vertreter der politischen Gemeinde des Islam in Deutschland schien mit mangelnden Islam-Kenntnissen seiner deutschen Mitbürger zu rechnen, als er in einem öffentlichen Interview sagte, der islamische Staat sei kein Gottesstaat. Was bedeutet dann die islamistische Formel „*Hakimiyyat Allah*/Gottesherrschaft"?

2. Islamische Fundamentalisten greifen auf den Anspruch des Islam zurück, überhistorisch für die gesamte Menschheit zu gelten, also über Zeit und Raum zu stehen, um die universelle Geltung ihrer Anschauung zu begründen. Wenn man den universellen Anspruch des Islam politisiert, dann wird er zu einer Ordnungsvorstellung nicht nur für die Welt des Islam, sondern für die ganze Welt. Diese Idee von einer islamischen Weltordnung wird nicht erst durch Bin Laden vertreten. Sein geistiger Ziehvater, Sayyid Qutb, hat lange vor ihm die Deutung des Islam als Internationalismus geltend gemacht.[47] Bin Laden hat jedoch aus dieser Deutung des Islamismus als Internationalismus eine weltpolitisch wirksame Bewegung ins Leben gerufen. Denn al-Qaida ist die Internationale des Djihad-Islamismus, also auch des neuen Totalitarismus.

Die angeführten Gründe zeigen, warum der Djihad-Islamismus ein ernst zu nehmendes Problem für die Sicherheitspolitik darstellt. Das erklärte Ziel ist, eine islamische Ordnung zu errichten, die die lokale und weltpolitische Ebene umfasst. Um die bestehende Weltordnung durch eine islamische zu ersetzen, muss als erste Stufe die Voraussetzung erfüllt werden, einen islamischen Staat in der Welt des Islam zu errichten. Die Beschäftigung mit beiden Zielen gehört zum Gegenstand jeder postbipolaren Sicherheitspolitik sowohl des Westens als auch der lokalen Herrscher in der Welt des Islam. Ich weiß, dass diese Herrscher keine Demokraten, sondern orientalische Despoten sind. Die USA haben den Irak entsaddamisiert, um zu demokratisieren und ohne den Islamismus in die Rechnung miteinzubeziehen. Sie waren überrascht, als Ayatollah al-Hakim vom

Obersten Rat für die islamische Revolution im Irak/SCIRI sich vor seiner Ermordung für einen Gottesstaat aussprach. SCIRI ist damit ein Sicherheitsproblem.

Für eine nähere sicherheitspolitische Bestimmung des Islamismus sind eine Reihe von Differenzierungen erforderlich. Erstens müssen wir – wie bereits angeführt – zwischen Islam und Islamismus unterscheiden. Ferner gilt es, zwischen institutionellen Islamisten und Djihad-Terroristen zu differenzieren. Denn es gibt Islamisten, die ihre Ziele durch friedliche Methoden, etwa durch Arbeit in verschiedenen Institutionen, erreichen wollen. Diese Fundamentalisten nutzen die Situation nach dem 11. September, um zu zeigen, dass sie keine Terroristen sind. Sie bieten sich als Verbündete im Kampf gegen den Terrorismus an, um hierdurch politische Anerkennung zu erlangen. Auf diese Weise beginnt der Marsch der Islamisten auch im Westen durch die Institutionen. Zum Vergleich möchte ich die Methode der 68er-Bewegung anführen, deren Exponenten heute im Staat als Entscheidungsträger sitzen. Doch besteht ein Unterschied: Auch die institutionellen Islamisten sind – wie die Djihadisten – Totalitaristen, wenngleich verdeckte. In Ägypten haben die institutionell ausgerichteten Islamisten auf diesem Wege vieles erreicht. Die Justiz und die wichtigsten Berufsverbände wie die Ärztekammer, die Anwaltskammer und die Ingenieurskammer sind nahezu vollständig von Fundamentalisten durchdrungen.[48] Der Prozess, der zur Zwangsscheidung des liberalen Muslim Abu-Zaid von seiner Frau und zu seiner Vertreibung außer Landes durch das höchste ägyptische Gericht führte, beweist dies.[49] Die Scheidung wurde gegen Abu-Zaids und seiner Frau Willen per Gerichtsurteil mit der Begründung, er habe sich vom Islam losgesagt und kritische Bücher veröffentlicht, vollzogen. Dies geschah nicht in einem Gottesstaat, sondern im prowestlichen Ägypten. Das Urteil wurde vom höchsten Gericht in Ägypten bestätigt. Ein anderes Beispiel ist die schleichende Islamisierung der Türkei. Die jüngste Partei der Islamisten, die AKP, präsentiert sich mit großem Erfolg im Westen als säkular-konservativ-islamische Partei. Dennoch bleibt sie eine islamistische Bewegung,[50] auch wenn deutsche Journalisten das Gegenteil schreiben. Hier führe ich den institutionellen Islamismus an, obwohl dieser Abschnitt der Problematik des Djihad-Terrorismus als Sicherheitsproblematik gewidmet ist, denn auch der institutionelle Islamismus gehört zu den Themen der Sicherheitspolitik. Ich gehe von einem umfassend formulierten Sicherheitsbegriff aus, wonach eine institutionelle Gefährdung der Demokratie und ihres politischen Systems ebenso als Sicherheitsproblem einzustufen ist. In diesem Sinne hat der Islamismus generell – und nicht nur sein Djihad-Zweig – eine sicherheitspolitische Relevanz. Man kann die Demokratie und die Säkularität auch ohne Bomben und ohne Selbstmordattentate gefährden.

Der Islamismus betrifft die internationale Sicherheit dadurch, dass er die klassisch-islamische weltanschauliche Unterteilung der Welt manichäisch in zwei Sphären,[51] in Gut und Böse, neu belebt. Das Gute ist das Haus des Friedens, welches auch als „*Dar al-Islam*/Haus des Islam" bezeichnet wird, wohingegen das außerislamische Territorium als „*Dar al-Harb*/Haus des Krieges", somit als das Böse gilt. Die islamische Friedensutopie besteht darin, das Böse durch Djihad zu bekämpfen und die ganze Welt zu islamisieren, um die Voraussetzungen für den Weltfrieden zu schaffen. Das bedeutet, dass Weltfrieden die Dominanz des Islam auf der ganzen Welt, also die Globalisierung des *Dar al-Islam* voraussetzt.[52] Dieses Idealmodell für die Welt wird verschwiegen, wenn vom Islam als „Friedensreligion" gesprochen wird. Die Vorstellung einer islamischen Weltordnung ist eine moderne Lesart der ursprünglichen islamischen Friedensvision, die heute leider ein sicherheitspolitisches Problem darstellt, weil sie einen systemischen Umsturz der heutigen weltpolitischen Strukturen vorsieht. Das ist ein Problem für die internationale Sicherheit, und auch wenn Islamisten dieses Ziel in absehbarer Zukunft nicht realisieren werden können, können sie dennoch durch ihren Djihad-Terrorismus eine Welt*un*ordnung erreichen.

Sowohl das traditionell islamische als auch das islamistische Verständnis von Weltfrieden steht im Kontrast zum modernen europäischen Friedensbegriff von Immanuel Kant in seinem „*Entwurf zum ewigen Frieden*". In den USA wird Kant heute von einer Denkschule, die sich *Democratic Peace* nennt, neu entdeckt. Ihre Vertreter argumentieren im Anschluss an Kant, dass Weltfriede nur möglich ist, wenn die ganze Welt demokratisiert[53] und nicht islamisiert wird. Die Annahme der Vertreter dieser Richtung lautet: „*Democracies do not wage war against one another*/Demokratien führen keinen Krieg gegeneinander". Das ist ein Prinzip postbipolarer Sicherheitspolitik. Es besteht ein Wettbewerb zwischen zwei universellen Visionen vom Weltfrieden: weltweite säkulare Demokratisierung oder Islamisierung der Welt, also demokratische Ordnung versus Gottesherrschaft. Dieser Wettbewerb der Systeme[54] wird durch den Djihadismus zu einem Gegenstand der Sicherheitspolitik und generell zum Gegenstand der Weltpolitik im 21. Jahrhundert. Der von dem französischen Islam-Experten Gilles Kepel unterstellte „Niedergang des Islamismus" ist nicht in Sicht, wodurch sich Kepels Aussage als falsch, also eher als Wunschdenken erweist. Die djihadistische Bedrohung ist keine vorübergehende aktuelle Erscheinung.

4. Vom klassischen Djihad der Eroberung zum Djihadismus des irregulären Krieges

Bereits im Vorwort zu diesem Buch habe ich mich mit der gefährlichen Verniedlichung des Djihad als Anstrengung auseinander gesetzt. In diesem Kapitel habe ich bisher mehrfach, jedoch stets en passant, auf den Unterschied zwischen Djihad und Neo-Djihad als Terrorismus unserer Gegenwart hingewiesen. Zwar war der Islam zu keinem Zeitpunkt pazifistisch, dennoch war die Verbindung von Djihad und „*Qital*/Kampf" in der islamischen Geschichte an Regeln gebunden. Ich habe auch argumentiert, dass Terrorismus nach dem Koran niemals Djihad sein kann, wenngleich es eine politische Tatsache ist, dass der Djihadismus heute eine koranische Legitimation für sich beansprucht. Dies geschieht unter selektiver Berufung auf den Korantext. In diesem Abschnitt möchte ich systematisch die Differenz zwischen dem klassischen Djihad und dem Djihadismus unserer Zeit ausarbeiten. Schauen wir noch einmal auf das Jahr 1928 zurück, als Hasan al-Banna die Muslim-Bruderschaft gründete und in seinem zitierten Katechismus Djihad als irregulären Krieg im Kampf für eine islamische Ordnung begründet hat. Es ist bekannt, dass nach dem Sturz der Taliban in Afghanistan ein „*Manual*/Handbuch" über den Djihad vorgefunden wurde. Darin wird auch der Djihad als irregulärer Krieg gedeutet.

Nach diesem Vorspann möchte ich meine Ausführungen mit der Feststellung eines fehlenden Konsenses unter Muslimen darüber, was unter Djihad zu verstehen ist, beginnen. Zwischen Islamisten und der als gemäßigt geltenden, maßgebenden Institution des sunnitischen orthodoxen Islam, der *al-Azhar*-Universität, besteht in diesem Punkt der Auslegung des Djihad eine alte Kontroverse. In einem Lehrbuch vertrat der verstorbene Scheich der *al-Azhar* Djadul-haq – er war der Vorgänger von al-Tantawi – die Auffassung, dass *Djihad* heute nur mit friedlichen Mitteln zu verfolgen ist. Dieser Scheich schrieb in dem Lehrbuch ›*Bayan lil-Nas*/Deklaration an die Menschheit‹, dass „*al-Djihad al-Musallah*/der bewaffnete Djihad" der Vergangenheit angehört.[55] Sein Argument lautet: Wir leben in einer Zeit, in der es für den Islam möglich ist, die „*Da'wa*/die islamische Missionisierung" als friedliche Islamisierung zu betreiben. Ferner führt er aus: „Wir können die Medien benutzen, wir können Argumente benutzen, und wir brauchen nicht mehr Gewalt anzuwenden." Nach der in der angeführten Schrift verbreiteten Auffassung von *al-Azhar* darf ein Muslim nur in der Not Gewalt anwenden, wobei auf Grundlage eines Spruchs des Propheten Mohammed zwischen großem und kleinem Djihad unterschieden wird. Der große Djihad sei demnach etwa der Kampf gegen Armut, Ignoranz oder Analphabetismus. Dagegen sei der kleine Djihad, also Gewalt, nur in Notsituationen legitim. Diese Differenzierung stammt vom Propheten. Sie führt zwar zur innerislamischen Kontroverse über die Bedeutung des Djihad, jedoch wird dabei die orthodox-islamische Vision einer Islamisierung der Welt nicht aufgegeben. Ich denke, nur ein Reform-Islam kann von diesem kompromisslosen Absolutismus befreien und zu einem religiösen Pluralismus führen.

Leider hat der Irak-Krieg die bestehenden, zum Teil radikalen innerislamischen Differenzen zugunsten eines „Feindbilds Westen" verwischt. Unter diesen Bedingungen der Konfrontation rufen Anhänger aller muslimischen Glaubensrichtungen, Islamisten, orthodoxe Wahhabiten, ja sogar gemäßigte Muslime wie der amtierende al-Azhar-Scheich al-Tantawi zum Djihad gegen Amerika und den Westen auf. Der Fall Bagdads am 9. April 2003 hat in diesem Zusammenhang einen tiefen Sinn;[56] er hat die oben wiedergegebene al-Azhar-Bestimmung des Djihad in den Hintergrund verdrängt.

Lange bevor der verstorbene Scheich Djadul-haq die zitierte Unterscheidung zwischen großem und kleinem Djihad vornahm, hatte Hasan al-Banna in seinem mehrfach zitierten Essay (Anm. 7) unter „*Djihad al-Akbar*/der große Djihad" die gewaltförmige Handlung im Namen des Islam verstanden, um die Ziele der Muslim-Bruderschaft mit Gewalt durchzusetzen. Wer Gewalt zum Morden predigt, riskiert Opfer derselben zu werden, wie das Schicksal al-Bannas, der 1948 ermordet wurde, zeigt.[57] Noch wichtiger bei der Verwandlung des klassischen Djihad in einen djihadistischen Terrorismus ist der geistige Vater des islamischen Fundamentalismus, Sayyid Qutb, als Autorität einzustufen. Der heutige Antiamerikanismus in der Welt des Islam kann bis Qutb zurückverfolgt werden. Er verbrachte die Jahre 1948 bis 1950 als Stipendiat in New York. Während dieser Zeit entwickelte er seinen Hass auf die USA sowie auf den Westen insgesamt. Bin Laden setzt diesen islamistischen Antiamerikanismus fort, obwohl er selbst Amerika nicht kennt, eben weil er nie dort war. Das, was Bin Laden über die USA weiß, hat er aus den Schriften von Sayyid Qutb erfahren, die zu den zentralen Quellen des Antiamerikanismus in der Welt des Islam gehören.[58] Es ist bekannt, dass Bin Laden sich während seiner Studienzeit an der saudischen *Ibn-Abdul-Aziz*-Universität sehr intensiv mit Sayyid Qutb beschäftigt und dessen Schriften gelesen hat. Selbst wenn man diese Information nicht hätte, aber die Schriften Qutbs kennt, verrät schon allein die Djihad-Rede von Bin Laden am 7. Oktober 2001 seine geistige Herkunft. Diese ist fast wortwörtlich aus zwei Katechismen Sayyid Qutbs abgeschrieben. Die eine heißt ›*Ma'alim fi al-Tariq*/Wegzeichen‹, die andere Schrift trägt den Titel ›*al-Salam al-alami wa al-Islam*/Der Weltfriede und der Islam‹ (vgl. Anm. 47). Darin spricht Qutb von einem Krieg zwischen dem Glauben, das ist der Islam, und dem „*Kufr*/Unglauben", das ist der Inbegriff des „*al-Gharb*/Westens". Dies war auch die zentrale Formel in der Djihad-Rede Bin Ladens am 7. Oktober 2001. Beide Katechismen von Qutb finden heute weltweit Verbreitung unter Muslimen und gehören zu den Quellen der Weltanschauung des Djihadismus. Während des Aufflammens des im Verlaufe des Irak-Kriegs geschürten islamistischen Antiamerikanismus ist diese Gut-Böse-Dichotomie zu nie erreichten Höhen gelangt, leider nicht nur bei Muslimen, sondern ebenso bei Präsident Bush selbst als auch bei seinen Gegnern, vor allem in der deutschen Friedensbewegung.

Die Anführung der exklusiven Deutung des Djihad als friedliche Anstrengung übergeht die historische Tatsache, dass jeder Aufruf zum Djihad ein solcher zur Gewalt war. Die Muslime haben vom 7. Jahrhundert bis Anfang des 17. Jahrhunderts Djihad als Eroberungskrieg geführt. Im 17. Jahrhundert kam der Djihad zum Stillstand. Der Grund hierfür war der Aufstieg des Westens als militärisch überlegene Macht, die der Cambridge-Historiker Geoffrey Parker in seinem Standardwerk ›*The Military Revolution. Military Innovation and the Rise of the West, 1500–1800*‹[59] dargelegt hat. Der Historiker Parker ist kein Islam-Experte und geht auch nicht auf den Islam ein. Er beschäftigt sich ausschließlich mit Europa und zeigt in seinem Buch, dass die moderne Waffentechnologie im Westen zwischen 1500 und 1800 parallel zur Entstehung der westlichen Zivilisation entstanden ist. Die in diesem Zeitraum entfaltete und bis heute anhaltende militärisch-technologische Überlegenheit des Westens bietet die Erklärung dafür, dass die islamische vom Osmanenreich betriebene Djihad-Expansion durch wiederholte Niederlagen gegenüber westlichen Armeen nicht länger getragen werden konnte. Schließlich kam es zur Auflösung des Osmanischen Reiches als letzte islamische Ordnung parallel zur Entstehung der modernen säkularen am Westen orientierten Türkei.[60] In diesem Zusammenhang ist es von Bedeutung zu unterstreichen, dass die westliche Zivilisation nicht mit dem christlichen Abendland identisch ist. Deshalb sollten beide Begriffe auseinander gehalten werden. Sowohl das christliche Abendland als auch der Westen haben ihr spezifisches Verhältnis zum Islam, wie ich in meinem Buch ›*Kreuzzug und Djihad*‹ nachgewiesen habe.[61]

Die beschriebene Wandlung des Djihad geht einher mit der historisch beginnenden islamischen Feindschaft zum Westen. Der Prozess beginnt nicht mit der Kolonisation, sondern mit dem soeben beschriebenen Zurückdrängen der Djihad-Expansion, also mit dem Ende des islamischen Welteroberungsprojektes. Diese Geschichte belegt, dass die in Deutschland verbreitete Fehlinformation, die Politik der USA sei der zentrale Grund für die islamische Ablehnung des Westen, an den historischen Tatsachen vorbeigeht. Das hierauf bezogene islamische Kollektivgedächtnis beginnt mit den Kreuzzüglern, obwohl der Westen als Zivilisation in der Epoche der Kreuzzüge historisch noch nicht existiert hat. Während des Irak-Krieges wurden westliche Soldaten mit Kreuzzüglern verglichen, obwohl es zur Zeit der Kreuzzüge – wie angemerkt – weder die USA noch den Westen als zivilisatorische Einheit gab.

Das christliche Abendland in Westeuropa bezieht sich historisch auf die Zeit von Karl dem Großen bis zu der Renaissance. Die westliche Zivilisation hingegen beginnt etwa 1500 und baut spezifisch auf der Renaissance auf, in deren Verlauf die Europäer die moderne Waffentechnologie entwickelten und aufgrund ihrer militärischen Überlegenheit in der Lage waren, die islamischen Djihad-Armeen an der erfolgreichen Fortführung ihrer Expansion zu hindern. Hieraus resultiert eine Wunde in der islamischen Kollektivseele, die bis heute offen geblieben ist. Der Irak-Krieg wirkte wie Salz in dieser offenen Wunde. Bereits in der Schule in Damaskus lernte ich, dass der Westen „auf unsere Kosten“ seine Größe erlangt habe. „Wenn der Westen nicht wäre, wäre bis heute der Islam die dominierende Weltzivilisation geblieben“, ist eine islamische Schulbuchweisheit. Weiterhin habe der Westen uns Muslime daran gehindert, unsere einst erreichte Größe zu bewahren. Leider wird die Geschichte bei der Übermittlung solcher „Weisheiten“ verfälscht, wie ich in meinem Geschichtsstudium im Westen korrigierend erfahren musste. So beginnt der Aufstieg des Westens real um das Jahr 1500, in islamischen Lehrbüchern aber wird hierfür fälschlicherweise bereits die

Zeit der Kreuzzüge angegeben. Die Kreuzzüge fanden jedoch vom 11. bis 13. Jahrhundert statt, also zu einer Zeit, als es noch keinen Westen gab. In der islamischen Welt wird den Kindern in der Schule vermittelt, dass die Kolonialeroberungen eine Fortsetzung der Kreuzzüge seien; somit sei der Westen ein Produkt des „*Salibiyya*/Kreuzzüglertums". Auch dieser Ausdruck kommt mehrmals in den Reden von Bin Laden vor und ist ebenso ein zentraler Begriff bei Hasan al-Banna und Sayyid Qutb. Der Neo-Djihad ist ohne diese Vorgeschichte nicht zu verstehen. Der islamische Antiamerikanismus hat seine Wurzeln in der Ablehnung des europäischen Westens. Bezogen auf den Irak-Krieg war diese Dimension in Deutschland nicht bekannt. Der Fall Bagdads am 9. April 2003 war für die Muslime – also nicht nur für die Islamisten – keine Befreiung vom Despoten, sondern eine christliche Eroberung der Hauptstadt der wichtigsten islamischen Ordnung unter den Abbasiden.

Die europäische Expansion erreichte im 19. Jahrhundert die Welt des Islam und veranlasste den islamischen Erneuerer Afghani, zum Djihad als Antikolonialismus aufzurufen. Sicherlich wollte er damals noch keinen irregulären Krieg führen, wie Wissenschaftler des Faches Internationale Beziehungen diesen heute kennen. Lediglich rief er in einer Zeit, in der die Muslime keine Eroberer mehr waren, ja Eroberte wurden, zum Kampf gegen die Kolonisierung auf. In unserer Zeit ist Djihad ein Muster des neuen Krieges. Martin van Creveld und auf ihn folgend der Kanadier Kalevi Holsti haben zentrale Arbeiten zur Deutung dieses neuen Musters vorgelegt. Sowohl van Creveld als auch Holsti und ich gehen von der Annahme aus, dass der Clausewitz'sche Krieg der Vergangenheit angehört.[62] Wenn wir uns die Konflikte in der Welt von heute anschauen, sei es in Bosnien, Kosovo, Palästina, Tschetschenien, Kaschmir und in Afghanistan sowie 2001 die Anschläge von New York und Washington, dann verstehen wir den Wandel: Der zwischenstaatliche Krieg wurde durch den irregulären Krieg, der auch die Form des Terrorismus annimmt, abgelöst. Dieser ist anders als der Guerillakrieg. Der Djihadismus ist in diesen Rahmen einzuordnen. Alle diese Konflikte sind ethnisch-religiös und werden nicht mehr von Staaten, sondern von entsprechenden nichtstaatlichen Akteuren ausgetragen. Der Djihadismus ist nicht Antikolonialismus, sondern ein irregulärer Krieg für eine neue islamische Weltordnung. Der irreguläre Krieg kompensiert die Schwäche gegenüber High-Tech-Armeen.

Obwohl djihadistische Islamisten wortreich ihre antiwestliche Gesinnung verlautbaren, ist der Djihadismus keine Rhetorik, wie er von Täuschern heruntergespielt wird, sondern ein neuer Kriegstyp. Mit konventionellen Methoden kann er nicht abgewehrt werden. BKA und FBI sind meiner Ansicht nach die besseren Institutionen zur Bekämpfung des Terrorismus als reguläre Armeen – vorausgesetzt die Politiker hören auf ihre Warnungen und Empfehlungen und die Justiz behindert sie nicht formalrechtlich, indem sie Islamisten weiterhin Freiräume im Namen der Religionsfreiheit gewährt.

Die wichtigste Methode zur Bekämpfung des Terrorismus ist präventiver Art, zunächst durch die *„human intelligence"*. Das Ziel ist, Informationen zu sammeln, die politische Institutionen des Rechtsstaates zur Austrocknung der *„supporting systems"* des Djihad-Terrorismus verwenden. Bekanntermaßen haben die Amerikaner vor dem 11. September bisher jährlich etwa 30 Milliarden Dollar für *„intelligence"* ausgegeben. Ungefähr 85 Prozent hiervon flossen in die *„satellite intelligence"* und höchstens 15 Prozent in die *„human intelligence"*. Nicht zuletzt deshalb waren die amerikanischen Nachrichtendienste dem Phänomen Bin Laden sowie dem „geheimen Netzwerk der Islamisten"[63] nicht gewachsen. Nun geht es darum, diese Systeme an die veränderte Situation anzupassen, also mehr *„human intelligence"* einzusetzen und zu erkennen, dass zukünftige Konflikte wohl weniger zwischenstaatliche, als vielmehr irreguläre Kriege unter Ausnutzung globaler Vernetzung sein werden. Bevor man einen Abwehrkrieg führt, muss man wissen, gegen wen man kämpft. Beim irregulären Krieg ist dieses Wissen schwer zu erlangen. Die Stärke der Djihad-Terroristen besteht eben im Unwissen der Gegner über bevorstehende Aktionen: *„You don't know who they are, when and where they come from, how do they act"*, sagte Colin Powell nach dem 11. September, als er eingestand, dass er als ehemaliger General die neuen Krieger nicht kennt. Die Unsicherheit über Djihadisten – wer sind sie, wann schlagen sie zu, wo und wie tun sie etwas – erschwert die Abwehr. Nur durch *„human intelligence"* ist es möglich, Wissen über die Djihad-Kämpfer zu erlangen, notfalls auch mit den für überholt gehaltenen Spionagemethoden des 19. Jahrhunderts, die aber heute dennoch die einzig Erfolg versprechenden sind.

Die Unfähigkeit, Djhadisten mit einer regulären Armee beizukommen, wird musterhaft durch das Scheitern der israelischen IDF (Israeli Defense Force/Israelische Armee) gegenüber der Djihad-Intifada belegt. Auch im Irak-Krieg haben die USA militärisch konventionell gegen Saddam gesiegt, nicht aber über den Djihadismus. Den Propaganda-Krieg haben sie ebenfalls, wie Israel bei der Intifada, verloren. Zu dieser Propaganda gehört, die sicherheitspolitische Dimension des Djihadismus herunterzuspielen.

In Europa ist es schwierig, in der Öffentlichkeit ein Verständnis für die Gefahren des Djihad-Terrorismus[64] zu vermitteln. Die Regeln der Political Correctness verbieten es zu sagen, dass der Rechtsstaat, der etwa durch ein Gerichtsurteil die Rasterfahndung in Hessen untersagte, sich – wenn auch ungewollt – in den Dienst der Islamisten stellt. Wie sollen Djihadisten bekämpft werden, wenn man nicht sagen darf, dass sie sich in der Moscheevereinskultur der Diaspora eingenistet haben?

Jenseits der Berichte, die man als Zeitvertreib für die Feuilletons vieler überregionaler deutscher Zeitungen schreiben oder lesen kann, stellte die *Newsweek* auf dem Titelblatt im Heft vom 5. November 2001 über den Terrorismus die Frage: *„Why do Islamic fundamentalists like Europe?“*. In Bezug auf Deutschland wird die Antwort gleich im Titel des Artikels gegeben: *„Tolerating the Intolerable“*[65]. So mögen die islamischen Fundamentalisten Deutschland, weil in Deutschland wegen seiner Vergangenheit alles Fremde toleriert wird, auch wenn es von Fundamentalisten kommt. Toleranz wird so zur Indifferenz. In der Tat genießen die islamischen Terroristen eine „Ruhezone“ in Deutschland.[66] Die Logistik des Neo-Djihad wurde im Westen und – mit der Ausnahme von Afghanistan bis Oktober 2001 – nicht in der Welt des Islam aufgebaut. Die falsche Toleranz der deutschen „Gutmenschen“ hilft den Gotteskriegern, in Westeuropa frei zu agieren. Europa büßt dadurch seine westliche Identität ein und wird zum „multiethnischen Wohngebiet“. Die Absurdität geht so weit, dass ein deutscher Parlamentarier dieser von mir mehrfach geprägten Formel als Seil zum „Rechtsradikalismus“ verfemte. Integration ist die Alternative zu multiethnischen Parallelgesellschaften, in denen der Islamismus gedeiht.

5. Schlussfolgerungen und Resümee: Der totalitäre Djihadismus hält an, er ist keine vorübergehende Erscheinung

In diesem Kapitel stand die gewaltförmige Manifestation des Djihadismus im Mittelpunkt. Die globale Vernetzung dieser Ausrichtung macht ihre Stärke aus. Migration gehört heute zu den Nebenprodukten der Globalisierung. Schon lange vor dem 11. September hat der jüdische Forscher Myron Weiner den Zusammenhang zwischen globaler Migration und Sicherheitspolitik aufgezeigt. In dieser Tradition warne ich seit Jahren vor dem Exil-Islamismus, der die Islam-Diaspora der Migranten infiltriert. *Newsweek* hat dies nach dem 11. September in der soeben zitierten Ausgabe gewürdigt (Anm. 65 und 66). In Deutschland jedoch wurde mir – selbst Muslim – u.a. in Leserbriefen in der *F.A.Z.* und anderswo unterstellt, ich würde die „Angst vor dem Islam schüren“. Dabei trete ich mit meinem Konzept des Euro-Islam als ein Vordenker der Integration von islamischen Migranten auf. Es ist möglich, einen liberalen europäischen Islam, der als Alternative zum Djihadismus in der europäischen Islam-Diaspora dient[67], zu institutionalisieren. Noch ist dies nur eine politische Option, denn der politische Wille hierzu fehlt.

In einem Projekt über Islam und Europa in Berkeley habe ich die Formel „Islamisches Europa oder Euro-Islam“ geprägt.[68] Die Ablehnung des neuen Djihad-Totalitarismus kann auch auf einer euro-islamischen Grundlage im Rahmen der Integration der muslimischen Zuwanderer in Europa erfolgen. Das ist die beste Garantie für eine Verhinderung des Missbrauchs der Islam-Diaspora durch die Djihad-Islamisten, die sich in dieser Diaspora-Struktur eingenistet haben. Auch hier gibt es allerdings eine zu bedauernde Linie vom 11. September 2001 bis zum Irak-Krieg 2003. Nach dem 11. September war „Heuchelei in der Moschee“ erforderlich, um über den Charakter des Islamismus hinwegzutäuschen. Im März 2003 demonstrierten Islamisten Schulter an Schulter mit deutschen Pazifisten gegen den Krieg im Irak und damit indirekt für Saddam. Eine Täuschung war so nicht mehr nötig. In der Friedensbewegung wird nicht begriffen, dass Djihad doch kein Pazifismus ist! Die Djihadisten sind nicht nur Terroristen, sondern auch Vertreter des neuen Totalitarismus. Die *International Herald Tribune* hatte am 31. März 2003 aus Paris berichtet, dass der Protest gegen den Irak-Krieg ganz offen als Kampf gegen „Juden und Amerikaner“ legitimiert wurde. Welch eine Friedensbewegung!

Mit diesem Vorspann zu meinen Schlussfolgerungen will ich eine islamische Alternative zum Islamismus und zu seinem Djihadismus der *„action directe“* entwerfen. Ich verteidige die offene Gesellschaft, die sich auf neue Risikopotentiale einzustellen hat. Festzustellen ist, dass der islamische Fundamentalismus als die politisierte Form des Islam keine vorübergehende Erscheinung ist.[69] Er steht auch nicht außerhalb der islamischen Zivilisation, weil sein Djihadismus eine millionenstarke Anhängerschaft hat. In Kairo und anderswo in der Welt des Islam war es nur durch einen hohen Einsatz der „*Mukhabarat*/der Geheimdienste“ möglich, die Pro-Bin-Laden-Demonstrationen nach dem 11. September 2001 zu verhindern. Auch in Palästina war dies der Fall. Die Palästinenser sind ein unterdrücktes Volk, und die Weltöffentlichkeit sympathisiert mit ihnen, wenngleich nicht mit ihrem Selbstmord-Djihad-Terrorismus. Der palästinensische Widerstand gegen die israelische Militärbesatzung muss Abstand vom Djihad-Islamismus nehmen, will er seine internationale Legitimität nicht einbüßen.

Eine weitere zentrale Schlussfolgerung lautet, dass der Djihad-Fundamentalismus nicht mit Bin Laden personifiziert werden darf. Es wurde gezeigt, dass die Wurzeln dieser politischen, religiös-kulturell legitimierten Bewegung auf das Jahr 1928 zurückgehen. Heute stellt der politische Islam eine wichtige Strömung innerhalb der islamischen Zivilisation dar. Wer behauptet, dass diese mit dem Islam nichts zu tun habe und in den Djihadisten nur Verrückte sieht, die einer Therapie bedürfen, verschließt sich jedem Verständnis der islamischen Realität. Bin Laden ist ein normaler Mensch mit gesundem Verstand, der radikale Vorstellungen hat und eine extreme Deutung des Islam vertritt, die sich allerdings heute leider einer großen Resonanz in der islamischen Zivilisation erfreut. Der Djihad-Bin-Ladismus hat somit eine weltanschauliche Vision einer Weltordnung, die nicht von der Existenz der Person Bin Ladens auf der Weltbühne abhängt. Die djihadistische Bewegung hat viele Bestimmungsfaktoren und ist „*well connected*“; sie existiert in mindestens 60 Ländern, zu denen auch die Bundesrepublik Deutschland an vorderer Stelle gehört.

Eine Sicherheitspolitik zur Abwehr des djihadistischen Terrorismus muss auf zwei Ebenen entfaltet werden: *Erstens* bedarf es einer geistigen Auseinandersetzung mit den Inhalten des Djihad-Islamismus, um eine weitere Verbreitung auch in der westlichen Islam-Diaspora zu verhindern. *Zweitens* benötigen wir ein sicherheitspolitisches Konzept mit neuen Methoden, um etwa durch nachrichtendienstliche Tätigkeiten und durch die Austrocknung der „*supporting systems*“ des Djihad-Fundamentalismus, vor allem in der westeuropäischen Islam-Diaspora seine Wurzeln zu eliminieren.

Bei der Bekämpfung des Terrorismus dürfen keine Doppelstrategien in der Islam-Diaspora geduldet werden. Die Europäer sollten sich von den Islamisten nicht weiter belügen lassen.[70] Bei der Verfolgung der Islamisten sind auch Abstriche am Rechtsformalismus vonnöten. Wenn in Deutschland Richter den Behörden verbieten, Vorgaben für die Gestaltung des Islam-Unterrichts zu machen – wie es in Berlin geschehen ist –, können wir den Islamismus bereits auf geistiger Ebene nicht effektiv bekämpfen. In Deutschland geborene Kinder müssen vor dem neuen Totalitarismus geistig geschützt werden. Das ist nur zu erreichen, wenn sie einen am Grundgesetz orientierten demokratischen Islam-Unterricht erhalten. Zu den sicherheitspolitischen Gefahren gehört auch die islamistische Indoktrination in der Kultur bestimmter Moschee-Vereine: Der mit der deutschen Staatsbürgerschaft in Deutschland lebende, gebürtige und zunächst unbescholtene Marokkaner Said Bahaji ist laut *Spiegel*-Recherche in der Hamburger *al-Quds*-Moschee zum Terroristen geworden.[71] In Großbritannien sind laut *Time*[72] viele Terroristen aus der North London Central Mosque des Imam Abu Hamza al-Misri hervorgegangen. Es hat lange gedauert, bis der britische Staat im Januar 2003 gegen diesen Missbrauch vorging und hierfür rechtsstaatliche Grundlagen schaffte. In Deutschland, etwa in Hessen, verbieten Gerichte die Rasterfahndung nach Islamisten und vieles andere mehr. Mein Artikel in der Zeitung *Die Welt* vom 12. August 2002 trägt den Titel *„Der Rechtsstaat schützt die Islamisten“*. Diese Feststellung hat weiterhin ihre Gültigkeit.

Zur geistigen Ebene der Abwehr des Djihad-Terrorismus gehört auch die Aufklärung der Muslime selbst, dass Fundamentalismus eine falsche Interpretation des Islam ist. Der Geist des Sufi-Islam sowie der der islamischen Rationalisten Ibn Rushd und Ibn Khaldun widerspricht dem Islamismus und seinem djihadistischen Totalitarismus. Der in Deutschland promovierte ägyptische Minister für Religionsangelegenheiten M. Zakzouk hat durchgesetzt, dass Terroristen, die dort in Gefängnissen einsitzen, durch Professoren von der *al-Azhar*-Universität einen Islam-Unterricht erhalten, der ihnen vermittelt, wie falsch sie ihre Religion verstanden haben. Zakzouk berichtete mir im März 2002 vom Erfolg dieser Maßnahme und dass viele dieser Djihad-Terroristen auf diese Weise bekehrt wurden. Ganz im Gegensatz hierzu steht der verantwortungslose Umgang mit dem Islam-Unterricht in einer Demokratie wie hier in Deutschland, was das Modell Berlin zeigt. Hier wird der Islam-Unterricht von einer Bewegung getragen, die der Berliner Verfassungsschutz als islamistisch einordnet. Der Rechtsstaat muss eine Vision eines Islam der Aufklärung, den ich Euro-Islam nenne, fordern, statt sich den Klagen der Islamisten zu beugen. Euro-islamische Erziehung ist sicherheitspolitisch erfolgreicher als eine polizeiliche Überwachung der Diaspora.

Was die Überwachung als *„policy“*, nämlich die Sicherheitspolitik im eigentlichen Sinne, anbelangt, so müssen viele Wohlfahrtsorganisationen beleuchtet werden, die zur Verdeckung der Arbeit der Djihadisten benutzt werden. Es gibt eine Reihe islamistischer Wohlfahrtsorganisationen in der Bundesrepublik, die den Terror unterstützen, indem sie etwa Spendengelder für die Anschaffung von Waffen ausgeben, statt sie für humanitäre Zwecke zu verwenden. Es ist eine Tatsache, dass sich die *supporting systems* des Djihad-Islamismus im europäischen Westen befinden und nicht in der Welt des Islam.

Ich möchte die Problematik des Djihad-Islamismus in die des Zivilisationskonfliktes einordnen.[73] Unter diesem verstehe ich, dass die Menschen, die aus verschiedenen Zivilisationen stammen und unterschiedliche Weltanschauungen haben, in Konfliktsituationen miteinander auf der Ebene der Werte in Konflikt treten. Auch ohne Islamismus unterscheidet sich die islamische Weltanschauung völlig von der westlichen. Diesen Wertekonflikt kann man unter bestimmten Voraussetzungen friedlich, also dialogisch lösen. Der ehemalige Bundespräsident Roman Herzog ist ein großer Vorkämpfer auf diesem Gebiet. Das Abschiedsgeschenk seiner Freunde, die im überparteilichen und überreligiösen Sinne handeln, war die Herausgabe seiner gesammelten Reden, die mit dem Titel ›*Preventing the Clash of Civilizations*‹[74] erschienen sind. Der Autor Roman Herzog wurde begleitet von drei Mitautoren, einem Juden (A. Etzioni), einem Christen (H. Küng) und von mir als Muslim. Hierdurch bekam Herzog eine christlich-jüdisch-islamische Unterstützung, um Überlegungen anzustellen, wie der Zusammenprall der Zivilisationen zu verhindern ist.

Im Kontrast zum Geiste Herzogs steht die Weltanschauung des Djihadismus. Bei diesem Konflikt geht es nicht um einen Religionskrieg zwischen Christentum und Islam. Der Religionskrieg von Bin Laden richtet sich gegen den Westen als säkulare Zivilisation. Nur in einer westlich-islamischen Koalition kann der Djihad-Terrorismus erfolgreich bekämpft werden. Sowohl auf der geistig-kulturellen als auch auf der militärischen und nachrichtendienstlichen Ebene muss die islamisch-westliche Zusammenarbeit eine Grundvoraussetzung für den Kampf gegen den Djihad-Islamismus sein. Diese Front ist leider im Irak-Krieg 2003 zerfallen. Die Forderung nach islamisch-westlicher Zusammenarbeit bleibt jedoch für die europäische Innenpolitik erhalten.

Der Krieg gegen den neuen Totalitarismus soll ein interzivilisatorischer Einsatz sowohl für den Weltfrieden generell als auch – angesichts der islamischen Zuwanderung – spezifisch für den inneren Frieden in Europa sein. In Berlin hatte ein islamischer Journalist beklagt, die Terrorismus-Bekämpfung verschärfe Rassismus und Fremdenfeindlichkeit. Ohne das Vorhandensein dieser Übel in Deutschland zu bestreiten, habe ich geantwortet, dass wir Diaspora-Muslime uns selbst den besten Dienst erweisen, wenn wir uns bei der Bekämpfung des Terrorismus auf die Seite der offenen Gesellschaft des Westens stellen, um uns von dem Ruf zu befreien, unsere Diaspora diene als Ruhezone des Terrorismus. Das wäre echte Integration.[75] Gelingt dies nicht, dann blühen auf dem Boden der gescheiterten Integration Parallelgesellschaften[76], die als Hinterland für die Logistik des Djihad-Terrorismus dienen. Die Zuwanderung wird auf diese Weise zu einem Problem der Sicherheitspolitik. Eine politisch gesteuerte Migrationspolitik muss verhindern, dass der Djihadismus unter dem Vorwand der Religionsfreiheit, Toleranz und Öffnung weiterhin nach Europa eingeführt wird. Wir dürfen niemals die Tatsache verdrängen, dass der 11. September in Deutschland vorbereitet wurde,[77] auch nicht, wenn einige unbelehrbare Geister uns den Vorwurf, ein „Feindbild Islam" zu verbreiten, vorhalten, um Aufklärer mundtot zu machen. Diese Gesinnungsethiker verweigern sich der Erkenntnis, dass die Abwehr des Djihadismus sich gegen Gewalt, sprich Terrorismus,[78] nicht gegen den Islam wendet. Auch geht es um den Schutz der Demokratie und der offenen Gesellschaft, denn die djihadistischen Islamisten sind auf allen Ebenen die Vorreiter des neuen Totalitarismus.

IV. Der 11. September 2001 als Ursprung der Irak-Krise: Eine kulturübergreifende Deutung der neuen Wende in der Weltpolitik

Zweimal wurde die westliche Öffentlichkeit auf den politischen Islam aufmerksam: im Februar 1979 durch die islamische Revolution im Iran und am 11. September 2001. Zur Abwehr des Islamismus, mit dem sich die USA im ersten Afghanistan-Krieg gegen die Sowjetunion verbündet hatten, instrumentalisierten die USA einen orientalischen Despoten, Saddam Hussein. Als dieser den USA über den Kopf wuchs und am 2. August 1990 Kuwait eroberte, wurde er fallen gelassen. Erst nach dem Schock vom 11. September haben die USA erkannt, wie falsch es ist, sich mit Despoten und „Schurkenstaaten" zu verbünden. Die Ankündigung einer Entsaddamisierung des Irak stand im Kontext einer neuen Strategie gegen den politischen Islam. Gegen die islamistische Ordnungsvorstellung der Region des Nahen Ostens, aus der eine Herausforderung an den Westen hervorgeht, müssten freiheitsliebende Muslime mit Hilfe des demokratischen Westens eine andere Alternative, nämlich Demokratisierung entfalten. Der Wettbewerb zwischen islamistischer und demokratischer Ordnung ist nicht eine tagespolitische Angelegenheit; es geht um einen Zivilisationskonflikt. Der schiitische Klerus hat nach dem Sturz des orientalischen Despoten eine andere Vorstellung vom Post-Saddam-Irak als die dortige US-Verwaltung. Hier wetteifern zwei Ordnungsvorstellungen miteinander: Islamische Republik versus pluralistische Demokratie. Was hat dies mit dem 11. September zu tun und warum bildet dieser zeithistorische Zusammenhang den Hintergrund der Entwicklung vom 11. September 2001 bis zum Irak-Krieg 2003?

Der übergeordnete zeithistorische Kontext ist der Eintritt in eine neue Ära der Weltpolitik. Der politische Islam und sein Djihadismus drücken der neuen Ära ihren Stempel auf. Der sunnitische Muslim Mohammed Atta und seine Mitstreiter verstanden sich ebenso als Djihadisten wie die schiitischen Geistlichen im Irak, die heute nach einer islamischen Ordnung rufen. Letztere drohen den

US-Truppen, welche im Rahmen der Operation *Iraqi Freedom* die Schiiten von Saddams Herrschaft befreit haben, nun mit der Aufnahme des Djihad. Der Mullah Muqtada Sadr junior, dessen Vater sowie beide Brüder von Saddams Henkern ermordet wurden, bedankt sich nicht für die Befreiung: Im Juli 2003 rief er zur Gründung einer „*Djaisch al-Imam*/Armee des Imam" auf, um Djihad gegen die US-Truppen zu führen. Anstelle der Despotie Saddams begegnet uns ein neuer Totalitarismus. Somit ist der Fall Bagdads nicht mit dem Fall der Berliner Mauer und dem Niedergang des totalitären Kommunismus vergleichbar. Der Weg für einen demokratischen Frieden – also einer Aktualisierung der Kant'schen Vision vom „ewigen Frieden" – ist noch nicht frei. In diesem Kapitel werde ich mit Information und Interpretation und nicht etwa mit Anschauungen versuchen, diese Entwicklung, deren Auslöser der 11. September war, aus unterschiedlichen Perspektiven zu erklären. Zentral ist dabei die Frage, warum unser 21. Jahrhundert nicht vom demokratischen Frieden, sondern von den Gefahren eines neuen Totalitarismus geprägt ist und sein wird.

Ehe ich mit meinen Ausführungen beginne, möchte ich an die Kontrastierung der beiden Visionen für das 21. Jahrhundert erinnern, nämlich globale „*Hakimiyyat Allah*/Gottesherrschaft" versus globale Demokratie. Im vorangegangenen Kapitel habe ich gezeigt, dass es falsch ist, die Djihadisten als kriminelle Terroristen zu brandmarken, die weder mit religiösen Weltbildern noch mit dem politischen Islam zu tun hätten. Die Deutung der Djihadisten als Gegner der Globalisierung nehme ich nicht ernst.

Kurz möchte ich noch in diesem Vorspann mit Hilfe eines Erlebnisses[1] die soeben angeführte Kontrastierung veranschaulichen: Der Imam der großen Moschee von Paris, Dalil Boubakir, sagte mir auf Deutsch beim Symposium der Kulturinstitute der EU in Brüssel am 20. September 2002: „Europa ist in Gefahr." Dies bezog er auf die Herausforderung des politischen Islam. Ich bat den Imam, seine Aussage in Gegenwart der Leiterin des Goethe-Instituts in Brüssel zu wiederholen. Diese Warnung aus dem Mund eines Imam klingt authentischer, als wenn ich sie als geistlicher Laie vortragen würde. Auf einen islamischen Imam bezogen – und dazu einen von der Würde Boubakirs – passen keine Worthülsen, die von einigen Leuten als „Keulen" gegen die Kritiker des politischen Islam verwendet werden. Zu diesen leeren Phrasen gehören „Panikmacher", „Feindbild Islam" und dergleichen mehr. Auf dem Brüsseler Symposium konnte das Publikum anhand zweier Personen zwei unterschiedliche Ausprägungen des heutigen Islam kennen lernen: die Position des aufgeklärten Imam Dalil Boubakir und die des Islamisten Tariq Ramadan. Beide vertreten auf ihre Art die Islam-Diaspora in Europa. Mit der vorgenommenen Kontrastierung ihrer Positionen möchte ich festhalten, dass sie durch die islamistische Präsenz in Europa nicht mehr allein für die Welt des Islam gilt. Der weltanschauliche Konflikt zwischen der Ordnungsvorstellung des Islamismus als Ausdruck des neuen Totalitarismus und den westlichen Vorstellungen einer säkularen Demokratie bringt einen „neuen Kalten Krieg“[2] zum Ausdruck. Dieser wird zwischen Vertretern einer globalen Gottesherrschaft und jenen, die sich für einen demokratischen Frieden einsetzen, ausgefochten. Meine These lautet, dass dies der tiefere Sinn des 11. September ist, wie die folgenden Ausführungen zeigen werden.

1. Der Djihad-Islamismus aus der Perspektive des 11. September – ein Rückblick

Die Welt hat am 11. September die schon früher begonnene Verwandlung des Djihad in einen Djihadismus auf globaler Ebene erlebt. Meine Leser sind bereits mit der Ausgangsposition dieses Buches vertraut, wonach der djihadistische Islamismus einen neuen Totalitarismus zum Ausdruck bringt. Diese Deutung erfolgt in der Tradition von Hannah Arendt, Karl Popper und Max Horkheimer. Diese neue islamisch begründete Weltanschauung zu kritisieren, hat mit Islamophobie oder dem „Feindbild Islam“ nichts zu tun. Stets muss folgender Unterschied angeführt werden: Als Glaube ist der Islam eine göttliche Religion, wohingegen der politische Islam eine politische und totalitäre – gleichwohl religiös begründete – Ordnungsvorstellung ist.

Die Ansprüche des politischen Islam als Neoabsolutismus betreffen Europa, ja den gesamten Westen in existentieller Art und Weise. Politisch korrekte Europäer verdrängen entweder diese Bedrohung als Ganzes oder sie pflegen sie als Vorurteil herunterzuspielen. Hiervon abweichend stellte der Generalbundesanwalt Kay Nehm auf einem Berliner Symposium für Terrorismus-Experten richtig fest, dass es bei der deutschen Bevölkerung an einem „Bewusstsein für die Gefahr, die von islamistischen Gruppen ausgeht“[3], mangelt. Entsprechend wird der Kontext der Bedrohung durch terroristische Taten, wie Nehm zu Recht beklagt, nicht begriffen. Die Gründe hierfür sind vielfältiger Natur. Der wichtigste darunter ist das Fehlen des erforderlichen Wissens über Djihad und Djihadismus. Der 11. September wurde von seinen Urhebern als ein Akt des Djihad in der neuen Deutung des Djihadismus begriffen und auf diese Weise ausgeführt. Von diesem politischen Faktum, das man durch „deutsches Verschwörungsdenken" (Die Zeit vom 24. 7. 2003, S. 5) bestreitet, geht dieses Kapitel aus.

Lange vor dem 11. September haben weltweit zahlreiche terroristische Attentate im Namen des Djihad stattgefunden. Sie haben vermutlich deshalb wenig Beachtung in der Weltöffentlichkeit nach sich gezogen, weil die Opfer – zum Beispiel in Algerien – Muslime waren. Wenn hierüber berichtet wurde, dann geschah dies stets gleichermaßen sensationsheischend und kontextfrei. Dadurch, dass sie stets als tagespolitische Nachrichten am Rande konsumiert wurden, gerieten sie in der Regel kurz nach deren Geschehen in Vergessenheit. Nur selten hat sich ein Journalist die Mühe gemacht, die entsprechenden Zusammenhänge zu erklären. Selbst die Aufregung über die von mir als Kriegserklärung des islamischen Neo-Djihad diagnostizierte „Operation 11. September" war in Deutschland – anders als in den USA – nicht von Dauer. Als die Irak-Krise unmittelbar darauf begann, wurde die aus ihr hervortretende sicherheitspolitische Situation falsch wahrgenommen und in den Medien entsprechend dargestellt. Einige Publizisten gingen dazu über, den Terrorismus als Protest der Armen gegen die „Globalisierung" herunterzuspielen. Vertreter dieser Position bemitleideten die Djihad-Terroristen als „Opfer des Westens", wohingegen die Schutzmaßnahmen für die amerikanische Bevölkerung als „Vergeltung" verworfen wurden. Bei einer derartig schiefen Wahrnehmung kann kein angemessenes Bewusstsein über die real bestehende Bedrohung des neuen Totalitarismus entwickelt werden. Leider wurde die falsche Irak-Politik der Bush-Administration zum Anlass genommen, alles auf den Kopf zu stellen und die Gefahr in den USA anstatt im neuen Totalitarismus zu sehen. Schließlich kam sogar die geradezu perverse Version auf, beim 11. September handele es sich um eine „Verschwörung" von US-Nachrichtendiensten, um die darauf folgenden Kriege zur Zementierung der amerikanischen Weltherrschaft zu legitimieren. Da erübrigt sich jeder Kommentar.

Die bestehende Fehlwahrnehmung im Rahmen der Verschwörungstheorie verringert das Bewusstsein für die Bedrohung und wird gefördert durch das geringe Wissen über andere Kulturen und Zivilisationen. Mit dieser Ignoranz korrespondiert die deutsche Gesinnungsethik, die das Vorhandensein von Zivilisationskonflikten bestreitet. So verwandelt sich in der bestehenden Wahrnehmung der Konflikt zwischen demokratischem Frieden und Totalitarismus in einen solchen zwischen Globalisierung und ihren Gegnern.

Wenn wir uns auf seriöser Grundlage dem Islam zuwenden, werden wir feststellen, dass es hierzulande eine Wissenschaftsdisziplin gibt, die sich mit dem Islam befasst, nämlich die deutsche Islamkunde. Jedoch ist sie eine reine Philologie und deshalb kaum zum besseren Verständnis des politischen Islam und seines Djihadismus geeignet.

Ein Islamkundler sagte der Düsseldorfer *Rheinischen Post*, seine Wissenschaft, also die philologische Islamkunde, befasse sich nur mit dem klassischen Islam, und fügte hinzu: Der Fundamentalismus im Islam sowie seine Erscheinungsformen gehörten nicht zum Gegenstand dieser Disziplin. Weiter führte er aus: Nach dem 11. September seien viele neue Studenten hinzugekommen, die durch das Ereignis motiviert waren. Diese Studenten der Islamkunde hätten nach jenem Bericht enttäuscht festgestellt, dass ihr Studium wenig mit dem aktuellen Phänomen des islamischen Fundamentalismus zu tun habe, und seien dann abgewandert. Eines ist klar: Mit altorientalischer Philologie[4] kann keiner die religiös-politische Erscheinung des Djihadismus erklären.

In diesem Kapitel über den übergeordneten Kontext des 11. September gehe ich deshalb auf diesen beklagenswerten Zustand ein, weil sich somit die Erkenntnis verbreitet, wie wenig man in Europa über die bevorstehende Bedrohung der offenen Gesellschaft weiß. Das ist keine akademische Frage und es ist bedauerlich, wie wenig unsere Universitäten und Medien über die Gefahren des neuen Totalitarismus für die offene Gesellschaft zu sagen haben. Die offene Gesellschaft ist eine Garantie für Freiheit und Demokratie. Wie sie einst gegen den Hitler-Faschismus und Stalin-Kommunismus verteidigt werden musste, muss sie heute vor dem Djihad-Terrorismus des politischen Islam geschützt werden.[5] Das ist der übergeordnete Kontext des 11. September, der im Mittelpunkt dieses Kapitels steht.

Nicht nur für den Westen, auch für Muslime ist der Djihadismus des politischen Islam eine Bedrohung, weil er ihnen den Anschluss an die Welt versperrt und eine bessere Zukunft verschließt. Muslime können ohne Freiheit und Demokratie keine bessere Zukunft haben. Der Islamismus wird dies jedenfalls nicht bieten. Ein Zeichen für ein besseres Bewusstsein setzte am 11. September 2002 die islamische Universität von Jakarta, indem sie eine große medienbegleitete Veranstaltung zum Jahrestag des 11. September 2001 mit der Absicht durchführte, demokratischen Frieden zwischen den Zivilisationen zu stiften. Hierbei sollten auch Schlüsse für das benötigte friedliche Zusammenleben zwischen dem Westen und der Welt des Islam gezogen werden. Dort sprach auch der große indonesische Islamreformer Abdulrahman Wahid[6], der es trotz aller Hürden – einschließlich seiner körperlichen Behinderung – schaffte, Staatspräsident seines Landes zu werden. Leider wurde er einige Monate vor dem 11. September durch eine Intrige der im politischen System einflussreich wirkenden institutionellen Islamisten – darunter befindet sich auch der Parlamentssprecher Armien Rais[7], der zum 11. September geschwiegen hat – abgesetzt. Der aufgeklärte Muslim Abdulrahman Wahid sprach auf der angeführten Dialogveranstaltung zum Gedenken des 11. September und trat nicht nur für einen offenen Islam, sondern auch für einen verantwortungsvollen Dialog zwischen den Zivilisationen ein. Das Adjektiv „verantwortungsvoll" ist in diesem Zusammenhang keine sprachliche Redundanz: Viele unter „Dialog" geführte Veranstaltungen erfüllen diese Tugend nicht. Sie finden oft nur in Form mediengerechter „Events" statt, die nicht aufrichtig sind und nur als „verlogen"[8] bezeichnet werden können. Zu den Lehren des 11. September gehört die Erkenntnis, dass wir Alternativen zu diesem abgenutzten Dialogmuster benötigen, um den eingetretenen Schaden zu mildern. Dialogpartner müssen auch die Gefahren des neuen Totalitarismus ansprechen.

Im weltpolitischen Alltag ist der neue Totalitarismus wenig zu spüren, wohl aber seine djihadistische Bedrohung. Auf den 11. September folgten im Jahre 2002 in kurzen Abständen die Terroranschläge von Djerba/Tunesien, der Angriff auf den französischen Öltanker im Jemen, der Massenmord von Bali, die Geiselnahme der gesamten 850 Zuschauer eines Moskauer Theaters und nicht zuletzt die eskalierende Auseinandersetzung in Palästina/Israel sowie die Mordanschläge von Mombasa/Kenia im November 2002. Dazu kommt die Djihad-Gewalt in Kaschmir, Tschetschenien und Xinjiang. Im Jahre 2003 folgten die Anschläge in Casablanca und Riad und wieder in Tschetschenien und Israel. Die meisten dieser Horrorgeschehnisse wurden – bis auf Palästina – nachweislich von der al-Qaida-Connection geplant und durchgeführt. Und dennoch ließen die Verschwörungstheorien in Deutschland nicht nach. Die Djihad-Kämpfer betrachten den 11. September als djihadistische Kampfansage, die als Warnung ins Gedächtnis der Weltöffentlichkeit eingehen soll. Was *Hamas* und *Djihad Islami* in Israel tun, gehört auch zur Kategorie des Djihad-Terrorismus, hat jedoch mit al-Qaida nichts zu tun. Das ist ein anderes Thema.

Die Gefahr, die uns heute begegnet, ist, dass sich Terroristen chemische und biologische Massenvernichtungswaffen aneignen können und entsprechende Anschläge damit planen.[9] Sollte der Djihadismus in Fortsetzung des 11. September diese Dimension erlangen, würden Horrorszenarien entstehen, die der westlich-islamischen Beziehung einen großen Schaden zufügen könnten.

Wir müssen an der Möglichkeit eines Dialogs festhalten und es hierbei wagen, Tabuthemen anzusprechen. Ich erlaube mir, hier von Dialogerfahrungen nach dem 11. September zu berichten: Im September 2002 habe ich gegen eine Tabuisierung argumentiert und mich dafür eingesetzt, einen solchen Dialog in die Thematik aufzunehmen und rückblickend über die *„obstacles and solutions*/Hindernisse und Lösungen" (so der Titel der Jakarta-Veranstaltung) gemeinsam nachzudenken. Der djihadistisch zugespitzte politische Islam bzw. der Islamismus steht im Wege der Etablierung eines demokratischen Friedens zwischen den Zivilisationen.[10] Vor der Abreise nach Jakarta im September 2002 durfte ich an einem anderen interzivilisatorischen Dialog anlässlich des 11. September im dänischen Odense mitwirken. Die dortige Universität bot das Veranstaltungsforum und das dänische Außenministerium sowie eine Reihe von US-Stiftungen förderten finanziell die teilnehmenden Wissenschaftler. Über die allgemeine Ebene des Zivilisationskonfliktes hinaus ging es in Odense auch um regionale Konflikte (vorrangig: Palästina/Israel), die in den Zivilisationskonflikt eingebettet sind. Zu den Dialogthemen gehörte die als Elend zu bezeichnende politische und ökonomische Situation in der arabischen Welt, der Islamismus sowie der fundamentalistische Staat Iran. Kritische iranische Wissenschaftler durften Mohammed Khatamis Konzept vom „Dialog zwischen den Zivilisationen" erläutern. Dies war auch der Titel der Veranstaltung, auf der ich die Eröffnungsrede mit dem Titel *„Dialogue between Conflict Resolution and Defensive Cultural Accusations"* halten durfte. Hierbei geht es um das Pendeln der Muslime zwischen der Bemühung um eine friedliche Konfliktlösung und dem Beharren auf defensiv-kulturellen Schuldzuweisungen an den Westen. Diese Beobachtung werde ich im Laufe dieses Kapitels zu einer These zuspitzen. Ich führe den Odense-Dialog nur deshalb an, weil sich zwischen diesem und der Veranstaltung in Jakarta – besonders unter Berücksichtigung des 11. September und des westlich-islamischen Verhältnisses – eine positive Verbindungslinie ziehen lässt.

Leider sind heute zwei konträre Trends festzustellen: Der Schock des 11. September hat zum Nachdenken veranlasst und die Option des Dialogs vergrößert, aber der Irak-Konflikt und der daraus hervorgetretene Krieg haben dem Geist des Dialogs auf beiden Seiten sehr geschadet. Diese kritische Einschätzung darf nicht vom falschen Dialogverständnis der protestantischen Kirche ablenken. Es ist richtig, dass die Auswüchse aus dem wirtschaftlichen Elend im Dialog angesprochen werden müssen, aber das Vorhandensein einer Weltanschauung, die nicht nur aus diesem Konflikt hervorgeht, sondern ihn auch zementiert, darf nicht übersehen oder gar verschwiegen werden. Ich habe bereits in Kapitel I erläutert, wie jede Religion weltanschauliche Fundamente kultiviert. Diese korrespondieren mit Weltbildern und lassen sich nicht auf Politik und Ökonomie reduzieren. Der Fundamentalismus als neuester „Ismus" beruft sich selektiv auf diese weltanschaulichen Fundamente, politisiert sie und stilisiert sie hoch zu einem neuen Totalitarismus. Diese zeitgeschichtlich relativ neue Entwicklung verrät eine Verbindung zwischen Moderne und Fundamentalismus, denn dieser ist Ausdruck einer defensiv-kulturellen Reaktion auf die kulturelle und institutionelle Moderne.[11] Diese Reaktion hat jedoch ihre weit in die Geschichte zurückreichenden weltanschaulichen Wurzeln. Neu im Kontext des 11. September ist die Militarisierung dieser Defensivkultur und die Internationalisierung des Djihadismus sowie der aus ihr hervorgehenden Bedrohung für den Weltfrieden. Damit hängt zusammen, dass die Herausforderung des Islamismus eine militärische Dimension umfasst, die ein neues sicherheitspolitisches Denken erfordert.[12]

Gegen meine Deutung des 11. September als Zeichen einer strukturellen Erscheinung kann nicht nur angeführt werden, dass es sich hierbei lediglich um einen verzweifelten Akt der Islamisten handelt. Man kann auch hinzufügen, wie jüngst ein Anfänger-Historiker in einem Magazin geäußert hat, dass wir kaum etwas über den 11. September wüssten. Ich antworte, dass sich die Geschichts- und Sozialwissenschaften verändern müssen. Obwohl ich Abstand vom Dogma der Historiker nehme, dass man nur über abgeschlossene Phänomene wissenschaftlich arbeiten könne (seit mehr als zwei Dekaden arbeite ich in meiner Forschung über den Fundamentalismus als zeitgeschichtliche Erscheinung), bestehe ich darauf, dass der hier zu untersuchende Gegenstand nicht ohne fundierte wissenschaftliche Kenntnisse analysiert werden kann. In den fünf Bänden des *›Fundamentalism Project‹* der American Academy of Arts and Sciences

(1991–1995) ist bewiesen worden, dass diese Voraussetzung erfüllt werden kann.[13] Die Autoren der fünf Bände unterscheiden sich von solchen deutschen „Experten", die über den Islam hierzulande schreiben und die öffentliche Meinung beeinflussen, darin, dass sie die Sprachen und Kulturen der Welt kennen und ihr Wissen jeweils vor Ort erworben haben. Ich bedaure feststellen zu müssen, dass solche Voraussetzungen in vielen deutschen Büchern über diesen Gegenstand schlicht fehlen. Zusammenfassend lässt sich sagen, dass der 11. September keine verzweifelte Handlung von Menschen war, die sich dem im Niedergang befindlichen Islamismus verschreiben. Fakt ist, dass zum Jahrestag des 11. September und im darauf folgenden Oktober 2002 die Welt mehrfach gesehen hat, dass al-Qaida[14] weiterhin in 60 Ländern existiert und aktiv vernetzt ist. Ebenso sichtbar und wirksam ist die Bewunderung der Symbolfigur Bin Laden in der Welt des Islam, von Südostasien bis Ostafrika, wo man auf den Straßen Jugendliche sehen kann, die stolz mit Bin-Laden-Shirts posieren. Wie bereits mehrfach angeführt, hat dieser Antiamerikanismus wie auch generell die antiwestliche Haltung in der islamischen Zivilisation durch den Irak-Krieg einen weiteren Schub bekommen, wurde jedoch nicht durch ihn verursacht. Dies muss festgehalten werden. Der Antiamerikanismus floriert allerdings auch in Deutschland und so lässt sich mit Dan Diner fragen, ob diese Einstellung nicht eher doch gegen die Verwestlichung (wird verwechselt mit Amerikanisierung) Deutschlands gerichtet ist.[15]

In der Welt des Islam ist der Antiamerikanismus symbolisch gegen den gesamten „*al-Gharb*/Westen" gerichtet; er wird punktuell durch Bin Laden verkörpert. Wer sich gegen den Westen erhebt, ist im Orient „mannhaft". Dies veranschaulicht folgender „orientalischer Witz", der weit verbreitet ist. Um diesen in der ganzen arabischen Welt kursierenden Witz, der das hohe Ansehen Bin Ladens anschaulich vermittelt, zu verstehen, muss man zunächst wissen, dass Araber ihre kulturell-patriarchale Einstellung von „*al-Muru'a*/ Mannhaftigkeit" pflegen. Also: Eine Frau will in Kairo provokativ eine Männertoilette betreten. Der Wächter hindert sie daran mit der Begründung: „Nur für Männer!" Daraufhin fragt die Dame herausfordernd: „Wieso, ist Bin Laden drin?" „Nein!", antwortet der Wächter, woraufhin die Frau erwidert: „Dann kann ich ja die Toilette betreten."

Die Implikation dieses 11. September-„orientalischen Witzes" ist, dass es außer Bin Laden keine Menschen, also Männer in der arabisch-islamischen Welt gäbe, die „*Muru'a*/Mannhaftigkeit" besitzen.

Mit diesem „Witz“ kommt die kulturelle Haltung zum Ausdruck, wonach nur derjenige als „Mann“ gilt, der dem Westen Paroli bietet, und dieser sei symbolisch nur Bin Laden. Der djihadistische Mut Bin Ladens steht symbolisch für die „*Muru'a*/Mannhaftigkeit“. Wer Djihad betreibt, ist „mannhaft“.

Jenseits aller Mystifizierung wissen wir aus Kapitel III, dass der Djihad-Terrorismus weder mit al-Qaida noch mit Bin Laden begonnen hat, auch die orientalische Despotie wurde nicht von Saddam in die arabische Welt eingeführt. Lange vor al-Qaida hat der nichtarabische Iran den Terror als Instrument eingesetzt, um seine „islamische Revolution“ als Modell in die benachbarten islamischen Länder zu exportieren.[16] Doch sind der Djihadismus und sein Ursprung, also der islamische Fundamentalismus, in der sunnitisch-arabischen Welt und nicht speziell im schiitischen Iran Khomeinis entstanden, wie westliche Medien seit der islamischen Revolution der Ayatollahs suggerieren. Diese „Revolution“ im Iran hat lediglich zur Neubelebung islamistischer Ansprüche in der Weltpolitik beigetragen und dem sunnitischen Islamismus auch dadurch Aufschwung gegeben, dass die Fundamentalisten in der Lage waren, einen „Regimewechsel“ herbeizuführen. Wie in den vorangegangenen Kapiteln gezeigt wurde, gehen die ersten Formulierungen politischer Ansprüche des Islam auf die arabisch-sunnitischen Gründungsväter des politischen Islam, die Ägypter Hasan al-Banna und Sayyid Qutb zurück.[17] Bin Laden hat mit seiner al-Qaida die fundamentalistische Herausforderung zu ihren sunnitisch-arabischen Wurzeln zurückgebracht. Allerdings ist Bin Laden, obwohl Araber, vorrangig ein Internationalist, und die al-Qaida ist die erste Internationale des Islamismus. Sie verfügt über eine globale Vernetzung, die – wie bereits angeführt – etwa 60 Länder umfasst, zu denen auch Deutschland gehört.

Nach dem 11. September folgte im Oktober der Afghanistan-Krieg, in dem die dort bestehenden Ausbildungslager der al-Qaida im Zeitraum Oktober bis Dezember 2001 durch die US-Truppen und ihre westlichen Alliierten zerstört wurden. Dennoch besteht die globale Vernetzung dieser Bewegung ungebrochen weiter. Noch am 18. März 2002 hat die arabische Zeitung *al-Scharq al-Ausat* berichtet, dass während der Zerstörung der 55 al-Qaida-Militärbasen in Afghanistan viele dort ausgebildete Djihadisten nach Südostasien geflohen sind.[18] Der *Spiegel* berichtete mehrfach, dass einige davon auch nach Deutschland kamen.

Als ich im September 2002 in Jakarta war, schien dort an der

Oberfläche Ruhe zu herrschen. Aber in Interviews in der *Jakarta Post*[19] und im indonesischen Fernsehen verbreitete ich die mir vorliegende Information, dass der bewaffnete Arm der *Jama'a Islamiyya* – zu welcher auch *Laskar Jihad* gehört – bereits auf der Lauer liege. Ich stieß zunächst auf Widerspruch, doch am 12. Oktober 2002 schlugen die indonesischen Djihadisten auf Bali zu. Die Botschaft hieß „Bin Laden lässt grüßen!". Gegen diesen aus der arabischen Welt nach Indonesien eingeführten Djihad-Islamismus muss ich den sehr toleranten indonesischen Islam hervorheben.[20]

Nach Bali folgten Anschläge auf den Philippinen, und im selben Monat führten die tschetschenischen Djihadisten in Moskau ihre Geiselnahme durch. Präsident Putin beschuldigte al-Qaida und ihr *„supporting system"* im Westen – die Experten gaben ihm Recht. Die unterstellte Verbindung zur al-Qaida war keine russische Propaganda, sondern beruhte auf Fakten.[21] Im Dezember desselben Jahres war ich in Moskau und ließ mich von den Beweisen russischer Experten überzeugen, dass es sich bei den Moskauer Geiselnehmern um wahhabitisch orientierte Djihadisten handelte. Bei diesen tschetschenischen Terroristen verbindet sich allerdings – wie auch in anderen Fällen, etwa im Kaschmir-Konflikt – der universelle Djihadismus mit dem Partikularismus der Ethnizität. Im ersten Spiegel-Heft 2003 wurde berichtet, dass der saudische Djihadist Abu al-Wahid mit Rang eines Vizekommandeurs der Djihadisten als Verbindungsmann der al-Qaida zu den Tschetschenen dient. Sowohl in Indonesien als auch in Tschetschenien ist der Djihad-Islamismus ein Import aus der arabischen Welt.

Nur sechs Tage vor dem Bali-Anschlag griffen Djihadisten den französischen Ölfrachter Limburg im Jemen an. Nicht unerwähnt bleiben soll der al-Qaida-Terroranschlag auf deutsche Touristen in einer Synagoge auf der tunesischen Insel Djerba. In Anbetracht der vielen Aktionsräume dieser Djihad-Terroranschläge stellt sich die Frage, ob es wirklich etwas Neues ist, dass sich das operative Gebiet al-Qaidas erweitert, also nicht nur die Touristeninsel Bali, sondern auch Moskau und Mombasa erreicht hat? Der Djihadismus ist international und seine fundamentalistische Weltanschauung ist universalistisch. Warum wird er von deutschen Publizisten, die sich als Experten ausgeben, in den deutschen Medien heruntergespielt?

Verweilen wir zunächst beim Anschlag auf Bali. Die indonesischen Politiker zeigten sich nach der Terrorattacke überrascht. Einleitend habe ich angeführt, dass die Indonesier am Jahrestag des 11. September 2002 ein positives Zeichen des Friedens setzten, indem sie in der indonesischen Hauptstadt Jakarta auf einer großen Veranstaltung der dortigen islamischen Universität zum Dialog der Zivilisationen aufriefen. Indonesische Politiker wollten jedoch damals die Warnungen nicht hören, dass das Phänomen ihr Land erfasst habe. Sie waren von der Idee, dass auch Sicherheitsfragen und Terrorismus zum Dialog gehören, nicht begeistert. Die politische Elite sowie die politische Klasse des Landes verurteilten zwar Bin Laden und sein Netzwerk und bekundeten ihr Mitgefühl mit den Opfern des Terrorismus. Sie bestritten jedoch, dass ihr Land Indonesien irgendetwas damit zu tun habe. Ebenso stellten sie die Beziehung zwischen al-Qaida-Terrorismus und dem Islam in Frage. Der international bekannte al-Qaida-Experte Rohan Gunaratna berichtet jedoch:

„Wenn auch die internationale Aufmerksamkeit auf den Führer der *Jama'a Islamiyya*, Abu-Bakar Beshir, gerichtet ist, der Mann, der die al-Qaida-Nester in der Region aufbaute, war Abdullah Sungkar ... Er floh 1995 nach Malaysia und begegnete Osama Bin Laden in Afghanistan. Danach arbeitete er unermüdlich für die *Jama'a Islamiyya* in Malaysia und überall in Südostasien. Nachdem Präsident Suharto zurücktrat, kehrte Sungkar mit Beshir nach Indonesien zurück und gründete den Rat der Mudjahidin, mit deren Hilfe die indonesische Djihad-Bewegung in Gang gesetzt werden konnte.“[22]

Nach Bali konnten die indonesische Regierung und ihre Justiz diese Zusammenhänge nicht mehr verleugnen und erhoben im April 2003 Anklage gegen Beshir und seine Mittäter, um nicht der Kollaboration mit Djihadisten bezichtigt zu werden. Damit gab man mir nachträglich Recht, nachdem ich in öffentlichen Auftritten im indonesischen Fernsehen sowie in der Presse auf die indonesischen Zellen der al-Qaida als Teil des Netzwerkes hingewiesen hatte. Die „*Laskar Jihad*/Soldaten des Djihad“ sowie die *Jama'a Islamiyya* des Imam Abu-Bakar Beshir gehören hierzu. Es liegen fundierte Berichte vor, dass der bewaffnete Arm der *Jama'a Islamiyya* ca. 600 Djihadisten umfasst, von denen viele in den früheren Bin-Laden-Lagern in Afghanistan ausgebildet wurden. Abu-Bakar Beshir reiste seinerzeit von seinem malayischen Exil mehrfach nach Afghanistan und traf sich mit Bin Laden, bevor er nach dem Sturz Suhartos unbehelligt nach Indonesien zurückkehren konnte. Schon vor dem Terroranschlag von Bali stand die indonesische Regierung unter politischem Druck zu handeln.[23]

Auf Bali sowie auf den anderen Inseln agieren bis heute Terrorzellen der al-Qaida. Der professionell vorbereitete Anschlag auf Bali steht klar in einer Reihe mit dem zuvor stattgefundenen Terroranschlag von Djerba und dem darauf folgenden im Oktober 2002 in Moskau. Dies zeugt von einem globalen Charakter der neuen Bedrohung. In diesem Lichte stellt sich die Frage, wie der Westen auf die terroristische Herausforderung des Islamismus angemessen reagieren kann. Bei diesem Djihad-Terrorismus handelt es sich um einen „irregulären Krieg“[24] als militärisches Instrument zur weltweit gewaltförmigen Durchsetzung der islamischen Ordnung. Ich erinnere nochmals daran, dass der Djihadismus aus dem Nahen Osten stammt. Die von den USA gezogene Verbindungslinie vom 11. September 2001 bis zum Irak-Krieg 2003 ist nicht aus der Luft gegriffen, so problematisch die US-Bush-Politik einzuschätzen ist.

Zu den benötigten Grundlagen für ein besseres Verständnis des Djihadismus gehört die Vermittlung der Art und Weise, wie terroristische Handlungen legitimiert werden. In der arabischen Zeitung *al-Hayat* wurde ein Text der Gruppe angeführt, die kurz vor dem Bali-Anschlag den Angriff auf den französischen Ölfrachter Limburg vor der Küste des Jemen ausführte. Hier heißt es, dass jene al-Qaida-Zelle unter der falschen Annahme gehandelt habe, das Angriffsziel sei ein US-Schiff gewesen. Hinzugefügt wird jedoch, dass trotz der Fehlinformation die Handlung als solche richtig gewesen sei. Die Begründung lautet, „*Millet al-Kufr*/die Gemeinschaft der Ungläubigen“ sei überall dieselbe, und gegen sie gelte es Djihad zu führen. Bin Laden selbst spricht von „*al-Kufr al-alami*/internationalem Unglauben“. Dementsprechend macht es keinen Unterschied, ob die Ungläubigen bzw. die Opfer US-Amerikaner, Franzosen, Australier (wie im Oktober 2002 auf Bali) oder Deutsche (wie auf Djerba) waren. Der Djihad-Terrorismus richtet sich gegen den Westen als Zivilisation des Unglaubens, also nicht nur gegen die USA. Heute wird dabei im Gegensatz zur klassischen Djihad-Doktrin nicht mehr zwischen Soldaten und Zivilisten unterschieden. Die Bezeichnung der „Ungläubigen“ als Feinde verrät eine religiös-politische Weltanschauung und zeigt deutlich, dass es nicht um den Widerstand gegen die ökonomische Globalisierung geht. Wenn meine Leser das Vorherrschen dieser dichotomischen Aufteilung der Welt in „Gut und Böse“ (Glaube und Unglaube) bei den Islamisten ernst nehmen und sie als djihadistische Weltanschauung verstehen, können sie nachvollziehen, warum eine als Entsaddamisierung beabsichtigte Demokratisierung scheitern muss, wenn sie von außen, vom Westen, dem erklärten Feind des Islam, kommt.

Russland gehört nicht zur westlichen Zivilisation, dennoch wird es zur „*Millet al-Kufr*/Gemeinschaft der Ungläubigen“ gezählt und somit in die „Welt der Ungläubigen“ eingeordnet. Als tschetschenische Fundamentalisten im Oktober 2002 das Moskauer Theater besetzten, wurden alle Personen, die nachweislich Muslime waren, freigelassen. Dagegen behielt man alle anderen Geiseln, gleich ob sie Russen oder Westeuropäer waren, ein. Die Begründung wird in der Sprache des politischen Islam vorgetragen und bringt den das 21. Jahrhundert charakterisierenden Zivilisationskonflikt zum Ausdruck. Der Djihadismus ist die kriegerische Artikulation des politischen Islam. Auf Internetseiten tschetschenischer Fundamentalisten (etwa die inzwischen nicht mehr im Netz befindliche www.kavkaaz.org) befanden sich 2002 auf Startseiten Bilder von Bin Laden und dem Jerusalemer Tempelberg.[25] Dies erklärt auch, dass der palästinensische Jordanier Khattab von al-Qaida zu den Anführern der Tschetschenen gehört. Bei meinen Moskauer Gesprächen mit russischen Experten im Dezember 2002 war ich erstaunt zu vernehmen, dass diese ihr Land, also die Russische Föderation, im „Krieg gegen den Terrorismus“ dem westlichen Lager zuordnen und entsprechendes sicherheitspolitisches Denken pflegen. Dies gehört zu den Folgen des Endes der Bipolarität, also zu einem Prozess, bei dem sich die Fronten verschoben haben.

Aus der Retrospektive des 11. September ist zu fragen, wie die djihadistische Bedrohung im Westen angemessen verstanden wird. Ich wiederhole meine Position, dass der Irak-Krieg die Sicht der Lage vernebelt hat. Das ist vor allem durch die Polarisierung der Bush-Regierung geschehen. Dies war die falsche Strategie, weil der Westen hierdurch den Djihad-Terroristen in die Hände spielt und somit ungewollt das mobilisierte Fußvolk vergrößert. Das bedeutet nicht, dass Gewalt kein legitimes Mittel gegen den Djihad-Terrorismus sein kann. Anders als pazifistische – und sich durch ihre Äußerungen als „Gutmenschen“ qualifizierende – deutsche Intellektuelle stimme ich der Deklaration von 60 der führenden amerikanischen Denker – darunter Michael Walzer und Amitai Etzioni –, die in der *New York Times* unter dem Titel *„What we are fighting for?“*[26] veröffentlicht wurde, zu. Danach gilt militärische Gewalt gegen den Terrorismus als „*just war*/gerechter Krieg“. Michael Walzer gehört zu den Theoretikern dieses Kriegstyps, hat aber wie ich den Irak-Krieg für einen „ungerechten Krieg“ gehalten.[27]

In der Abwehr des irregulären Kriegs der Djihadisten nützt kein Pazifismus, und Gewaltanwendung gegen die Terroristen ist in diesem Sinne ein gerechter Krieg. Jeder Krieg – gleich ob regulär oder irregulär – benötigt Logistik, die kann für die Djihadisten auch nichtmilitärischer Natur sein. Auch zwei Jahre nach dem 11. September 2001 wollen viele Europäer nicht wahrhaben, dass Europa im Zeitalter der Migration als logistischer Standort für die djihadistischen Aktivitäten dient. Die westeuropäische Islam-Diaspora ist das Gewässer, in dem die vielen Fische der al-Qaida sicher schwimmen können.[28] Der US-Sicherheitsexperte Michael Radu hat unterstrichen, dass „al-Qaida ihre Kämpfer unter nicht assimilierten islamischen Migranten in Westeuropa rekrutiert, die Europa in den vergangenen zwei Dekaden hineingelassen hat“[29]. Radu fügt hinzu, dass viele „Menschenrechtsgruppen“ in naivster Weise Rückendeckung für die Handlungsfreiheit dieser Islamisten bieten. Die Tatsache, dass al-Qaida in der westlichen Islam-Diaspora rekrutiert, macht deutlich, dass die Bush-Doktrin vom „Kampf gegen Terroristen und gegen Staaten, die ihnen Unterschlupf bieten“ nicht praktiziert werden kann. Die USA können die Moscheen von Hamburg nicht bombardieren, in denen die Rekrutierung für den 11. September erfolgte. Das Land Hamburg bietet ungewollt einen rechtsstaatlich geschützten Unterschlupf für die Djihadisten. Generell kann mit Flächenbombardierung und traditionell-militärischer Muskelschau ein *„War on Terrorism“* nicht gewonnen werden. Eine neue Sicherheitspolitik[30] ist vonnöten. Die US-Administration von Bush hat nach dem Krieg im Irak gezeigt, dass eine solche Politik nicht erkennbar entwickelt worden ist. US-Politiker waren völlig von den darauf folgenden Entwicklungen und Terroranschlägen, auf die sie nicht vorbereitet waren, überrumpelt.

Zu den Lehren des 11. September gehört der Bedarf an neuen sicherheitspolitischen Überlegungen. Darüber hinaus ist es wichtig, mit der höchst sensiblen öffentlichen Meinung in der Welt des Islam – die eher Bin Laden und Saddam als den USA zugeneigt ist – entsprechend behutsam umzugehen, um nicht zu einer weiteren Verschärfung des Antiamerikanismus beizutragen. Durch falsche Politik forciert man den ohnehin stark verbreiteten Islamismus. In der Diskussion über eine geeignete Reaktion auf die terroristische Bedrohung des Djihadismus muss auch die islamische Wahrnehmung mit einkalkuliert werden. Ein solches Vorgehen vermisse ich bei Präsident Bush und seinen Beratern. Dennoch muss ich klarstellen, dass die antiwestliche Orientierung vieler Muslime weder mit der amerikanischen Hegemonialpolitik noch mit dem Unilateralismus von Präsident Bush[31] erklärt werden kann.

Es gibt eine bestimmte Einstellung in der islamischen Welt weit in die Geschichte zurückreichende Ursachen hat. Damit m ich den in der islamischen Weltanschauung verankerten Glauben an die moralische Überlegenheit der Muslime gegenüber dem militärisch und ökonomisch führenden Westen. Solange nicht ein Reform-Islam diese Einstellung überwindet, werden die Amerikaner lediglich stellvertretend als Angriffsobjekt für die gesamte westliche Zivilisation dienen. Antiamerikanisch orientierte Europäer sollten wissen, dass der Djihadismus am 11. September eine symbolische Bekundung eines Aufstandes gegen den Westen und seine Werte war. Der neue Djihad-Totalitarismus richtet sich gegen die westliche Demokratie als Ordnungsprinzip der Welt. Das ist nicht mehr und nicht weniger ein Drang nach Entwestlichung, also Enteuropäisierung der Welt. Der Westen ist in Europa geboren. Europa hat das Recht, sich gegen amerikanische Hegemonialansprüche einer *Pax Americana* zu wehren, muss aber dabei Balance bewahren und darauf achten, nicht in einen Antiamerikanismus abzugleiten. Nur ein einheitlicher Westen kann die Gefahr des neuen Totalitarismus abwehren. Denn die angestrebte *Pax Islamica* bietet keine Lösung für die Probleme, die eine *Pax Americana* verursacht.

2. Kann der Krieg gegen den Djihad-Terrorismus gewonnen werden? Vom Überleben der al-Qaida zum Niedergang Saddam Husseins

Die zentrale Frage, wie und ob der Westen gegenüber dem neuen Totalitarismus und seinem Djihad-Terrorismus vorgehen kann, lässt sich aus verschiedenen Gründen nicht leicht beantworten. Das erklärte Ziel von US-Präsident Bush, *to eradicate terrorism*, also die neue weltpolitische Bedrohung auszurotten, ist mit konventionellen militärischen Mitteln nicht erreichbar. Der irreguläre Krieg kann eingedämmt, nicht jedoch militärisch gewonnen werden. Es ist aber durchaus machbar, eine der wichtigsten Stützen des Terrorismus, nämlich dessen *„supporting systems“* (dazu gehört die nichtmilitärische Logistik der al-Qaida in Westeuropa) zu unterminieren. Die politische Strömung des neuen Totalitarismus kann jedoch nicht militärisch besiegt werden. Die Bilanz lautet heute: al-Qaida hat überlebt, Saddam ist untergegangen.

Eines der größten Probleme besteht darin, dass der neue Totalitarismus und sein irregulär-militärischer Zweig des Djihad-Terrorismus aus einer Zivilisation in einer Epoche der Weltpolitik, die vom *„cultural turn"* bestimmt wird, hervorgehen. Der Westen überschreitet hier kulturelle Grenzen. Der größte Fehler wäre, sich mit dem Islam anzufeinden und hierbei eine ganze Zivilisation gegen sich aufzubringen. Ein anderes zentrales Problem hängt damit zusammen, dass sich die Logistik des Djihad-Terrorismus im Westen befindet. Im Kampf dagegen sind rechtsstaatliche Standards zu wahren, aber dennoch müssen hier und dort Abstriche gemacht werden. Mit Rechtsformalismus kommt man gegen al-Qaida-Zellen im Westen nicht an. Die in kurzen Abständen in der deutschen Presse zu lesende Nachricht lautet häufig: „Polizeiaktion gegen Islamisten und islamische Zentren" (etwa 2002 in Hamburg, Münster oder Minden). Einen Tag später liest man, die Verdächtigen seien wieder „auf freien Fuß gesetzt". Das ist frustrierend für die ermittelnden Sicherheitskräfte, die bei der Erfüllung ihrer Aufgabe am Rechtsformalismus der Justiz scheitern, gewaltbereiten Islamisten das Handwerk zu legen.

An einer anderen Stelle habe ich den Unterschied zwischen Dekolonisation und Islamismus hervorgehoben. Die Islamisten sind nicht nur gegen die Hegemonie des Westens, sondern auch generell gegen westliche Werte. Dagegen haben Antikolonialisten gerade auf westliche Werte zurückgegriffen. Islamisten sind auch gegen den Rechtsstaat und seine demokratischen Grundlagen. Sie haben aber keine Hemmungen, die Rechtsstaatlichkeit zu ihrem Schutz instrumentell in Anspruch zu nehmen. In diesem Sinne habe ich in einem Kommentar die Formel „Der Rechtsstaat schützt die Islamisten"[32] geprägt. Die Terrorismus-Bekämpfung zwingt zu Abstrichen, die hingenommen werden müssen, wenn der Djihad-Terrorismus effektiv bekämpft werden soll. Frankreich und Großbritannien haben vorbildhaft gezeigt, wie dies geht. In deutschen Kommentaren und Büchern wird dagegen der zur Abwehr greifende Rechtsstaat, nicht jedoch die djihadistische Bedrohung ins Visier genommen.[33] Die Gegner des Islamismus in Europa müssen nicht nur die Gewalt der Djihadisten, sondern auch Richter und Staatsanwälte fürchten und darüber hinaus noch damit rechnen, durch manche Publizisten mit der Keule „Feindbild Islam" verhauen zu werden.

Erschwert wird der Kampf des Westens gegen den Terrorismus durch das Spiel mit der Selbstviktimisierung der Islamisten, d.h. durch das Taktieren mit dem islamischen Selbstmitleid und der „Opferrolle".[34] Die Kritik hieran sollte auch von nüchtern denkenden Muslimen selbst vorgetragen werden, sie erfolgt aber leider nur sehr selten. Der Westen muss im eigenen Interesse ohne Tabus eine sicherheitspolitische Diskussion über die Gefahren des neuen Totalitarismus führen. Doch sollte er darauf achten, Muslime emotional nicht zu verprellen, andernfalls werden sie defensiv-kulturell. Bei einer Polarisierung besteht die Gefahr, dass die Muslime zum fundamentalistischen, also islamistischen Lager überlaufen. Das bedeutet jedoch nicht, sich auf das Spiel mit der Opferrolle und auf Schuldzuweisungen einzulassen. Der Westen wäre dann der Verlierer.

Der Krieg gegen al-Qaida ist nicht so leicht wie der gegen Saddam zu führen. Im Irak-Krieg konnten die USA konventionell-militärisch, nicht aber moralisch siegen. Denn die Islamisten haben es vermocht, westeuropäische Liberale und Pazifisten gegen die USA für sich zu gewinnen, weil die Bush-Administration in diesem Bereich sehr unsensibel handelte. Westler, vor allem Amerikaner, müssen die Tatsache verstehen: Im Gegensatz zum Despoten Saddam gilt die Person Bin Ladens als symbolische Kultfigur, die auch beim physischen Tod überleben würde. Nun kann selbst der verhasste Saddam als Symbol des Widerstands gegen die westliche Hegemonie dienen. Ohne islamische Freunde kann der Westen in dieser Situation keine Fortschritte gegen den Djihad-Terrorismus erzielen. Der Westen muss jedoch seinen islamischen Freunden klar machen, dass Sicherheitsfragen zum Dialog gehören und dass die Rhetorik der Selbstviktimisierung, die viele Muslime pflegen, zu den Hindernissen einer produktiven Zusammenarbeit gehört. Anders formuliert: Der Krieg gegen den Djihad-Terrorismus ist nur im engen militärischen Sinne eine sicherheitspolitische Problematik. Beim Irak-Krieg und seiner Vorgeschichte hat die Einsicht, dass das übergeordnete Ziel darin besteht, sich mit dem neuen Totalitarismus auseinander zu setzen, in Washington völlig gefehlt. Dies wird dadurch erschwert, dass die moralische Dimension des Krieges gegen den Terrorismus in die geistige Auseinandersetzung zwischen zwei rivalisierenden Zivilisationen eingebettet ist. Bei der Bewältigung dieser Aufgabe ist die vorherrschende öffentliche Meinung in Westeuropa wenig hilfreich. Einige Meinungsmacher in den Medien sehen eher in den USA als im Djihadismus den Feind. Hier möchte ich vor allem deutsche Intellektuelle in die Kritik einbeziehen. Der wichtigste von ihnen, Jürgen Habermas, hat bei der Annahme des Friedenspreises des Deutschen Buchhandels zunächst richtig festgestellt:

„Am 11. September … ist die Spannung zwischen säkularer Gesellschaft und Religion auf eine ganz andere Weise explodiert.“[35]

Genau dies ist der Kern der Problematik. Mit der zitierten Aussage spricht der große Denker unserer Zeit das tatsächliche Phänomen der Rückkehr des Sakralen an, weiß jedoch leider nur wenig über den Gegenstand und wie mit ihm umzugehen ist. Dies erklärt, warum er weder den in Kapitel II beschriebenen Prozess der Politisierung des Islam noch dessen Weiterentwicklung zu einem neuen Djihad-Totalitarismus versteht. Auf diese Weise bleibt ihm nur, die Abwehr der USA gegen den Terrorismus als „Sprache der Vergeltung …, in der der amerikanische Präsident … auf das Unfassbare reagierte“ (ebd.), zu verurteilen. Statt sich über die Politisierung des Islam, die in gewaltförmigen Djihadismus mündet, zu informieren, fordert er, Verständnis für „moralische Empfindungen, die bisher nur in religiöser Sprache einen hinreichend differenzierten Ausdruck besitzen“, aufzubringen, denn „sonst wird der Westen auch der arabischen … Welt als Kreuzritter … erscheinen“ (ebd.). Damit verrät Habermas, dass er den islamistischen Umgang mit der politischen Symbolik von „*Salibiyya*/Kreuzzüglertum“ nicht versteht.[36] Mit dem am Beispiel Habermas’ zitierten Zeitgeist kann Europa die Bedrohung des Westens durch den neuen Totalitarismus nicht abwehren. Ich fand es bedauerlich, dass Habermas die zitierten Sätze 2001 in der Paulskirche verkündete. Ende Mai 2003 ging er in dieser Richtung einen Schritt weiter und rief dazu auf, eine europäische Identität gegen die USA – wohl nicht gegen den neuen Totalitarismus – zu stiften. So zerfällt die klassische Front der Verteidigung der offenen Gesellschaft gegen ihre Feinde. Selbst Muslim, der seine geistige Erziehung in der Frankfurter Schule in den 60er-Jahren des 20. Jahrhunderts erhielt, fühle ich mich in dieser Situation eher als ein Anhänger Poppers denn als einer von Habermas.

In Bezug auf die deutsche Wahrnehmung der Bedrohung hat eine kritische deutsche Kommentatorin, Cora Stephan, zu Recht beklagt: „Was Dichter und Denker hierzulande unmittelbar nach dem 11. September verlautbarten, reicht von beschränkt bis skandalös“[37], und fährt fort, dass die „zwischen deutscher und amerikanischer Perspektive“ entstandenen „Missverständnisse“ in Wirklichkeit „weltanschaulicher bzw. kultureller Art“ sind. Die einen wollen sich verteidigen (vgl. Anm. 26), die anderen bieten Gesinnungsethik (vgl. Anm. 35)! In unserem Projekt *„Culture Matters“* an der Fletscher School/Tufts University hat der bekannte US-Soziologe Roland Englehard von *„value divide“* zwischen Europäern und Amerikanern gesprochen. Ein Höhepunkt dieser Entwicklung ist die Verbreitung der deutschen Wahrnehmung auf Websites und in Bestsellern, der 11. September sei eine Verschwörung des CIA und des Mossad.[38] In einigen Kreisen reichen hierbei Antiamerikanismus und Antisemitismus einander die Hände. Es wird unterstellt, die Geheimdienste CIA und Mossad hätten den 11. September inszeniert, um eine Grundlage für den Irak-Krieg zu schaffen, bei dem Blut für Öl gezollt wird. Mit einer diesen Geist vertretenden „Intelligenz“ wird der Westen die djihadistische Bedrohung weder verstehen noch abwehren!

Gegen müde Geister teile ich Michael Walzers Sicht, dass die Abwehr des Djihadismus ein „gerechter Krieg“ ist, und sehe keinen Widerspruch darin, zugleich die Irak-Politik von Präsident Bush abzulehnen. Der Irak-Krieg war keine Abwehr des Djihadismus. Wenn jedoch etwa Bundeskanzler Schröder im Wahlkampf September 2002 seine Unfähigkeit, wirtschaftliche Probleme des Landes zu bewältigen, mit den Folgen des 11. September überdeckt und später – laut Josef Joffe in der *Zeit* – einen „vercodeten Antiamerikanismus“ äußert, beginne ich Vorbehalte und Zweifel bezüglich meiner Wahlheimat Deutschland zu entwickeln. Neben der – wenn auch nicht ausschließlich – militärisch zu führenden Auseinandersetzung mit dem Djihadismus vom 11. September gibt es eine moralische Dimension. Die Frontstellung gegen den irakischen Despoten Saddam ist gerechtfertigt wie jene gegen das NS-Regime. Die Entdeckung der Massengräber im Irak untermauert diese Haltung. Der Irak-Krieg hat jedoch vom Krieg gegen den Terrorismus abgelenkt, ja diesem langfristig geschadet.

Im Mittelpunkt der moralischen Dimension stehen nicht nur normative Begründungszusammenhänge. Darüber hinaus gehört die oft gestellte Schuldfrage sowohl in Deutschland als auch in der islamischen Welt zu diesem Gegenstand. Die Frage der Moral und der Moralisierung wird bei den hier zur Diskussion stehenden weltpolitischen Konfliktpotentialen in die entsprechende Perzeption und Fehlperzeption[39] der Konfliktpartner eingebettet. Deshalb müssen wir Warnungen vor Fehlwahrnehmungen ernst nehmen, weil diese auf die Realität einwirken können. Ich werde im Folgenden drei kulturell unterschiedliche Sichtweisen, die ich als Wahrnehmungen klassifiziere, wiedergeben. Ich habe die unterschiedlichen Perzeptionen des 11. September jeweils vor Ort – im islamischen Zentralasien, den USA und in Europa – erleben können und möchte sie schildern.

3. Der 11. September und die Schuldfrage: Drei Sichtweisen als weltpolitische Perzeptionen

Bei den Erörterungen des 11. September ziehe ich eine Linie zur Überspitzung des Irak-Konflikts im Winter 2002/2003 bis zum Krieg vom März/April 2003. Ich verließ Europa im Februar 2003, und es war wohltuend, in Japan, in einer etwas entspannteren Lage die Konfliktsituation wahrzunehmen. Die Erstfassung dieses Kapitels entstand in Tokio. Zuvor erlebte ich den 11. September aus kulturell unterschiedlichen Perspektiven in ihren entsprechenden Perzeptionen. Am Tag des 11. September 2001 selbst war ich in einem islamischen Land, Usbekistan, wo ich im Rahmen der Arbeit des Goethe-Instituts dialogische Kulturarbeit betrieb. Auf Wunsch des usbekischen Gastgebers hielt ich auch Vorträge über die Gefahren des militanten Islamismus für das friedliche Zusammenleben der Zivilisationen vor islamischen Studenten der dortigen Elite-Ausbildungsstätten: Dazu gehören die islamische Universität von Taschkent und die Hochschule für Staats- und Gesellschaftsaufbau. Nach diesem Besuch wurde der Wunsch gemeldet, mein WBG-Buch „Fundamentalismus im Islam. Eine Gefahr für den Weltfrieden?“ in einer Übersetzung zugänglich zu machen. Mit Unterstützung von WBG und des Goethe-Instituts konnte dies verwirklicht werden.

Die usbekische Elite um Staatspräsident Islam Karimov empfand den Islamismus der damals noch im Bündnis mit al-Qaida herrschenden Taliban als Gefahr für die eigene Sicherheit, denn Usbekistan und Tadschikistan haben im Süden eine Landesgrenze mit Afghanistan. Im Ferghana-Tal agierten irreguläre Djihad-Krieger, die alle – etwa die *Islamische Bewegung Usbekistan*/IMU – auf allen Ebenen sehr enge Bindungen zu al-Qaida pflegten. Viele usbekische Djihadisten wurden in den afghanischen al-Qaida-Basen geistig und militärisch ausgebildet.[40] Schon lange vor Beginn des Afghanistan-Krieges am 7. Oktober 2001, als die USA eine internationale Koalition gegen die Taliban anführten, wussten Experten über das al-Qaida-Netzwerk in Zentralasien Bescheid. Auch vor dem 11. September war jedem durchschnittlich informierten Experten auf diesem Gebiet bekannt, dass das Netzwerk von al-Qaida darüber hinaus international organisiert war. In diesem Zusammenhang muss die Tatsache, dass die Mitglieder der Hamburger Zelle – wie andere Djihadisten aus aller Welt – regelmäßig nach Afghanistan reisten, erwähnt werden. Ehe die Hamburger Djihadisten in New York und Washington die Anschläge verübten, wurden sie als „Djihad-Colonels" von Bin Laden gesegnet. Mich traf der 11. September – wie erwähnt – in meinem Gastland Usbekistan, wo südlich im usbekischen Ferghana-Tal die Djihadisten ihre terroristisch-militärischen Schlupfwinkel hatten. Von dort aus bereiteten sie die erörterte Form des Neo-Djihad-Krieges, der irregulär geführt wird, vor. Die Weltanschauung des Djihadismus haben wir als eine islamistische Interpretation des klassisch-islamischen Djihad in Kapitel III kennen gelernt. Sie verleiht der irregulären Kriegsführung des Terrorismus eine religiös-politische Legitimation.

Diese Kombination von politisierter Religion und Terror ist eine weltpolitische Realität, die für viele islamische Länder wie etwa Usbekistan eine innenpolitische Gefahr darstellt. In Zentralasien erlebte ich, wie die politische und soziale Elite auf westlicher Seite und somit gegen den Djihad-Terrorismus stand. Dagegen haben Gruppen der antiwestlichen politischen Strömung, die ich als Gegeneliten[41] charakterisiere, Bin Laden als Helden des Islam gefeiert und gehuldigt. Mit Schadenfreude reagierten diese Gegeneliten auf die militärisch-djihadistische Vernichtung der beiden Türme des World-Trade-Centers.[42] Später hatte ich mehrfach Gelegenheit zu erfahren, dass die in Usbekistan erlebte Spaltung der islamischen Eliten jeweils in eine pro- und eine antiwestliche Ausrichtung in Bezug auf den Djihadismus des 11. September überall in der Welt des Islam vorzufinden, also generalisierbar ist. Ich muss jedoch einräumen, dass die prowestlichen Eliten in der Minderheit sind.

Um nun die Schuldfrage zu stellen: Die Mehrheit der Muslime kennt den Schuldigen ganz klar. Es ist der Westen, der unter der Bezeichnung „Krieg gegen den Terrorismus" angeblich einen Krieg gegen den Islam führen würde. Generell soll der Westen den Untergang der islamischen Zivilisation verschuldet haben; symbolhaft für den Westen stehen zuvorderst die USA. Jene westlichen Denker, die auf das islamische Spiel mit der Opferrolle und den Schuldzuweisungen hereinfallen, helfen mit, dass der Westen an der moralischen Front beim Krieg gegen den Terrorismus an Boden verliert. Auch ich war von Anbeginn gegen einen Krieg im Irak und äußerte dies mehrfach in der Presse, wehrte mich jedoch gegen die Frontstellung gegen den Westen durch das Anheizen des Antiamerikanismus im Namen einer Friedensbewegung.

Bleiben wir im Jahr 2001. Nach meiner Rückkehr aus Usbekistan habe ich in Deutschland andere Diskussionen und Wahrnehmungen in Bezug auf die gestellte Frage „Wer ist schuld?" erlebt. Nach dem Schock wurde der Djihad-Terrorismus zunächst strikt verurteilt und die Solidarität mit den USA bekundet. Jedoch konnte ich in Deutschland Pro-Bin-Laden-Islamisten, etwa in Rüsselsheim, beobachten, wo einige Muslime hemmungslos und ungestraft Bin Laden als ihren Helden feierten und antiwestliche Parolen von sich gaben. Besonders fatal waren die Bin-Laden-Zelebrierungen in Asylheimen Bayerns, bei denen antiwestliche Rufe von Menschen, die eben im Westen Asylschutz erhielten, zu vernehmen waren. Dies war in auflagenstarken Zeitungen zu lesen, in Berichten über Asylantenheime, in denen Bin Laden gefeiert wurde und antiwestliche Hasstiraden stattfanden. Paradox ist, dass der Westen Schutz für Islamisten bietet, die in ihren Ländern politisch verfolgt werden und hierauf statt mit Dank mit Hass antworten. Es ist sehr unverantwortlich, darüber zu schweigen, dass nach dem 11. September viele Moschee-Imame eine Doppelrolle gespielt haben: nach außen Trauer und nach innen Freude.[43] Während des Irak-Konflikts wurden jedoch antiwestliche Anklagen und Judenhass offen auf der Straße zur Schau gestellt. Von einer Empörung hierüber auf deutscher Seite bemerkte ich nichts. Nach der Veröffentlichung meines Essays über den islamistisch-arabischen Antisemitismus in der *Zeit*[44] bin ich nicht nur von den Islamisten, sondern auch von Deutschen heftig angegriffen worden.

Woran liegt es, dass die ersten positiv einzuschätzenden deutschen Reaktionen auf die Anschläge des 11. September nicht länger anhielten? Nach der Rückkehr aus Taschkent am 18. September 2001 nahm ich mit Freude wahr, dass viele Deutsche verstanden hatten, worum es ging: Der 11. September war nicht nur ein Akt des Terrorismus, sondern ein symbolischer Djihad-Angriff auf die gesamte westliche Zivilisation und auf ihre Werte. Diese prowestliche Stimmung hielt in Deutschland jedoch leider kaum ein Jahr an. War die beschriebene Verschiebung des Fokus durch den Irak-Konflikt an der Einstellungsveränderung in Bezug auf die USA schuld? Dies trifft nur teilweise zu, denn vorher wurde in Unkenntnis über die Tatsachen die den USA zugeschriebene Globalisierung als Ursache festgemacht. Beim Jahrestag des 11. September 2002 war ich in Indonesien, erfuhr jedoch aus der Presse, dass in Deutschland der Antiamerikanismus blühte, ja dominierte. Bundeskanzler Schröder, der nach dem 11. September den USA zunächst uneingeschränkte Solidarität zusicherte, verkündete dann im Wahlkampf 2002 den „deutschen Weg“. Die Islamisten verehrten Schröder für seine Haltung, im westlichen Ausland wurde jedoch die alte Furcht vor den Deutschen nach der Verkündung dieses „deutschen Weges“ neu belebt. Eine Arbeit der Aufklärung von Jahrzehnten ging verschüttet. Ich teile die Kritik an Präsident George W. Bush, bin jedoch nicht der Meinung, dass dies die Ursache für den Stimmungswechsel gewesen ist. Ebenso wenig überzeugt die in Deutschland verbreitete Wahrnehmung, die Globalisierung sei die Ursache des 11. September. In dieser deutschen Wahrnehmung verwandeln sich die Djihadisten zu Opfern des Westens und zu Antiglobalisten. Manche sprechen sogar von „Freiheitskampf“ statt von Terrorismus.

Die dritte Perspektive, aus der ich die Reaktion auf den 11. September beobachten konnte, war die Wahrnehmung der Lage in den USA. Zwischen 1982 und 2000 lebte und forschte ich regelmäßig dort, vor allem in Harvard (auch Princeton, Berkeley, Ann Arbor und Washington). Niemals habe ich eine solche USA wie nach dem 11. September erlebt: sehr gedemütigt, verängstigt und verunsichert in Bezug auf die dort entstandene modische Weltanschauung des Multikulturalismus als einer Alternative zu Amerika als *„melting pot“* der Assimilation. Die Menschen in den USA waren durch einen im positiven Sinne zu wertenden Patriotismus, also ohne Fremdenfeindlichkeit und – dies kann ich vor Ort bestätigen – ohne Front gegen den Islam, vereint. Das muss ich gegen deutsche Antiamerikanisten, die Amerika nicht aus eigener Erfahrung kennen, anführen. Daniel Pipes fasste die Ängste im Titel seines umstrittenen Buches *›Militant Islam reaches America‹*[45] zusammen. Auch ich als ein liberaler Muslim bin von diesem militanten Islam verängstigt.

Vor den Übertreibungen, ich möchte sagen Auswüchsen, des Präsidenten Bush schien eines sicher: Gleich ob man *afroamerican*, *asian-american*, *europäisch-stämmiger WASP* (White Anglo-Saxon Protestant) oder gar *american Muslim* ist, man war nach dem 11. September in Amerika gegen die Bedrohung des Landes durch den Terrorismus vereint. Die führenden Intellektuellen in Amerika von der konservativen bis hin zur linksliberalen Ecke haben ihre Unterstützung für den Kampf gegen den Terrorismus bekundet (vgl. Anm. 26). In Harvard fand Ende September 2001 eine große Veranstaltung statt, bei der eine Rede des damals an der direkten Teilnahme verhinderten Präsidenten des Deutschen Bundestages Wolfgang Thierse verlesen wurde. Der SPD-Politiker hat die Solidarität der Deutschen mit den Amerikanern gegen den „Angriff auf die Werte der westlichen Zivilisation“ – so der Redetext – bekundet. Wie bereits angedeutet, hielt diese Solidarität nicht lange an. Manch ein Deutscher und manche Europäer in benachbarten Ländern begannen bald – wie bereits angemerkt – die Schuld am 11. September im

Westen – speziell in den USA – selbst zu suchen. In dieser Wahrnehmung galt der Djihad-Terrorismus nicht mehr als Gefahrenquelle. Die Vollendung dieser Entwicklung war das, was Josef Joffe die „Große Koalition“ der deutschen öffentlichen Meinung gegen die USA nannte. Während der Anfertigung einer weiteren Fassung dieses Kapitels im März 2003 in Boston war ich von dem toleranten Umgang untereinander zwischen den Anhängern und Kritikern von Bush sehr beeindruckt. Obwohl ich seinerzeit gegen den Irak-Krieg war, imponiert mir die Tatsache, dass einer der US-Generäle, John Abizaid, arabischer Herkunft und ein anderer, Ricardo Sanchez, lateinamerikanischer Herkunft ist. Nach vier Jahrzehnten in Deutschland halte ich Ähnliches hier oder in einem anderen europäischen Land nicht für möglich. Bushs Gesandter in der Welt des Islam Z. Khalilzad ist ebenso ein Muslim – er ist ein Amerikaner und gleichzeitig Paschtune. So etwas finde ich in Deutschland nicht vor, wünsche mir jedoch eine solche Integration als Voraussetzung für den inneren Frieden.

Weil dieses Buch für deutsche Leser geschrieben ist, möchte ich die kritische Haltung, die die Schuldfrage in den Mittelpunkt stellt, vorsichtig angehen, näher erläutern und betonen, dass ich mich als ein Wahldeutscher verstehe, also in Deutschland meine Heimat sehe. Zwischen dem September und November 2001 war ich dreimal in den USA und stellte bei meiner Rückkehr nach Deutschland einen schmerzlichen Wandel fest. Ich fand die anfänglich erlebte Solidarität nicht mehr vor. Der in Deutschland als größter Philosoph des Landes gefeierte und geehrte Jürgen Habermas, der zu meinen Frankfurter Lehrern gehörte, war keine Ausnahme. Ich habe bereits von seiner Rede in der Paulskirche anlässlich der Verleihung des Friedenspreises des Deutschen Buchhandels berichtet, in der er die am 11. September explodierte „Spannung zwischen der säkularen Gesellschaft und der Religion“ (vgl. Anm. 35) – er meint wohl den Islamismus – anführt. Doch kommt Habermas zu völlig falschen Schlussfolgerungen, ja er fällt den USA als westlichem Bündnispartner, der Deutschland von der NS-Herrschaft befreit hat, in den Rücken. Nach Habermas habe der US-Präsident „unfassbar reagiert“, und diese Ansicht machte in Deutschland Schule. Es schmerzte mich, seit der Irak-Krise 2002/03 die in Deutschland verbreitete Wahrnehmung zu vernehmen, nicht Saddam, sondern Bush sei das Problem. Mir liegt es fern, George W. Bush zu verteidigen, doch den ungeheuren Vergleich des US-Präsidenten mit Hitler und Saddam muss ich heftig zurückweisen.

Habermas verkündete: „Der Krieg gegen den Terrorismus ist kein Krieg“ (Redetext). Als Experte für den Neo-Djihad als eine Form des irregulären Kriegs frage ich meinen ehemaligen Lehrer: Was ist dieser dann? Habermas antwortete in seiner Frankfurter Rede, die Reaktion auf den 11. September geschehe in der „Sprache der Vergeltung“. Das ist die Stimme des Zeitgeistes in Deutschland, in deren Schatten der Irak-Konflikt stand. Ähnlich sprechen die Islamisten über den Westen, wie ich leider feststellen muss. Selbst liberale Amerikaner wie Michael Walzer beklagen sich über die europäischen Verbündeten. Fällt Deutschland in seine antiwestliche Vergangenheit zurück? Dieses Gefühl hatte ich im März 2003, ehe ich Deutschland erneut in Richtung USA verließ. Dennoch bleibt Deutschland als Heimat meine erste Wahl. Das westlich-demokratische Deutschland ist der Grund, weshalb ich auch weiterhin in diesem Land lebe. Ich nehme mir jedoch das Recht, die kulturprotestantischen Gesinnungsethiker zu kritisieren, und ernte dafür Schelte, etwa durch den Rezensenten meines Buches *›Islamische Zuwanderung‹* im *F.A.Z. book-net* (http://www.faz.net.de):

„Emotional schimpft Tibi auf seine Multi-Kulti-Widersacher ... Tibis Herumhacken auf vermeintlich typisch deutschen Schwächen nervt ... schwer zu ertragen ...“

Zu den „vermeintlich typisch deutschen Schwächen“, die die F.A.Z. tabuisieren will, gehört nach meinen Beobachtungen die deutsch-protestantische Art, alles zu moralisieren und die Schuld, wie bei einer „Sünde“, bei sich zu suchen. Wir können diesen Geist selbst bei atheistischen Intellektuellen vorfinden. Deutsche Intellektuelle wie Habermas kennen mangels Kenntnis orientalischer Sprachen die islamistische Propaganda vom *„al-Gharb al-Salibi*/kreuzzüglerischen Westen“ nicht und wissen somit auch nicht, dass ein „Feindbild Westen“ in der Welt des Islam kultiviert wird. Ein Jahr vor Habermas hatte ich die Ehre, aus einem anderen Anlass in der Paulskirche zu sprechen. In meiner Rede habe ich die Einstellung der deutschen Intellektuellen, die vom Westen ausgelöste Globalisierung sei die Ursache für den 11. September, zurückgewiesen; ferner sprach ich vom Wechselspiel der Feindbilder auf beiden Seiten.[46]

Die Frage bleibt, wer an der am 11. September stattgefundenen „Explosion“ (Habermas), zu deren Auswirkungen auch der Irak-Krieg gehört, Schuld hat. Bisher habe ich das Ereignis des 11. September und drei in sich vielfältige Wahrnehmungen – islamisch, deutsch, amerikanisch – skizziert. Wenn ich diese beiseite schiebe und mir die Fakten ansehe, finde ich Anhaltspunkte dafür, im 11. September eine welthistorische Wende zu sehen. Viele Europäer mögen widersprechen, ich bestehe jedoch auf die Freiheit, eine eigene Meinung zu haben.

Nach dem Golfkrieg von 1991 habe ich 1993 mein erfolgreichstes Buch ›*Die Verschwörung*‹ in Hamburg veröffentlicht (Anm. 55). Das in Deutschland florierende Verschwörungsdenken im Zeitraum 2002/03 (vgl. Anm. 38) veranlasst mich, meine frühere Position, Verschwörungsphantasien seien typisch arabisch, zu revidieren. Nun scheinen mir Verschwörungstheorien doch auch zu „den vermeintlich typisch deutschen Schwächen" zu gehören. Der Leitartikler von *Newsweek*, der amerikanische, aus Indien stammende Muslim Fareed Zakaria (in Deutschland mit 3,6 Millionen Muslimen kenne ich keinen Muslim, der den Rang eines Chefredakteurs hat), fragt, ob Europa sich wie der Nahe Osten entwickeln wird: „*The Middle East produces these kinds of conspiracy theories. Does Europe really want to become the next Middle East?*" (*Newsweek* vom 10. 02. 03, S. 13). Ich belasse das Zitat im englischen Original und möchte Verschwörungsphantasien in Bezug auf unseren Gegenstand erläutern.

4. Darf sich der Westen gegen die djihadistische Herausforderung wehren? Arabische und deutsche Verschwörungstheorien gegenüber den USA

In Deutschland haben sich Verschwörungstheorien über den 11. September und die US-amerikanische Irakpolitik verbreitet. Allein vom Buch des Ex-Feuilletonchefs der *Tageszeitung* Matthias Bröckers konnten acht Monate nach Erscheinen 130000 Exemplare verkauft werden. Das erreicht selbst ein Scholl-Latour nicht. Einige Deutsche, die dieses Denken teilen, sind oft durch eine antiwestliche Grundeinstellung motiviert. In der islamischen Zivilisation unserer Gegenwart sind nicht nur Islamisten, sondern ebenso auch orthodoxe Muslime antiwestlich. Es ist nicht die Globalisierung, die diese weltanschaulich begründete Einstellung hervorruft und das bekannte islamische Spiel mit der Opferrolle bedingt. Muslime stellen sich als Opfer der Kreuzzüge und des Kolonialismus dar, verschweigen aber ihre eigenen Djihad-Eroberungen. Ich bin ein Muslim, der für eine dialogische, also nichthegemoniale Beziehung zwischen Islam und Westen eintritt. Ich kritisiere die westliche Vorherrschaft, nicht um sie durch eine *Pax Islamica* auszutauschen. Der Westen und seine Gesellschaft haben das Recht, sich gegen die Djihad-terroristische Herausforderung des Islamismus zu wehren, und das ist keine „Vergeltung". Wenn deutsche Antiamerikanisten und arabische Islamisten vom Kreuzzug der USA reden und über den Djihad schweigen, so reden sie die Geschichte von vierzehn Jahrhunderten und die islamisch-westlichen Differenzen weg.[47] Wer diese Geschichte und die rivalisierenden Welteroberungsprojekte von Kreuzzug und Djihad nicht kennt, kann die auch in unserer Gegenwart im Kollektivgedächtnis bewahrte antiwestliche Einstellung vieler Muslime nicht verstehen. Muslime räumen die – für sie vorübergehende – wirtschaftliche und militärische Übermacht des Westens ein. Ein großer Historiker des Islam, Bernard Lewis, der wie kaum ein anderer diese Dinge kennt, fragt: *„What went wrong?"*, und seine Antwort ist: Der Untergang des Morgenlandes und Aufstieg des Westens biete eine Erklärung.[48] Dies wollen nun die Islamisten ändern, sie betrachten den Westen als moralisch bankrott und somit dem Islam in dieser Hinsicht unterlegen. Der Islamismus beansprucht, die Entwestlichung[49] der Welt in die Tat umzusetzen und darüber hinaus den Platz des Westens im Rahmen der islamischen Vorherrschaft einzunehmen.

Der geistige Begründer des politischen Islam, der Ägypter Sayyid Qutb, war der erste islamische Revivalist, der eine islamische Weltordnung propagierte. In diesem Rahmen könne nach der angestrebten Entwestlichung der Welt die „*Hakimiyyat Allah*/islamische Gottesherrschaft" auf globaler Ebene errichtet werden. Die Schriften von Qutb finden noch heute eine große Verbreitung in der Welt des Islam, aber auch in der europäischen Islam-Diaspora. Qutb stand der ersten fundamentalistischen Bewegung im Islam, der Muslim-Bruderschaft, sehr nah. In seinem Pamphlet über Islam und Weltfrieden schreibt er unzweideutig:

„Das Ziel des Djihad ist, eine Weltrevolution (*thaura alamiyya*) zu verwirklichen ... Und durch diese Revolution verwirklicht der Islam ... am Ende den Frieden der Menschheit ... Das bedeutet, dass der Islam ein permanenter Djihad ist, der nie unterbrochen wird, bis Allahs Wort auf dem gesamten Globus Geltung findet und damit die rechtgeleitete Ordnung Wirklichkeit wird."[50]

Das ist die Botschaft des Islamismus an die Welt, die im Westen nicht verstanden wird. Die moralische Abwertung des Westens durch Qutb und die heutigen Islamisten findet Bestätigung in den westlichen Selbstanklagen („Wir sind schuld am 11. September"), die mit den entsprechenden Selbstbezichtigungen von Europäern korrespondieren. Islamisten führen als Beweis für den moralischen Verfall des Westens diese westlichen Äußerungen an, um zu zeigen, wie heruntergekommen der Westen sein müsse, dass ihm sogar die moralische Kraft fehle, sich zu verteidigen. Dies zeige, wie zerrüttet seine zivilisatorische Identität sei. Es wird eingeräumt, dass die islamische Zivilisation durch den Aufstieg des Westens ihre Dominanz politisch, nicht aber moralisch eingebüßt hat.[51] Hierdurch sehen sich orthodoxe Muslime und Islamisten in der Opferrolle und verlangen vom Westen Gerechtigkeit. Damit meinen sie eine „islamische Globalisierung"[52] als Alternative zur westlichen Vorherrschaft. Das ist das orthodox-islamische sowie islamistische Verständnis von Frieden und Gerechtigkeit auf der Welt. Solche Fakten sind jenen Europäern, die sich gegen die USA zur islamistischen Front begeben, nicht bekannt.

Ich weiß genau, dass meine Einschätzung auf Widerspruch stößt. In dieser Situation besteht ein Bedarf nach einem Schiedsrichter in diesem Dickicht. Die hierfür von mir ausgewählte Autorität ist auf allen Ebenen einwandfrei und unstrittig. V. S. Naipaul ist nicht nur deshalb eine Autorität, weil er das Prestige eines Literaturnobelpreisträgers genießt. Mehr gilt mir bei der Wahl als Schiedsrichter seine ethnische und kulturelle Herkunft: Als Inder ist er ein dunkelhäutiger Asiate, und als Hindu ist er Angehöriger einer nichtwestlichen Religion, die geschichtlich als Zivilisation gilt und selbst unter dem Islam gelitten hat.[53] Naipaul ist im karibischen Trinidad aufgewachsen und später als britischer Bürger (im Sinne von *„citizen"* – also Mitglied eines Gemeinwesens im Gegensatz zum formaljuristischen deutschen Staatsbürger) geadelt worden. Somit steht er über allen Nationalismen. Darüber hinaus ist er ein wacher Geist, wie er in seinem Werk beweist. So wie ich als ein Muslim aus Damaskus im Laufe meiner Integration ein Wahldeutscher mit westlicher – nicht deutscher – Orientierung geworden bin, steht Naipaul loyal zur westlichen Zivilisation, weil er ihre Werte vertritt. Er gesteht dem Westen das Recht zu, sich zu verteidigen.

Aus den vorangegangenen Ausführungen wissen meine Leser schon: Muslime halten den Westen für moralisch dekadent und klagen ihn erbarmungslos an. Naipaul hält dagegen:

„Der Westen ist nur schwach, wenn er diese Gefahr nicht sieht – und in den letzten Jahren hat er diese Gefahr nicht gesehen. Das ist der Einfluss der Universitäten, des törichten Verständnisses, das dort gepredigt wird."[54]

Bei diesen Worten muss man unweigerlich an die Frankfurter Rede von Habermas denken. Er ist zwar als großer Universitätsphilosoph weltbekannt, dennoch könnte Naipaul, wenn dieser oder jener große Name aus dem Universitätsmilieu angeführt wird, arrogant, wie kürzlich in einem Interview, reagieren, indem er sagt:

„Hören Sie, ich kenne diese Leute nicht und sage Ihnen, nichts hat sich (nach dem 11. September, B.T.) verändert. Nur das Geschwätz an den Universitäten ist lauter geworden" (ebd.).

Auch durch das Lauterwerden wird die absurde Behauptung nicht richtiger, die wirtschaftliche Globalisierung – und somit der Westen – sei an allem schuld und die Selbstverteidigung gegen den Djihadismus sei „Vergeltung". Naipaul äußert sich dazu folgendermaßen:

„Diese Leute halten sich für integer, weil sie die Fehler immer zuerst bei sich suchen ... Das ist viel leichter als den irrationalen Hass der Gegenseite zu verstehen" (ebd.).

Auf der Basis dieses Urteils will ich noch einmal die Schuldfrage aufnehmen: Mit Hilfe der Autorität von Naipaul stelle ich fest, dass die kritisierte Denkweise in der Regel dem Westen moralisch abspricht, sich gegen den islamischen Djihadismus zu wehren. Der islamische Philosoph des Mittelalters Ibn Khaldun (vgl. Anm. 51) würde eine schwache *Asabiyya* bei diesen Menschen feststellen. Für diesen Begriff ist eine deutsche Übersetzung fast unmöglich, die gelungenste in der Fachliteratur ist wohl der französische Begriff *„esprit de corps"*. Diese Übersetzung verrät die Nähe, die ich zwischen Ibn Khaldun und Montesquieu sehe.

In diesem Kapitel habe ich im vergangenen Abschnitt die Schuldfrage behandelt, und nun befasse ich mich mit dem Verschwörungsdenken. Ich unterstelle eine Verbindung zwischen beiden Ebenen. Wie Naipaul sagt, müssen wir verstehen, weder die Schuld bei „uns" (dies tun die Europäer) noch bei „den anderen" (dies tun die Muslime) zu suchen; ich füge hinzu: Wir sollten uns auch keine Verschwörungen vorstellen. Der irrationale Hass lässt sich weder mit dem „Universitätsgeschwätz" (Naipaul) über Globalisierung noch mit der Schuldfrage und natürlich noch weniger mit Verschwörungstheorien erklären. Mit dieser Kritik spreche ich den Westen nicht frei. Sowohl die westliche Dominanz in Ökonomie und Politik als auch die Euro-Arroganz schüren die bekannten islamischen Ressentiments, sie sind aber ein Nebenprodukt, nicht die Ursache. Außerdem denke ich, dass die Lösung nicht in einer Wiederherstellung der islamisch-imperialen Größe auf der Basis einer Verurteilung des Westens liegen kann.

Die Unterstellung einer westlichen Schuld mit der Schlussfolgerung, der Westen habe kein Recht sich zu verteidigen, führt zu der Problematik des eingangs angeführten Verschwörungsdenkens. Diese will ich in folgendem Beispiel des arabo-islamischen Verschwörungsdenkens bezüglich des 11. September verdeutlichen. Ich habe bereits mein früheres Buch über diesen Gegenstand angeführt. Darin erzählte ich die Geschichte des Sykes-Picot-Abkommens von 1916, als britische und französische Diplomaten arabischen Herrschern versprachen, sie bei ihrem Widerstand gegen die türkischen Osmanen mit einem arabischen Staat zu belohnen.[55] Stattdessen marschierten britische und französische Truppen in den Nahen Osten ein und verwandelten ihn nach einem Kolonialplan, den die Araber als Verschwörung wahrnahmen, in einzelne Kolonialgebiete.

Diese Sykes-Picot-Legende als Quelle arabischen Verschwörungsdenkens stirbt nie. Ein Professor aus Damaskus schreibt in einer großen arabischen Zeitung, dass nach dem 11. September ein zweites Sykes-Picot-Abkommen als neue Verschwörung geschmiedet werde.[56] Diese soll in Afghanistan eingeleitet worden sein und wurde nun auf die arabische Welt durch die Irak-Invasion erweitert. In diesem Sinne sei der 11. September nur ein Stichdatum gewesen, an dem Beobachter jedes Jahr an die Auseinandersetzung zwischen Islam und Westen erinnert werden. Diese Situation – und die sie begleitenden Verschwörungstheorien – wird weiter anhalten, solange die Spannung der zwei rivalisierenden Zivilisationen Islam–Westen unbewältigt fortbesteht. Die Neuauflage der „westlich-kreuzzüglerischen Verschwörung“ gegen den Islam spannt sich vom 11. September 2001 bis zum Irak-Krieg 2003. Das ist leider die heutige Weltsicht vieler Araber. Der Irak-Krieg hat diesem Verschwörungsdenken – auch in Deutschland – neue Impulse gegeben. Im Hintergrund steht der Zivilisationskonflikt zwischen dem Islam und dem Westen. Dies gilt auch für die Beziehung Deutschlands zum Westen in deutschen Verschwörungstheorien (vgl. Anm. 38 und *Spiegel* Heft 37/2003).

5. Nach dem 11. September: Vom Djihad zum demokratischen Frieden

Jene salafitisch-orthodox gesinnten arabischen Muslime, die stets anklagend von der „Verschwörung der westlichen Kreuzzügler“[57] sprechen, verschweigen die in Kapitel III erläuterte Gewalt in ihrer Geschichte der Djihad-Eroberungen. Im Kontrast dazu glauben europäische Intellektuelle, alle Übel der Welt bei sich selbst und bei ihrer eigenen Zivilisation zu finden. Ich möchte zum Verständnis beider Einstellungen beitragen, weil beide als Störfaktoren in Bezug auf den Frieden zwischen den Zivilisationen wirken. Im Sinne Immanuel Kants und anhand seiner Diskussion über einen „demokratischen Frieden"[58] möchte ich Fakten über den anstehenden Gegenstand vergegenwärtigen, damit keine Missverständnisse entstehen:

1. Der Islam ist eine Religion und stellt in entpolitisierter Form sowie nach Abzug des Djihad-Denkens zur Welteroberung keine Gefahr für den Westen dar. Dagegen ist der Djihadismus als neue Interpretation des Djihad durch die Gotteskrieger eine politisch-militärische Strömung, die die nationale und internationale Sicherheit, also auch Europa, gefährdet.

2. Der islamische Hass auf den Westen ist eine Einstellung, die nicht nur einem Widerstand gegen die Globalisierung entspringt. Dahinter steht ebenso die Weltanschauung einer allgemeinen „Revolte gegen den Westen"[59]. In besonderer Weise hängt dieser Hass damit zusammen, dass der Aufstieg des Westens die islamische Zivilisation von ihrer bis dahin dominanten Position in der Welt verdrängt und diese für sich eingenommen hat.[60] Für die Islamisten ist die Rückeroberung der globalen Führungsposition das Ziel dieser Revolte.

3. Demokratischer Frieden steht im Widerspruch sowohl zur islamischen wie auch zur westlichen Hegemonie, er setzt voraus, dass Staaten eine demokratische Ordnung haben. Solche Staaten werden ihre Konflikte auf dem Wege der Verhandlung bewältigen. Daraus folgt, dass sie keine Kriege gegeneinander führen, was der Vorstellung eines demokratischen Friedens entspricht und das Gegenteil des Djihadismus ist.

Wie können diese Voraussetzungen erfüllt werden? Durch meine vielen Aufenthalte und meiner Forschung in der Welt des Islam weiß ich, dass Muslime kulturell und religiös vielfältig sind. Dennoch teilen sie als *Umma*-Kollektiv eine zivilisatorisch-einheitliche Weltanschauung.[61] Erst durch den Erwerb einer westlichen Bildung in Frankfurt und in Harvard sowie die hierdurch erworbene kartesianische Weltsicht habe ich die Fähigkeit erlangt, meine Gedanken über den Gegenstand mit Distanz zum Objekt und mit Zweifeln zum Wissen zu verbinden. Durch meine in Islam/USA/Europa verankerte transkulturelle „Seinslage" (Karl Mannheim) bin ich von der Neigung zur Moralisierung frei. Ich finde sowohl bei arabischen Muslimen als auch bei einigen Deutschen wenn auch sehr unterschiedliche geistige Hindernisse auf dem Weg der Erfüllung der angeführten Voraussetzungen.

Wir müssen die Problematik verantwortungsethisch und frei von dem, was ein großer Deutscher, Max Weber, „Gesinnungsethik" nannte, angehen. Der Weg zum demokratischen Frieden erfordert, dass Muslime vom Djihad und Deutsche von den „deutschen Wegen" Abschied nehmen. Auch wenn diese vom sozialdemokratischen Nachkriegs-Bundeskanzler Schröder kommen – sie sind nicht nur nicht westlich, sondern auch eine Gefahr für den Westen und natürlich auch für Deutschland selbst. Deutsche Wege haben stets zu „Unheil" für Europa und die ganze Menschheit geführt. Ich beobachte vor Ort, wie Deutsche gemeinsam mit Arabern die Neigung teilen, Politik zu sentimentalisieren. Im arabischen Fall wird dies von einer islamischen Weltanschauung geprägt, die reflexiv beleuchtet werden muss. Was Marx im Titel einer seiner zentralen Schriften „Deutsche Ideologie" als eine Denkweise ansprach, ist mit der islamischen Weltanschauung als Denkweise der Muslime vergleichbar. Danach wird die Welt nicht durch Erkenntnis, sondern durch Gesinnung gesehen. Reflexivität des als ein Individuum/Subjekt denkenden und sich selbst wahrnehmenden Menschen ist ein Bestandteil des philosophischen Diskurses der kulturellen Moderne. Es gehört nicht zur Reflexivität, wenn Deutsche und Araber beim Denken zu Schuldkategorien oder Verschwörungstheorien neigen, obwohl dieses jeweils unterschiedliche Ausformungen bei beiden annimmt. Wir finden diese Denkmuster gleichermaßen auf den 11. September 2001 und den Irak-Krieg 2003 bezogen vor.

So ist der 11. September für viele deutsche Intellektuelle – unabhängig von den Fakten – kein religiös legitimierter Angriff islamistischer Djihadisten auf die westliche Zivilisation. Entgegen der Tatsachen behaupten sie, es gehe um einen Widerstand gegen die westliche Globalisierung – das ist die Moralisierung gegen die Fakten. Vergleichsweise finden wir bei jenen arabischen Muslimen, die verschwörerisch gesinnt sind, die Denkweise vor, nach der der 11. September 2001 lediglich ein Vorwand dafür war, den Krieg gegen den Islam zu rechtfertigen. Es muss Anlass zu Bedenken geben, dass der unheilige Geist des Antisemitismus sowohl auf deutscher als auch arabischer Seite Zugang zu dieser Problematik findet,[62] wenn der 11. September und der Irak-Krieg als Werk einer jüdischen Weltverschwörung gedeutet werden.

Durch meine kulturelle Sozialisation in Damaskus bis zu meinem 18. Lebensjahr ist mir die Sentimentalisierung der Politik in Form des arabischen Verschwörungsdenkens bestens vertraut. Nach diesem Denkmuster wird hinter jedem als feindlich wahrgenommenen Akt eine „*Mu'amarah*/Verschwörung" der Feinde gegen die Araber und gegen die Welt des Islam geargwöhnt (vgl. Anm. 55). Entsprechend werden die Folgen des 11. September gedeutet. Die Sentimentalisierung der Politik bei den kulturprotestantischen Kontinentaleuropäern besteht darin, dass diese eine Art weltfrommen Selbsthass kultivieren. Mein Leben, das ich nunmehr seit vier Jahrzehnten zwischen den Zivilisationen und Kulturen auf vier Kontinenten und in vier Sprachen führe, hat mir, wie bereits angeführt, ermöglicht – natürlich unter Bewahrung meiner kulturell multiplen Identität – kritische Distanz sowohl zu meiner sunnitisch-arabischen Ursprungsheimat als auch zu meiner deutschen kulturprotestantischen Wahlheimat zu gewinnen. Menschen mit böser Zunge, die unfähig sind, mit Kritik umzugehen, nennen die geistigen Produkte solcher Distanz eine „Nestbeschmutzung". Multikulturalisten und Kulturrelativisten sind hier wie die Islamisten, wenn sie den Vorwurf des „Kulturverrates" *(cultural treason)* erheben. Die angeführte Distanz hilft mir zu erkennen, dass Islamisten kriegerisch vom totalen Djihad (vgl. Anm. 50), dagegen deutsche „Friedenshetzer" (W. Biermann) vom totalen Frieden ausgehen. Ich möchte in diesem Zusammenhang die Forschungsergebnisse des Friedensforschers Kalevi J. Holsti anführen, der die Kriege in der neuen Geschichte studierte.

Jeder, der in Europa lebt, wird ohne Zweifel Europa bescheinigen, die alte aggressive Kreuzzugsmentalität überwunden zu haben. In der Welt des Islam dagegen wird der expansive Geist des Djihad, wenngleich heute defensiv-kulturell aus der Position der Schwäche, weiterhin gepflegt. Diese auf Islam und Westen eingeengte Feststellung lässt sich mit Hilfe der Arbeit des soeben angeführten Kalevi J. Holsti[63] verallgemeinern. Darin stellt er eine Ablehnung des Krieges in Europa und im Gegensatz dazu seine Verherrlichung in vielen afroasiatischen Staaten als eine allgemeine Einstellung fest. Ich möchte diese Erkenntnis vorrangig am Beispiel einer Kontrastierung des Djihadismus in der Welt des Islam mit dem Geist des totalen Friedens in Westeuropa veranschaulichen.

Der Hang zum totalen Frieden illustriert die von Helmuth Plessner bei den Deutschen beobachtete „Neigung", sich von dem einen Extrem zum anderen zu wenden.[64] Wenn diese Neigung zudem kulturprotestantisch gewendet und mit der Schuldfrage verbunden wird, sehen ihre Träger die Schuld und die Gefahr nur bei sich. Zu dieser Kategorie gehören viele Intellektuelle, die kein Wissen über die Einzelheiten, auch nicht über den Islam besitzen und die auf dieser Grundlage den Islamismus und seine Verschwörungsphantasien im Rahmen ihrer „Nächstenliebe“ verniedlichen. Der „heilige Terror“[65] der Djihadisten wird übersehen. Bei der Sentimentalisierung der Politik wird zu uneingeschränkter Toleranz gegenüber „fremden Zumutungen“[66] aufgerufen. Alice Schwarzer spricht in diesem Zusammenhang angemessen von der „falschen Toleranz gegenüber den Gotteskriegern“.[67] Demokratischer Frieden zwischen den Weltzivilisationen und ihren Religionen steht im Widerspruch zu dieser Gesinnung, gleich ob sie djihadistisch-islamisch oder kulturprotestantisch-pazifistisch ist.

Aus einer demokratietheoretischen Perspektive sind Islamisten „Rechtsradikale“, weil sie zu den Feinden der offenen Gesellschaft gehören. Für den Umgang mit ihnen benötigt man weder Toleranz noch gesinnungsethische Sentimentalisierung, sondern Sicherheitspolitik. Im Geist des „Gutmenschen“[68] betreiben viele deutsche Meinungsträger aber lieber Selbstbezichtigung, als sich ihrer Verantwortung bewusst zu werden und die Dinge zu verstehen. Habermas sagte in seiner Frankfurter Rede nach dem 11. September, die Europäer müssten sich verändern – ich wiederhole das Zitat –, „sonst wird der Westen auch in der arabischen Welt nur als Kreuzritter … erscheinen“. Wenn man ihre Schriften lange vor dem 11. September kennt, weiß man: Dies tun sie ohnehin.[69] So frage ich, wie steht es mit dem islamischen Feindbild vom Westen? Das scheint diese westlichen Intellektuellen nicht zu interessieren, die die Schuld nur bei sich suchen und – wie ihnen Naipaul vorwirft – den „irrationalen Hass“, den die Islamisten pflegen, nicht verstehen.

Auf der Suche nach einem demokratischen Frieden zwischen den Zivilisationen nach dem 11. September und im Lichte des Irak-Krieges gehörten die Gesinnung der Sentimentalisierung der Politik und des Djihadismus zu den großen Hindernissen. Uns können weder Schuldzuweisung noch Selbstbezichtigung weiterhelfen. In der angelsächsischen Welt, vor allem in den USA, wo ich eine andere Denkweise gelernt habe, die eine Alternative zu den Verschwörungstheorien bietet, verfährt man erheblich konsequenter bei der Suche nach rationalen Antworten und Lösungen. Dies veranlasst mich als ein Mensch aus Damaskus, der zu zwei unterschiedlichen Teilen der westlichen Zivilisation, nämlich zu Deutschland und den USA eine Verbindung hat, mich von der Denkweise der „Vergeistigung“ zu befreien[70].

6. Deutschland und der neue Totalitarismus der Djihadisten: Eine Bilanz nach dem 11. September 2001

Zu Beginn dieses Kapitels habe ich Generalbundesanwalt Kay Nehm dahingehend zitiert, dass er sich über das mangelnde Bedrohungsbewusstsein in Deutschland beklagt (vgl. Anm. 3). Es ist zunächst erfreulich, wenn deutsche Politiker aus unterschiedlichen Lagern dieselben Botschaften an die Bevölkerung geben, nämlich, dass der al-Qaida-Terror auch für Deutschland noch nicht Geschichte sei; die Bedrohung halte an, sagten SPD- und CDU-Politiker. Warum ist das so?

Zwar sind die 55 Ausbildungslager der al-Qaida-Djihadisten in Afghanistan bereits im Winter 2001 zerstört worden, doch das operative Netz dieser Djihad-Bewegung selbst bleibt in 60 Staaten bestehen. Damit wird festgestellt, dass ihre Logistik weltweit voll intakt ist, also auch weiterhin in Deutschland, wo etwa 3000 bis 5000 al-Qaida-Sympathisanten und 300 Mitglieder Unterschlupf gefunden haben. Diese geringe Zahl darf nicht als Entwarnung dienen.

Unter den in Deutschland lebenden 3,6 Millionen Muslimen, die eine Islam-Diaspora bilden, wirken – wie bereits angeführt – etwa 100000 Islamisten. Dazu gehörten die Zellen der angeführten al-Qaida-Djihadisten, die in der Moschee-Vereinskultur im Stillen agieren. Nach dem 11. September kamen scheinbar unbemerkt weitere 100 bis 150 al-Qaida-Kämpfer nach Deutschland, die vor dem Angriff in Afghanistan flohen und in Deutschland Zuflucht fanden. Sie kommen laut *Spiegel*[71] mit gefälschten Pässen und erhalten Asyl im Rechtsstaat Deutschland, der sie formaljuristisch schützt, weil sie als „Verfolgte“ gelten und darauf achten, nicht in Konflikt mit deutschen Gesetzen zu geraten. Es hat nach dem 11. September ein Jahr gedauert, bis der deutsche Rechtsstaat einen einzigen Islamisten aus Hamburg, Munir Mutasaddiq, wegen dreitausendfachen Mordes anklagte und verurteilte. Der Frankfurter Prozess gegen eine al-Qaida-Zelle betraf einen Fall aus dem Jahr 2000. Ein nach nachrichtendienstlichen Erkenntnissen in Hamburg lebender Syrer wird von den Behörden verdächtigt, mit al-Qaida etwas zu tun zu haben: Jedoch reichten die Beweise für eine strafrechtliche Verfolgung nicht aus. So wurde er ohne Anklage auf freien Fuß gesetzt. Er hatte allen Grund, dem *Spiegel* mitzuteilen, nachdem er dessen Reporter mit seinen Fäusten angriff und ihm blaue Flecken zufügte: „Ich habe Vertrauen in das deutsche Rechtssystem.“ Welch ein Lob für die deutsche Demokratie von der falschen Seite!

In Deutschland scheint eine Milde eingekehrt zu sein, bei der die Täter dadurch davonkommen, dass sie mit den Opfern verwechselt werden. Erfreulich jedoch ist, dass inzwischen entscheidende Instanzen unseres Rechtssystems wach werden, so etwa Generalbundesanwalt Kay Nehm, der vor dem Djihad-Islamismus warnt. Doch gibt es leider auch andere Warnungen, die der deutschen „Gutmenschen" und Gesinnungsethiker, nicht vor dem Terrorismus, sondern vor dem „Feindbild Islam". Hierauf werde ich im Schlusswort eingehen. Ich möchte mich gegen Ende dieses Kapitels darauf konzentrieren, dass in Deutschland kein Bewusstsein über den die Demokratie missbrauchenden Islamismus vorhanden ist. Über diese zitierte, auf die innere Sicherheit bezogene Klage von Kay Nehm hinaus argumentiere ich, dass in Deutschland kein Bewusstsein über die Bedrohung der offenen Gesellschaft durch den neuen Totalitarismus besteht.

Nun stelle ich die Frage: Warum haben die Deutschen kein Bewusstsein für die existierenden Gefahren? Es ist richtig, dass die Bush-Administration das Maß im Krieg gegen den Terrorismus überzogen und einiges falsch gemacht hat, ja islamische und europäische Verbündete verprellte. Dies hat generell negative Auswirkungen, auch auf Deutschland. Aber Amerika ist Teil des Westens und nicht mit Bush gleichzusetzen. Die Kritik an Bush muss vom deutschen Antiamerikanismus, der die Perspektive der Gefahrenquelle verdreht, fern gehalten werden. Ich behaupte, dass der Antiamerikanismus von der wirklichen Gefahr ablenkt! Vergessen wir nicht: Der 11. September ist fünf Jahre lang in der deutschen Islam-Diaspora (so etwa in Hamburger Moscheen) vorbereitet worden! Nun müssen wir uns fragen, was Deutschland gegen den Terrorismus unternommen hat. Die weltpolitischen Fehler der Bush-Administration scheinen eine völlige Schieflage mit entsprechend falscher Wahrnehmung der Sachlage in Deutschland zu erzeugen. Die zum Teil berechtigte Kritik an Präsident Bush behindert leider das Verständnis der gegenwärtigen, mit Gefahren verbundenen Situation und vernebelt die Tatsache, dass zum internationalen Charakter des Islamismus auch die Logistik, die sich in Deutschland befindet, gehört. Nach dem 11. September habe ich mehrfach in den Medien gesagt: „Deutschland ist eine Ruhezone für den Terror der Islamisten."[72] Ich frage nun: Was hat sich im Lichte des 11. September in Deutschland geändert? Ehe ich diese Frage aufnehme, möchte ich festhalten: Das Netzwerk der Terrorbewegung al-Qaida lässt sich mit dem der kommunistischen Internationalen, also mit der „Komintern" unter Lenin und Stalin vergleichen. Beide Internationalen erfüllen einen weltweiten Auftrag: Der Islamismus ist eine Heilsideologie mit universalistischem Anspruch, d.h., er ist für alle Welt vorgesehen; er hat damit die Absicht, so wie es auch der Anspruch des kommunistischen Internationalismus ist, die Menschheit zu „beglücken“. Problematisch ist, dass der Islamismus nicht mehr nur eine neoabsolutistische Heilsideologie ist, sondern mittlerweile über ein globales Netzwerk verfügt. In beiden Fällen haben wir es je mit einer Spielart des Totalitarismus zu tun.

Um mich nicht in Polemiken zu verwickeln, halte ich mich zunächst an die Tatsachen: Rückblickend auf die seit dem 11. September 2001 – und für Experten schon zuvor – bekannten Erkenntnisse beruhten die al-Qaida-Strukturen auf zwei Elementen:

1. Das geographische Hinterland mit den angeführten etwa 55 Djihad-Militärcamps. Diese Funktion erfüllte Afghanistan bis zu deren Zerstörung durch die internationale Allianz gegen den Terrorismus im Winter 2001. An diesem Krieg waren drei islamische Staaten beteiligt.

2. Die Verankerung in der europäischen Islam-Diaspora (der Moschee-Vereinskultur). Diese Aufgabe erfüllt vorrangig Deutschland. Hieraus ist das Team von Mohammed Atta hervorgegangen, welches die „Operation 11. September“ in New York und Washington durchführte und zuvor in Hamburg in allen Einzelheiten vorbereitete, während deutsche Sicherheitsbehörden, die durch Sparmaßnahmen in einigen Bundesländern geschrumpft sind, untätig waren. Das neue Vereinsrecht bringt hier einen Fortschritt, ist jedoch nicht ausreichend. Bis auf das Verbot der Kaplan-Bewegung ist zudem nichts geschehen.

Heute können wir im Rückblick auf den 11. September behaupten, dass es gelungen ist, mit dem ersten Element der Infrastruktur der al-Qaida, den Basen in Afghanistan, durch den präventiven Krieg aufzuräumen. Die USA werden in den deutschen Medien hierfür verfemt. Aber wie sieht es mit der Aufklärung über die Verankerung der al-Qaida in der europäischen, besonders in der deutschen Islam-Diaspora aus? Das ist die Frage, die ich – Bilanz ziehend – einleitend gestellt habe. Ich behaupte, dass viel Rhetorik der bundesrepublikanischen Politiker über die deutsche Beteiligung am Krieg gegen den Terrorismus betrieben wird, auf die wenige Taten folgen. In Deutschland haben wir zwar zwei vom Bundestag verabschiedete Sicherheitspakete, und auch der Artikel 129 des Strafgesetzbuches ist um den Absatz 129 b erweitert worden. Dies ermöglicht nun die Verfolgung der in Deutschland lebenden Islamisten, auch wenn sie sich hier brav und gesetzestreu verhalten, ihre kriminellen Tätigkeiten aber im Ausland verüben.

Es ist erfreulich, dass eine Öffnung Deutschlands für andere Kulturen stattfindet. Doch dieses Unterfangen darf nicht als Schutz der Islamisten missbraucht werden. Deutschland braucht ein besseres Verständnis für den Islam, ohne den Islamisten Camouflage im Namen der Toleranz zu bieten. In Deutschland wird heute – selbst von hellen Köpfen wie Habermas – Amerika, nicht der Islamismus als neuer Totalitarismus angeprangert. Die wichtigste Erklärung hierfür ist das fehlende Wissen. Auch ich als ein nach Europa eingewanderter Muslim trete für das friedliche Zusammenleben mit dem Islam ein, jedoch auf der Grundlage der offenen Gesellschaft und des demokratischen Friedens. Es gehört zur Aufklärung, über die Gefahren für diesen inneren und äußeren Frieden zu sprechen und zu schreiben. Als liberaler Muslim, der die Vision eines Euro-Islam[73] entfaltet hat, bleibe ich hierbei meiner Formel treu: „Toleranz dem Islam, wehrhafte Demokratie dem Islamismus". Endlich müssen Deutsche lernen, dass Islam nicht islamischer Fundamentalismus oder Djihadismus ist, und dass Letzterer durch die Zuwanderung auch in den Westen kommt.[74] Der Euro-Islam ist die Alternative zum djihadistischen politischen Islam. Bei der Wanderung der Muslime nach Europa wird die Frage nach der Identität des Westens[75] gestellt. Wenn der Islam europäisiert werden kann, können muslimische Migranten *citoyen* der westlichen Zivilisation werden. Misslingt dies, dann ist der Weg für den Islamismus nach Europa durch zunehmende demographische Verschiebung und Migration offen. Es ist nicht eine Frage der Religion, wenn von Islamisierung als Gefahr die Rede ist. Es ist überhaupt kein Problem, wenn die Mehrheit der Europäer islamischen Glaubens werden würde. Die Gefahr kommt vom politischen Islam, der die offene Gesellschaft der säkularen Demokratie durch seine Ordnungsvision einer „*Hakimiyyat Allah*/ Gottesherrschaft" ersetzen will. Das ist die Gefahr des neuen Totalitarismus! Dürfen wir offen darüber reden? Diese Frage beantworte ich im Schlusswort.

V. Der Zerfall der westlichen Einheit: Die US-Geopolitik und der neue Totalitarismus

Jenseits deutschen und arabischen Verschwörungsdenken kündigten die Anschläge vom 11. September als Angriff auf die westliche Zivilisation eine weltpolitische Entwicklung an, die den veränderten Charakter der internationalen Politik unter den Bedingungen der Herausforderung des neuen Totalitarismus veranschaulicht. Es folgte ein Wandel, bei dem der Fokus von Bin Laden/Afghanistan auf Saddams Herrschaft im Irak verschoben wurde. Dabei verwechselten US-Strategen die orientalische Despotie Saddams mit dem Djihad-Islamismus und fügten dem Krieg gegen den Terrorismus einen großen Schaden zu. Die Wahrnehmungen und Reaktionen auf die neue Entwicklung waren unterschiedlich und daran ist die Einheit des Westens zerbrochen. Dies ist sowohl auf transatlantischer als auch auf europäischer Ebene geschehen. Im Gegensatz zur Reaktion auf den neuen Totalitarismus in unserer Gegenwart war der Westen zu Zeiten des Ost-West-Konflikts vereint. Was ist geschehen?

Im Hintergrund der neuen Entwicklung stehen Zivilisationen und ihre Anschauungen. Auf dem Höhepunkt des Kalten Krieges hat Raymond Aron in seinem grandiosen Werk *›Frieden und Krieg‹* daran erinnert, dass die Menschheit substanziell aus Zivilisationen und nicht aus den seinerzeit dominant rivalisierenden Weltblöcken bestehe.[1] Deswegen werde, so Aron weiter, die „Heterogenität der Zivilisationen" zur wirklichen Konfliktquelle werden, sobald das bipolare Zeitalter zu Ende gehe. Aron, der das voraussah, starb vor dem Ende der Bipolarität und konnte die neuen Entwicklungen nicht erleben, war sich jedoch bewusst, dass die damals bestehende Blockbildung diese Heterogenität der Zivilisationen verschleiert. Die Zivilisationskonflikte würden „vielleicht auf lange Sicht schwerwiegendere Folgen nach sich ziehen, als die feindliche Gegenüberstellung zweier Regime oder zweier Lehren" (ebd.). In diesem abschließenden Kapitel stelle ich die Frage, ob die Einschätzung des neuen Totalitarismus im Rahmen der Entwicklung vom 11. September bis zum Irak-Krieg einen solchen Konflikt anzeigt. Im Westen ist man sich nicht einig darüber, dass der Konflikt zwischen dem neuen Totalitarismus und der offenen Gesellschaft die alte Auseinandersetzung des Ost-West-Konflikts ablöst. Dadurch wird die Position der westlichen Zivilisation bei der sicherheitspolitischen Abwehr der neuen Gefahr geschwächt.

Nach meinem Dafürhalten kommt im von den USA angeführten „Krieg gegen den Terrorismus“ der von Aron vorausgesagte Zivilisationskonflikt zum Ausdruck. Aron hat seine klugen Einsichten lange vor Huntington, der die Bedeutung von Zivilisationen in der Weltpolitik nur scheinbar als Erster erkannte, vertreten. Der Westen wehrt sich gegen die djihadistische Bedrohung, jedoch wird seine Sicherheitspolitik von Islamisten als Krieg gegen den Islam fehlgedeutet und entsprechend diffamiert. Es stellt sich hierbei die Frage, wie der Westen die anstehende Bedrohung erfolgreich abwehren kann, ohne den vorhandenen Zivilisationskonflikt eskalieren zu lassen. Zunächst muss die Einsicht vermittelt werden, dass wir es mit einer Herausforderung zu tun haben, die als neuer Totalitarismus bezeichnet werden kann. Eine zentrale Hypothese dieses abschließenden Kapitels lautet, dass die USA mit der angesprochenen Verschiebung des Fokus und dem daraus hervortretenden Irak-Krieg nicht nur das Ziel verfehlt, sondern auch die ohnehin geschwächten transatlantischen Beziehungen zum Abbröckeln gebracht haben.

1. Der Krieg gegen den Terrorismus: gegen den Islam? War die konstruierte Verbindung Afghanistan–Irak begründet?

Im vorliegenden Buch wird argumentiert, dass der Krieg des Westens gegen den Djihad-Terrorismus als Ausdruck des neuen Totalitarismus als gerecht zu deuten ist. Dies gilt nicht für den Irak-Krieg, sosehr dadurch eine blutrünstige orientalische Despotie beseitigt worden ist. Es war ein strategischer Fehler der USA, ja eine Verfehlung des Kriegsziels, als sie durch den Irak-Krieg den Fokus von Afghanistan und al-Qaida auf Saddam Hussein und dessen doch nicht vorhandene Massenvernichtungswaffen verschoben hatten. Fest steht, Saddam Hussein war nicht nur einer der vielen Diktatoren, er war ein Massenmörder. Hiervon zeugen die entdeckten Massengräber. Doch weder er noch seine „Republik der Angst“[2] hatten etwas mit dem internationalen Djihad-Terrorismus[3] oder mit dem Islamismus zu tun, der die westliche Zivilisation am 11. September 2001 als neuer Totalitarismus herausforderte.

Zu den zentralen Voraussetzungen für einen Erfolg im Krieg gegen den Djihad-Terrorismus gehört, jeden Nebenkonflikt in der Region zu meiden und islamische Verbündete zu gewinnen. Die neue Geopolitik der USA gegen den irregulären Djihad-Krieg unterstellte eine in der Realität nicht vorhandene Verbindung zwischen al-Qaida und Saddam. Dadurch ist der Irak-Konflikt, der zu einer internationalen Krise geführt hat, entstanden. In diesem Kontext hat der damalige malayische Ministerpräsident Mahathir bin Mohammed auf der Konferenz der „Blockfreien" in Kuala Lumpur Ende Februar 2003, also kurz vor dem Irak-Krieg, propagandistisch behauptet, dass ein „Krieg gegen den Islam" stattfinde. Leider stand er bei dieser zu einer Polarisierung führenden dichotomischen Wahrnehmung nicht allein. Die prowestlich eingestellten Muslime hatten es in dieser Situation schwer, auf der Seite des Westens gegen den neuen Totalitarismus zu stehen. Die Irak-Politik von Bush war daher kontraproduktiv. Glücklicherweise ersparte die kurze Dauer des Irak-Krieges der Welt weitere Eskalationen der Polarisierung zwischen der Welt des Islam und dem Westen.

Die zitierte Rede Mahathirs stand in der Welt des Islam und anderswo in Asien und Afrika als große Schlagzeile in den Medien. Dagegen fand sie in der deutschen Presse, wie etwa in der Zeitung *Die Welt* vom 24. Februar 2003, nur unter „Ausland kompakt" mit neun Zeilen Beachtung, andere haben sie ganz übersehen. *Die Welt* berichtete:

„Eine Invasion im Irak würde in der gesamten islamischen Welt als ein Krieg gegen Muslime betrachtet werden, erklärte Malaysias Ministerpräsident Mahathir Mohammed."

Als der Krieg ausbrach, kam es tatsächlich zu dieser Wahrnehmung, auch wenn die Unterstellung falsch, ja bösartig ist; sie wurde auf der Konferenz der „Blockfreien" (114 Staaten der früheren „Dritten Welt") gemacht; diese Staatengruppe ist heute ein Anachronismus der nicht mehr bestehenden Ost-West-Blockbildung. Den damaligen „Weltblöcken" wollten jene afroasiatischen Staaten nicht zugehörig sein. Der Wiener *Kurier* entsandte – anders als die deutschen Blätter – einen Korrespondenten nach Kuala Lumpur, der auf einer ganzen Zeitungsseite berichtete:

„Dieser Gipfel wird völlig von der Irak-Krise überschattet … Die Blockfreien erklärten ihre uneingeschränkte Solidarität mit dem Irak gegen einen US-Angriff. Der Gastgeber Mahathir sprach: … Der Westen wolle nicht den Terror bekämpfen, sondern Völker unterdrücken."[4]

Heftiger als Mahathir, doch gleichfalls maßgebend äußerte sich der Scheich von *al-Azhar*, der die höchste Autorität des sunnitischen Islam verkörpert: Sayyid al-Tantawi sprach von „Kreuzzüglern" und rief zum Djihad gegen sie auf. Der Scheich von *al-Azhar* ist bekanntlich ein friedlicher Muslim; ist er während des Irak-Krieges einer der Betreiber der djihadistischen Bedrohung geworden? Hat diese Frage einen Bezug zum 11. September, und wie steht es mit der falschen Verbindung zum Israel-Palästina-Konflikt? Führt die ehemalige „Dritte Welt" Djihad gegen den Westen? Diese und andere Fragen sollen im Folgenden beleuchtet werden.

Werfen wir einen Blick auf das internationale System und seine Wandlungen, ehe wir uns mit eben diesen Fragen befassen. In der Sprache der Welt- und Geopolitik setzt sich das internationale System aus Regionen zusammen, die als Subsysteme bezeichnet werden.[5] In diesem Sinne liegen die hier im Mittelpunkt stehenden Länder Afghanistan und der Irak in unterschiedlichen subsystemischen Regionen der Weltpolitik, also in Zentralasien und dem Nahen Osten. Beide gehören jedoch zur alten „Dritten Welt" und demnach zu einer weltpolitischen Kategorie der „Blockfreien", die nach Auflösung der Weltblöcke faktisch keine Substanz mehr hat. Die neue Kategorie „Zivilisation" vereinigt jedoch Nahost und Zentralasien im Rahmen des weltanschaulich einheitlichen „*Dar al-Islam*/Haus des Islam".

In der US-Außenpolitik wird eine Linie zwischen den Regionen Nahost und Zentralasien als Schlachtfeld im Krieg gegen den Terrorismus gezogen. Nun gehören beide weltpolitischen Regionen zur zivilisatorischen Welt des Islam, und so stellt sich die Frage nach der Logik, die hinter der Unterstellung einer solchen weltpolitischen Linie vom Krieg gegen die Taliban in Afghanistan[6] bis zur militärischen Invasion im Irak[7] steht. In Zentralasien galt es als vorrangiges Ziel, die Militärbasen des irregulären Djihad-Krieges[8], die al-Qaida für ihre Djihadisten dort aufgebaut hatte, zu zerstören. Diese Aufgabe wurde von Oktober bis Dezember 2001 erfolgreich erfüllt. Dennoch ist al-Qaida[9] keineswegs vernichtet. Ihre Kämpfer agieren heute unter anderem aus Nordpakistan und Kaschmir, somit bleibt die aus ihr hervortretende djihadistische Bedrohung bestehen. Zudem ist al-Qaida nach wie vor in etwa 60 Ländern dieser Erde präsent, also global vernetzt. Hierzu gehören auch westliche Staaten – wie die Bundesrepublik Deutschland –, in denen al-Qaida ihre Djihadisten ungehindert einschleusen kann und dabei die Islam-Diaspora zum Aufbau logistischer Zentren als Camouflage missbraucht. Durch diese Tatsachen wird übrigens deutlich, wie sehr die Integration islamischer Zuwanderer gescheitert ist. Wenn ein Journalist wie Udo Ulfkotte Fakten über diese Zusammenhänge in Deutschland veröffentlicht, wird er mit Hilfe des Rechtsstaates von Islamisten zeitweise zum Schweigen gebracht.[10]

In den vorangegangenen Kapiteln wurde im Einzelnen gezeigt, dass der neue Totalitarismus und seine djihadistische Bedrohung für den Westen viel älter als die Anschläge des 11. September sind. Das Bewusstsein hierüber ist kaum vorhanden, und es wird in Deutschland bewusst nicht gefördert. Auf diese Weise konnte verhindert werden, dass die Strategie für einen *„War on Terrorism“* eine Legitimität in der öffentlichen Meinung Deutschlands gewinnt. Andererseits muss hinterfragt werden, ob die angesprochene Linie von Zentralasien bis zum Nahen Osten, die bereits im Verlaufe des September 2001 gezogen wurde, angemessen und sinnvoll ist. Sehr gefährlich und folgenreich erscheint die Perzeption dieser Linie unter Muslimen, die daran glauben, der Krieg gegen den Terrorismus sei gegen sie gerichtet. In Deutschland herrschte dagegen eine andere Vision: Blut für Öl.

Zunächst möchte ich noch einmal betonen, dass ich der US-Politik unter Präsident George W. Bush sehr kritisch gegenüberstehe. Dennoch halte ich es für ignorant zu behaupten, es gehe lediglich um Blut für Öl. Aussagekräftiger ist die Formel: „Trotz Blut kein Öl“.[11] Während des Irak-Kriegs war es von den Medien unverantwortlich, gerade für ein Land wie Deutschland mit seiner Vergangenheit, den Menschen simple Deutungen der bestehenden weltpolitischen Lage zu Beginn des 21. Jahrhunderts zu verkaufen. Jochen Bittner stellte im Juli 2003 fest: „Je komplizierter die Weltlage, desto fester glauben die Deutschen an Verschwörungstheorien“ (*Die Zeit* vom 24. Juli 2003, S. 5). Zu dieser Wahrnehmung trug eine bestimmte Partei bei, indem sie daraus Kapital zu schlagen versuchte, um Wahlen zu gewinnen, ebenso wie Printmedien, um die Auflage zu erhöhen. Der meinungsführende *Spiegel* stellt in der Titelgeschichte seiner dritten 2003-Ausgabe die Frage, *„Worum es im Irak geht“*, und gibt die scheinbar einfache Antwort gleich auf dem Cover: *„Blut für Öl“*. *Die Zeit* unter der Chefredaktion von Josef Joffe reagierte hierauf in Ausgabe 5/2003 mit dem Artikel *„Die Mär vom Ölkrieg“*. Daraufhin folgten aggressive Leserbriefe gegen diesen Artikel. Im Gegensatz zum *Spiegel* war damals der *Zeit*-Autor des zitierten Artikels Thomas Kleine-Brockhoff von seiner Basis in Washington weit besser informiert und in seiner Argumentation auch nicht offensiv antiamerikanisch. Er zeigte, dass es im Irak um eine „Wende der amerikanischen Außenpolitik nach dem 11. September" geht, nämlich um eine Politik der „Entsaddamisierung des Irak" im Rahmen eines ehrgeizigen Projektes der „Demokratisierung Arabiens von außen". Die Wende schließt die Erkenntnis der Politiker ein, dass es den US-amerikanischen Interessen widerspräche, die vielen orientalischen Despoten, die sie bisher als Verbündete „züchteten", und zu denen bis 1990 Saddam Hussein selbst gehörte, weiterhin gewähren zu lassen. Denn diese Diktatoren sind unsichere Partner. Dazu gehören neben Saddam auch vorrangig die Öl-Saudis, die den politischen Islam weltweit, auch in Deutschland, mit vielen Millionen US-Dollar unterstützen. Der Djihad-Terrorismus des 11. September ist aus dem politischen Islam hervorgegangen; die saudischen Öl-Dollars gehören zu seinen Finanzquellen.[12] Die politische Erkenntnis, dass demokratische Partner sicherere Partner sind, kann jedoch nicht allein begründen, für einen Regimewandel einen externen folgenreichen Krieg zu führen. Die politische Entwicklung des Irak nach dem Regimewechsel hat gezeigt, dass Demokratisierung keine so einfache Aufgabe ist.

Es besteht kein Zweifel daran, dass eine Demokratisierung der arabischen Welt ein wichtiger Schritt gegen den neuen Totalitarismus ist, aber eine Umgestaltung des Nahen Ostens von außen ist ein außerordentlich gefährliches Unternehmen. Die Entwicklung des Irak nach der Befreiung von Saddams Terrorregime hat diese Befürchtung bestätigt. Statt des Rufes für Demokratie hören wir die Forderung nach einem „islamischen Staat". Nach dem Bekanntwerden der zahlreichen Massengräber muss jeder Humanist froh sein, dass Saddam – wie zuvor Hitler – mit Gewalt entfernt wurde. Die unter der US-Okkupation erwachsenen Gefahrenpotentiale bleiben dennoch ebenso wie die Frage bestehen, ob der Krieg im Irak den Kampf gegen den neuen Totalitarismus schwächte, nicht stärkte.

Die Analyse des postbipolaren Nahen Ostens als Kerngebiet der Welt des Islam zeigt, dass kulturelle Erneuerungen, die zwingend eine Islam-Reform einschließen, zu den Voraussetzungen für jede Demokratisierung gehören. Die US-Truppen haben im Irak zivilisatorische Grenzen überquert, ohne ein Bewusstsein davon gehabt zu haben, um welche Grenzen es sich überhaupt handelte. Trotz dieser Kritik lehne ich es ab, die amerikanische Außenpolitik polemischen Vorwürfen auszusetzen. Viele Kritiker, die die amerikanische Position nicht kennen, haben dies während des Irak-Kriegs getan. Wir müssen uns die US-Sicht anschauen, ehe wir sie kritisieren. Diese wird repräsentativ durch den sehr einflussreichen, weltweit gelesenen und durch Arbeiten wie *›The Coming Anarchy‹* bekannt gewordenen New Yorker Publizisten Robert Kaplan in einem Artikel in *The New Republic* formuliert. Kaplan gab als ein Ziel für den Irak-Krieg an, „das Vermächtnis des Kalten Krieges im Nahen Osten zu beenden ... Auf dem Höhepunkt des Kalten Krieges kamen überall in der arabischen Welt sektiererische Diktaturen an die Macht."[13] Diese seien nicht nur das Gegenteil von Demokratie, sondern auch eine Belastung für die internationale Sicherheit. Auf der Basis dieser Sicht wird die amerikanische Auffassung vertreten, die gesamte Region des Nahen Ostens müsse geopolitisch neu geordnet werden. Dies ist auch als eine versteckte Warnung an Saudi-Arabien zu verstehen. Hingegen sei der Irak, so Kaplan weiter, zum „lebenden Symbol dieser alten Ordnung geworden". Damals wurde in Washington ein Regimewechsel durch die Entmachtung Saddams als höchstrangiges Kriegsziel angesehen, dem auch gesamtregionale, also nahöstliche Implikationen innewohnen. Nun ist Saddams Regime entfernt worden und der Nahe Osten ist heute nach wie vor die Region, wie sie Kaplan beschrieben hat. Nichts hat sich geändert. Die gesamtregionale Neuordnung lässt auf sich warten!

2. Regimewechsel, Neuordnung des Nahen Ostens und die Vision vom demokratischen Frieden

Vor, während und nach dem Irak-Krieg wurde die US-Strategie in einen großen geopolitischen Rahmen eingeordnet. Leider haben die US-Strategen ihre Angriffsziele – in der Militärsprache die *„targets"* – durcheinander gebracht. Die Gesamtstrategie wurde auf das Militärische eingeengt. Die Entwicklung, die ich in diesem Buch *„cultural turn"* (vgl. Kap. 1) nenne, blieb unberücksichtigt. Sowohl für die USA als auch für den Krieg gegen den Terrorismus hat es sich als schädlich erwiesen, sich so auf einen Krieg gegen das Saddam-Regime zu fixieren und die zivilisatorische Dimension[14] dabei auszuklammern. Das eigentliche Ziel, die Abwehr der djihadistischen Bedrohung des neuen Totalitarismus, schien man aus den Augen verloren zu haben. Das Ergebnis dieser verfehlten Politik war ein weltweiter Antiamerikanismus sowie eine weltpolitische Isolierung der USA in der internationalen öffentlichen Meinung. In dieser Situation wurde unbeabsichtigt zur Stärkung des eigentlichen Feindes, nämlich des Islamismus, beigetragen.

Die Grundposition, dass bei der strategischen Antwort auf den neuen Totalitarismus auch die djihadistische Bedrohung, die von den einstigen al-Qaida-Camps in Afghanistan sowie deren Logistik in der westeuropäischen Islam-Diaspora ausging bzw. ausgeht, einbezogen werden muss, ist richtig. Bei dieser Bedrohung gehen die Gefahren nicht von einem konkreten Staat wie etwa dem Irak, sondern von einer Dreiecksverbindung aus. Diese besteht aus den westlichen Staaten, den islamischen Ländern und – zwischen diesen beiden – der westlichen Islam-Diaspora. Demnach war die Strategie, die die US-Administration während des Irak-Kriegs verfolgte, falsch. Die Politik des Regimewechsels ging an der inneren Struktur der Welt des Islam und der dort dominierenden Weltanschauung völlig vorbei. Nach dem Ende des Ost-West-Konflikts sind neue Gefahren ebenso wie neue Konflikt-Formationen eingetreten, die nichtstaatlicher Natur und somit kaum mit militärischen Mitteln in den Griff zu bekommen sind. Dabei hat sich der Charakter des Konflikts verändert. Im Gegensatz zur Bipolarität bezieht sich der neue Zivilisationskonflikt nicht auf Staaten-Formationen.

Nach dem Regimewechsel im Irak wurde die Gefahrenlage erheblich größer. Die schiitischen Geistlichen wollen einen Gottesstaat nach iranischem Muster, und die sunnitischen Stammesführer, die mit Recht ihre Macht schwinden sehen, führen Straßenkämpfe gegen die US-Soldaten und schießen sie ab. Diese Vorgänge im Irak können ohne Berücksichtigung der Formation der Zivilisationskonflikte nicht verstanden werden. Jeder, der im Denken von Antiamerikanismus, Verschwörungstheorie und „friedenshetzerischem" Kulturprotestantismus frei ist, konnte deutlich die Konturen dieser sich herausbildenden Konflikt-Formation sowohl im irregulären Gewaltakt des 11. September als auch in der islamischen Reaktion auf den Irak-Krieg erkennen. Gesinnungsethiker bestreiten diese Realität. Man kann über Meinungen, jedoch nicht über Fakten disputieren.

Es ist einfach falsch, den Krieg gegen den Terrorismus als „Vergeltung" zu bezeichnen, wie es Jürgen Habermas in seiner für mich als liberalen Muslim skandalös ignoranten Rede anlässlich der Verleihung des Friedenspreises des Deutschen Buchhandels getan hat. Weder versteht Habermas den Djihadismus noch das allgemeine Phänomen der „Rückkehr des Sakralen".[15] Führende amerikanische Intellektuelle haben in ihrem Manifest *„What we are fighting for"*[16] begründet, warum sie es für legitim halten, dass sich eine Demokratie gegen den Djihad-Terrorismus zur Wehr setzt. Es geht nicht bloß um einen kriminellen Terrorakt, sondern um einen neuen

Totalitarismus. Zu den Unterzeichnern des Papiers gehören neben anderen international als hochkarätig anerkannten Denkern der liberale Philosoph Michael Walzer und der den Holocaust überlebende jüdisch-amerikanische Bürger deutscher Herkunft Amitai Etzioni. Mit den beiden Letzteren habe ich zusammengearbeitet, so mit Etzioni an Roman Herzogs Buch ›*Preventing the Clash of Civilizations*‹[17] sowie mit Walzer als Mitglied des von den Ethikon-Instituten getragenen Projekts über Krieg und Frieden in Judentum, Islam und Christentum, dessen Ergebnisse die Princeton University Press veröffentlichte.[18] Anders als mit Walzer und Etzioni finde ich keine Gemeinsamkeit mit jenen, die die strategischen Fehler von Präsident Bush zum Anlass nehmen, Diktatoren wie den Massenmörder Saddam Hussein und totalitäre Ideologien wie den djihadistischen Islamismus als „Stimmen der Unterdrückten" salonfähig zu machen. Auch befremdet mich Habermas' Aufruf in der *Frankfurter Allgemeinen Zeitung* vom 31. Mai 2003, eine europäische Identität gegen die USA – und nicht gegen den neuen Totalitarismus – zu begründen. Es geht um einen benötigten Regimewechsel im Nahen Osten, nicht in den USA und im Wege des demokratischen Friedens steht nicht die US-Supermacht, sondern der Islamismus.

Die ursprünglich europäische, auf Kant zurückgehende Idee eines demokratischen Friedens, die ich hier in den Mittelpunkt stelle, bietet eine Legitimität für den Krieg gegen den Terrorismus. Es ist möglich, sie zu befürworten und gleichzeitig eine Kritik an der falschen Politik der Bush-Administration vorzutragen. Durch diese Politik und auch durch die Rumsfeld'sche Arroganz der Militärmacht wurde die Sympathie für Amerika nach dem 11. September verspielt. Die Abwehr des Djihad-Terrorismus wurde durch Rumsfeld ins falsche Licht gerückt. Das außenpolitische Instrumentarium, das mein Harvard-Kollege Joe Nye *„Soft Power"* nennt, wurde durch *„Military Power"* ersetzt, ja mit ihr verwechselt. Der Antiamerikanismus hat solche Formen angenommen, dass ein positives Urteil von Bush über die für die Freiheit demonstrierenden Studenten im Iran im Juni 2003 sie in Misskredit geraten ließ. Diese islamischen Studenten wollten eine offene Gesellschaft anstelle des totalitären Gottesstaates.

Mein Einsatz für eine Neuordnung des Nahen Ostens und für den demokratischen Frieden macht mich nicht blind gegenüber der US-Politik. Während einer der Höhepunkte des Irak-Konflikts verbrachte ich den Februar 2003 in Tokio. Dort konnte ich die von al-Jazeera ausgestrahlte Audiobotschaft von Osama Bin Laden vom

11. Februar hören, in der er erneut dazu aufrief, Bagdad im „Djihad gegen die Kreuzzügler“[19] zu verteidigen, da diese die einstige Hauptstadt des islamischen Kalifats der Abbassiden militärisch erobern wollten. Bin Laden machte keinen Hehl aus seiner Geringschätzung für den säkularen Panarabisten Saddam Hussein und verschwieg nicht dessen Einstufung als „*Murtad*/Apostat“, weil er vom „wahren Glauben“ abgefallen sei. In der US-Politik der Verschiebung des Fokus von Afghanistan auf den Irak sind diese Nuancen verloren gegangen. Dies hat zur Folge – wie bereits erwähnt –, dass selbst der gemäßigte Scheich von *al-Azhar* Sayyid al-Tantawi in seiner Fatwa (*al-Hayat* vom 14. März 2003) die Verteidigung des Irak zum Djihad gegen die „*Salibiyyun*/Kreuzzügler“ erklärt hatte. Durch die Gleichsetzung des zentralasiatischen Afghanistan als einstige Zentrale des global vernetzten al-Qaida-Djihadismus mit dem Irak wurde dem Kampf gegen den Terrorismus als djihadistischem Flügel des politischen Islam Schaden zugefügt. Mit der Verschiebung des Fokus in der US-Strategie vom Kampf gegen den islamistischen Bin-Ladismus zum Krieg gegen die säkulare Diktatur Saddam Husseins haben es die USA geschafft, viele Muslime gegen sich aufzubringen. Durch diese Polarisierung wurden die großen Unterschiede zwischen Bin Laden und al-Tantawi – wie eben gezeigt – verwischt: beide riefen zum Djihad! Weder eine geopolitische Neuordnung des Nahen Ostens noch ein demokratischer Frieden[20] konnte verwirklicht werden. Die Erkenntnis lautet: Ohne die inneren Strukturen des Subsystems Naher Osten zu berücksichtigen,[21] lassen sich dort keine Veränderungen in Richtung Demokratie und Zivilgesellschaft bewerkstelligen.

Ohne zu bestreiten, dass das Interesse an den irakischen Ölvorkommen in den geopolitischen Überlegungen der US-amerikanischen Nahost-Politik integriert war, halte ich es schlichtweg für einen Denkfehler, ein strategisches Konzept lediglich auf eines seiner Einzelelemente zu reduzieren. Beim Irak-Krieg ging es, wenngleich fehlerhaft, um einen Regimewechsel und um eine Neuordnung des Nahen Ostens, nicht primär um Öl. In der Berichterstattung der deutschen Medien wurde manipuliert und die Komplexität der Problematik über Bord geworfen. Dabei wurden Expertenmeinungen zumeist ausgeklammert. Es ist wichtig, heute in aller Ruhe – ohne Friedenshetze und Stimmungsmache gegen Amerika – Fakten zu vermitteln. In einem Bericht des aus meiner Sicht weltweit besten Magazins *The Economist*[22] lesen wir die Information, wonach sich alleine die Folgekosten des Krieges – also nicht die des

Krieges selbst – auf 100 Milliarden US-Dollar belaufen werden. Bei bester Schätzung betragen jedoch die Erdöl-Einnahmen des Irak nicht mehr als 15 Milliarden US-Dollar jährlich. Es müssten mindestens 7 Milliarden US-Dollar jährlich investiert werden, um die heruntergekommene Infrastruktur des irakischen Ölsektors zu modernisieren und die technischen Anlagen wieder aufzubauen. Nur dann, und erst nach etwa zehn Jahren könnten die Öl-Einnahmen des Irak höchstens 20 Milliarden US-Dollar pro Jahr einbringen. Dies würde weder die Kosten des Krieges noch die des Regimewechsels und des Wiederaufbaus des Irak decken. Im Sommer 2003 wurden offizielle Zahlen veröffentlicht, wonach die Stationierung der US-Truppen im Irak monatlich 3,9 Milliarden US-Dollar kostet. Solche Zahlen interessieren nicht. Laut dpa-Meldung hatte der deutsche Dichter Günter Grass die „Wahrheit" verkündet, nämlich: „Dieser drohende Krieg ist gewollt … Jedermann kann wissen oder ahnen, dass es um Öl geht, oder genauer: Es geht wiederum ums Öl."[23] Das Gedicht mag für manche Ohren gut klingen, mir als Analytiker fehlt hingegen der Glaube. Die Dichtung steht im Kontrast zum zitierten nüchternen Bericht des *Economist*, also zur Wahrheit. Demokratisierung, regionale Neuordnung und demokratischer Frieden sind Fragen der internationalen Politik, nicht der Dichtung.

In aller Kürze möchte ich auf der Basis dieser Fakten feststellen: Der Irak-Krieg war kein Ölkrieg. Es stand eine neue westliche Geopolitik im Umgang mit der djihadistischen Bedrohung eines neuen Totalitarismus an. Stets folge ich der Maxime: Erst die Fakten, dann die Meinung. Diese analytische Denkweise habe ich in den USA, nicht im Studium in Deutschland gelernt. Normativ trete ich für die Abwehr des neuen Totalitarismus ein, war aber auch entschieden gegen den Irak-Krieg, bis dieser zu Ende ging. Erst die Entdeckung der Massengräber hat mich gezwungen, unter Beibehaltung meiner Kritik die Entfernung Saddams mit Gewalt gutzuheißen.

3. Ein Rückblick auf die USA und den Irak-Krieg in weltpolitischer Perspektive

Weltpolitische Ereignisse, die Emotionen bewegen – hierzu gehören vor allem Kriege –, lassen sich besser mit einem klaren Kopf beurteilen, wenn sie zeitlich zurückliegen. Der Irak-Krieg macht keine Ausnahme. Westliche Geheimdienste haben Informationen darüber vorgelegt, dass der Irak über biochemische Waffenarsenale verfüge.[24] Nach der Befreiung des Irak von Saddams Herrschaft wurden diese Waffenarsenale nicht gefunden, so dass deren Existenz weiterhin auf unabsehbare Zeit ein Mysterium bleiben wird. Ich möchte diese Problematik zugunsten folgender Erkenntnis beiseite schieben: „Der islamistische Terror ist die größte Herausforderung."[25] Vor dem Irak-Krieg wurde befürchtet, dass das Saddam-Regime biochemische Waffen an Islamisten weitergebe, mit deren Hilfe größere Terroranschläge im Westen durchgeführt werden könnten. Diese Befürchtung hat sich nicht bewahrheitet. Dennoch gehört etwa der Bioterror durch den Einsatz von tödlichen Viren und Bakterien wie dem Anthrax-Erreger zu den großen Bedrohungen! Dieser Gegenstand war nicht neu und ist in der Literatur von Experten ausführlich behandelt worden.[26]

Bereits vor dem Krieg im Irak und auch vor den Anschlägen des 11. September 2001 fand in den USA eine Debatte darüber statt, wie mit dem Irak umzugehen sei.[27] Für die USA verband sich der Umgang mit einem diktatorischen Regime wie dem Irak zwangsläufig mit sicherheitspolitischen Implikationen der neuen Situation nach dem Ende des Ost-West-Konflikts. Selbst deutsche Leitartikler, die im Umgang mit Weltpolitik erfahren sind, scheinen nicht zu wissen, dass die heute noch bestehende Nahost-Ordnung, zu der nicht nur der Irak vor Saddam Husseins Sturz gehörte, ein Relikt des Kalten Krieges ist. Auf dieser Schiene sind die sicherheitspolitischen Gefahren für den Westen einzuordnen. Wir haben oben mit Hilfe der *Economist*-Zahlen gesehen, dass es im Irak-Konflikt keineswegs um einen Ölkrieg geht, wie die Kirchen, die deutsche Friedensbewegung und der zitierte Dichter Grass unterstellen. Vielmehr wurde das Ziel verfolgt, eine geopolitische Neuordnung des Nahen Ostens im Rahmen der neuen postbipolaren westlichen Sicherheitspolitik durchzusetzen. Meines Erachtens ist diese Position bis heute vertretbar, sosehr die Nachkriegsprobleme die Neuordnung behindern und zur Ernüchterung mahnen.

Die Nahost-Potentaten, die den Kalten Krieg überlebt haben – gleich ob Saudis oder panarabische Militär- und Geheimdienst-Diktatoren – fühlten sich bedroht, als einer von ihnen – etwa Saddam – gestürzt wurde. Als ein die Freiheit liebender Mensch aus dem Orient hatte ich während des Irak-Krieges große Schwierigkeiten, die Meinungsbilder der deutschen Friedensbewegung sowie mancher kultur-protestantischer Kirchenfunktionäre zu verstehen, die die Gefahr im demokratisch gewählten US-Präsidenten der ältesten Verfassungsdemokratie der Welt und *nicht* im Massenmörder

Saddam Hussein sahen. Nach dem Ende des Krieges haben wir durch die endlosen Massengräber erdrückende Beweise für den Mord an Hunderttausenden von Menschen erhalten. Unter der Gewaltherrschaft Saddams und seiner Baath-Partei brachten seine Henker zahlreiche Kurden und irakische Schiiten um. Über diese Opfer habe ich während der Proteste der deutschen Friedensbewegung keine einzige Klage gehört, ebenso wenig wie über die Gefallenen der beiden von Saddam entfachten Golfkriege. Häufig war die Parole „Freiheit den Palästinensern“, kein einziges Mal „Freiheit den Irakis“ auf Spruchbändern der Demonstranten zu lesen. In jener Zeit wurde der Vorsitz der UN-Kommission für Menschenrechte an die Militärdiktatur Libyen übertragen – auch hier erfolgte kein Protest. Ich schrieb hierzu meinen Artikel: *„Europäische Doppelmoral“* (*Die Welt* vom 4. März 2003).

Mich bedrückt das Fehlen der üblichen „Betroffenheit“ in Deutschland, als nach dem Krieg über die Entdeckung der Massengräber berichtet wurde. In seiner Rede vor Politikwissenschaftlern am American Enterprise Institute im Februar 2003 kündigte Präsident Bush die Einführung der Demokratie im Irak an. Ich weiß, dass er ein missionarisches Sendungsbewusstsein pflegt (vgl. meinen Artikel hierzu in *Financial Times Deutschland* vom 10. April 2003). Aber führte er deshalb Krieg? Es wäre naiv zu glauben, es ginge nicht um die Interessenlage der USA, die Präsident Bush bei der anvisierten Entsaddamisierung im Auge hatte und berücksichtigen musste. Obwohl es beim Krieg nicht vordergründig um Öl ging, gehört die Erdölversorgung der USA natürlich zu den Belangen der US-Außenpolitik. Das ist nachvollziehbar und durchaus legitim, denn jeder Staat verfolgt als rational handelnder Akteur im internationalen System seine nationalen Interessen. Daher wurde die Demokratisierung des Nahen Ostens in den Rahmen einer westlichen Sicherheitspolitik, die zu den Interessen der USA gehört, eingebunden. Zusammenfassend lässt sich sagen, dass Sicherheitspolitik nicht gleich Ölpolitik ist. Das Konzept, demzufolge demokratische Staaten im Nahen Osten bessere, d. h. sicherere Partner für den Westen sind, bildet den Ausgangspunkt der neuen US-Außenpolitik. Vergleichbar mit der Entsaddamisierung des Irak sind die Entnazifizierung Deutschlands und die Befreiung Japans. Beide Länder sind heute als Demokratien für die USA sicherere Partner als dies etwa das NS-Regime und das faschistische Japan in der ersten Hälfte des 20. Jahrhunderts waren. Die Frage ist nun, ob dieselbe Logik auch für den Irak sowie für die gesamte Region des Nahen Ostens gelten kann. Bedeutet dies, dass das Ziel der Demokratisierung der arabischen Welt im Kerngebiet der islamischen Zivilisation mit denselben Methoden wie 1945 erreicht werden kann? Hier habe ich große Zweifel, welche von der Entwicklung im Irak untermauert werden.

In diesem Abschnitt stelle ich die Frage nach den Gründen des Irak-Krieges und seinen Folgen. Er hat trotz Ablehnung und Warnungen vor seinen weltpolitisch unverantwortlichen Folgen in der Weltöffentlichkeit stattgefunden; ich gehörte zu den Kritikern und meine Vorbehalte sind in vielen Zeitungsartikeln dokumentiert. Meine Ablehnung basierte nicht auf pazifistischer Gesinnung, sondern auf einer strategischen Argumentation. Zu den Vorbehalten gehörten die befürchteten Folgen für den islamisch-westlichen Zivilisationskonflikt. Sowohl die Gefahr des Djihad-Terrorismus als auch die des übergeordneten neuen Totalitarismus ist nicht geringer geworden. Während des Irak-Krieges wurde in der Welt des Islam die Propaganda betrieben, dieser Krieg würde gegen die Muslime als solche geführt. Entsprechende Äußerungen können nicht alleine auf Rhetorik zurückgeführt werden, denn in der Welt des Islam besteht diese Perzeption[28], und so hat sie zur steigenden Konfrontation und wachsenden Polarisierung im Konflikt zwischen den Zivilisationen beigetragen.

Damit spreche ich eine umstrittene Problematik an, denn anders als im Westen, wo Wissenschaftler verfemt werden, die den Zivilisationskonflikt untersuchen, wird in der Welt des Islam die Wahrnehmung der Menschen auf die in den Mittelpunkt gerückte Unterteilung der Welt in Zivilisationen fokussiert. Als der Krieg im Irak stattfand, kam es zu einer antiwestlichen Mobilisierung in der gesamten Welt des Islam. Den Anhängern der Friedensbewegung sei gesagt, dass die öffentliche Meinung in der islamischen Welt keine pazifistische Anti-Kriegsfront ist. Sie ist mit der Friedensbewegung in Westeuropa also nicht geistesverwandt. Vielmehr verkörpert sie eine antiwestliche Haltung, die den Djihad befürwortet, wobei die Ideologie des Djihadismus als Aufruf zur Gewalt im Mittelpunkt steht. Kurz: Wir haben es hier also nicht mit einem islamischen Pazifismus zu tun. Europa und die USA gehören zur selben Zivilisation, ebenso wie Saddam und die islamistischen Gegner des Krieges zur selben Zivilisation gehören. Daraus folgt, dass die djihadistische Bedrohung *„fault lines“* (Bruchlinien) zwischen den Zivilisationen konstruiert, die nicht zwischen Europa und den USA unterscheiden. Dennoch, der Irak-Krieg hat zu einer transatlantischen Spaltung geführt, die für den Westen schädlich ist. Diese wird vom politischen

Islam, der eine Mobilisierung im Rahmen eines Antiamerikanismus als „Revolte gegen den Westen“ betreibt, voll ausgenutzt. Dabei war zu beobachten, dass die westlichen Demokratien – und zwar alle –, die mit einem neuen Totalitarismus konfrontiert sind, unterschiedlich auf die Gefahrenlage reagiert haben.

4. Europa und die USA im Konflikt und wie sie den neuen Totalitarismus wahrnehmen

Obwohl die USA und Westeuropa zur selben westlichen Zivilisation gehören, haben sich in beiden während der zweiten Hälfte des 20. Jahrhunderts unterschiedliche Wertebildungen und auch zivilisatorisch unterschiedliche Wahrnehmungen entfaltet. Am Beispiel des 11. September kann dies deutlich aufgezeigt werden. Die Anschläge fanden in den USA statt, nicht in Europa. Doch in Europa, wo dieser Akt des irregulären Krieges vorbereitet wurde (u.a. Hamburger Zelle), fehlt schlichtweg das Bewusstsein für die damit entstandene Gefahrenlage. Diese geht nicht nur vom islamistischen Djihadismus, sondern darüber hinaus von einem neuen Totalitarismus aus. Anders verhalten sich hier Russland und China im Krieg gegen den Djihad-Terrorismus, weil beide die Legitimität für ihren Kampf gegen den separatistischen Islamismus in Tschetschenien und Xinjiang suchen. Dieselbe Aussage gilt für Indien in Bezug auf Kaschmir. Dies zeigt, es geht also nicht alleine um die Sicherheitspolitik der USA. Auch die politischen Führungen in China und Russland sind dem irregulären Krieg ausgesetzt. In Westeuropa hat die Öffentlichkeit kein Bewusstsein hierfür, obwohl Islamisten eine Vision für die Islamisierung Europas im Rahmen ihrer Gottesherrschaft haben, die die Identität Europas gefährdet.

Der Irak-Krieg war für den Westen schädlich, weil er einen Keil zwischen die USA und die europäischen Kernländer Frankreich und Deutschland trieb. Nach Verabschiedung der UN-Resolution 1441 hatte sich die internationale Gemeinschaft zu Gunsten Saddams und gegen die USA gespalten. Man dachte zunächst, diese starke Resolution des Weltsicherheitsrates könne der Diplomatie Zähne verleihen und Saddam zu Zugeständnissen oder gar zum Verlassen des Landes zwingen, um den angedrohten Krieg doch noch zu vermeiden. Diese Hoffnung hat sich nicht erfüllt. Frankreich hat im Februar/März 2003 mit der Androhung eines Vetos jede Möglichkeit einer weiteren Resolution verhindert. Die Warnung der Europäer vor einem Irak-Krieg gewährte dem irakischen Diktator Zeit und ließ ihn der Illusion verfallen, dass die USA bedingt durch den Widerstand der Deutschen und Franzosen keinen Krieg gegen ihn führen würden. Durch die gespaltene westliche Front wurde Saddam in dieser Auffassung bestärkt. Somit haben die Drohungen der USA erheblich an Wirkung eingebüßt. In dieser Situation stand die amerikanisch-britisch-spanisch-polnische Allianz unter Handlungszwang. Auch aus der Retrospektive tragen Schröder und Chirac dafür Verantwortung, dass unter diesem Handlungszwang der Krieg ausbrach. Es besteht kein Zweifel daran, dass Saddam als Sieger hervorgetreten wäre, hätte der Irak-Krieg nicht stattgefunden. Dies wäre für die Supermacht USA nicht hinnehmbar. Auch hätte dies auf den Djihad-Islamismus ermutigend gewirkt. Es ist bedauerlich, dass Deutschland sich an der transatlantischen Spaltung besonders in Bezug auf Kontinentaleuropa massiv beteiligt hatte. Ein bemerkenswerter Leitartikel der *Financial Times Deutschland* trägt die Überschrift *„Amoklauf eines Bundeskanzlers“*; sein Autor Wolfgang Münchau urteilt wie folgt:

„So wie die Deutschen einst den totalen Krieg wollten, wollen sie jetzt den totalen Frieden ... Die Nato ist schwer beschädigt ... Fischer ist ... kein brillanter Außenminister ... Der Kanzler hat den bisher destruktivsten außenpolitischen Prozess in der deutschen Nachkriegsgeschichte ausgelöst.“[29]

Von dieser Sachlage ausgehend, will ich die amerikanischen und kontinentaleuropäischen Wahrnehmungen des Konfliktes erörtern. Bekanntlich bestimmen Wahrnehmungen als *„perceptions“* außenpolitische Entscheidungen. Der eingangs von mir erwähnte, liberale amerikanische Kriegstheoretiker und Princeton-Professor Michael Walzer gehört zu den Vertretern der Doktrin des „gerechten Krieges“,[30] die nun auch auf den Krieg gegen den Terrorismus Anwendung findet. Walzer ist jedoch skeptisch in Bezug auf Bushs Irak-Krieg. Er schrieb in einem Essay in *The New Republic*, dass „der Krieg gegen den Irak weder gerecht noch notwendig ist“[31]. Doch war er, ebenso wie ich, gegen die Herrschaft Saddam Husseins und gleichermaßen gegen die Haltung jener westlichen Politiker wie etwa Bundeskanzler Schröder, die sich während der Krise von Saddam gegen die USA instrumentalisieren ließen. Walzer hingegen trat für eine geeinte westliche Front gegen Saddam ein und sah darin – etwa durch Abschreckung, die Saddam zu Konzessionen hätte zwingen können – eine Alternative zum Krieg. Auf Schröders unverantwortliche Äußerung, „die Kriegsdrohung der USA blockiert jede Anstrengung“, antwortete Walzer prägnant: „Ich fürchte, das Gegenteil ist richtig: Ohne die Drohung würde es überhaupt keine Anstrengung geben“ (ebd.). Mit der Spaltung der westlichen Front im UN-Sicherheitsrat wurde die Hoffnung auf die Entmachtung Saddams, ohne einen Krieg zu beginnen, begraben. In Boston sagten mir Amerikaner, die geschichtsbewusst und keine „Bushisten“ sind, dass ohne die USA und die Opfer der gefallenen US-Soldaten im 2. Weltkrieg in der Normandie und auf anderen Kriegsschauplätzen Europas man heute in Frankreich vermutlich eher Deutsch sprechen würde. Mit der Befürwortung des Krieges gegen Hitlers Gewaltherrschaft möchte ich gar nicht behaupten, dass der Einsatz von Gewalt in jedem Fall die einzige und ultimative Methode von Demokratisierungsanstößen darstellt. Die deutsche Friedensbewegung jedoch schien zumindest bestehende geschichtliche Tatsachen völlig zu ignorieren.

In seinem zitierten Essay wirft Michael Walzer den Europäern Folgendes vor: „Unsere Verbündeten zeigen keinen Handlungswillen.“ Weil dies in der europäischen Politik fehlt – etwa beim deutschen Bundeskanzler –, wurde die Position Saddams zeitweise gestärkt und die des Westens entsprechend geschwächt. Durch Schröders Rhetorik vom „deutschen Weg“ hat die Position des Westens und auch Deutschlands nachhaltig Schaden genommen. Diese Einschätzung vertrat auch ein ehemaliger Generalinspekteur der Bundeswehr, der Schröders „deutschen Weg“ als „Irrweg“[32] bezeichnete. Der Westen hätte nur vereint mit resoluter Abschreckung, nicht mit pazifistischen Sprüchen einen Krieg verhindern können. Die Politik des deutschen Bundeskanzlers Schröder hat demnach eine Erfolg versprechende militärische und wirtschaftliche Abschreckung des Irak systematisch unterminiert. Ein prominenter irakischer, damals im Ausland lebender Oppositioneller, Scharif Ali[33], der aus der Familie des Propheten Mohammed stammt, hat diese Kritik vorgetragen. Der Pazifismus habe den Krieg gefördert, statt ihn zu verhindern.

Nun hat der Krieg stattgefunden; die auf den Nahen Osten bezogen befürchteten destabilisierenden Auswirkungen sind nicht eingetreten. Im Irak selbst jedoch gewann eine irakisch-schiitische Opposition im Süden des Landes und somit in der gesamten Region an Einfluss. Der Iran fördert diese Entwicklung mit allen Mitteln. Dagegen haben sich die irakischen Kurden nach dem Fall Saddams zu den Alliierten loyal verhalten und der Türkei keinen Vorwand geboten, militärisch einzugreifen. Aber eines der Kriegsziele, nämlich die *von außen* einzuführende Demokratisierung des Nahen Ostens ist nicht erreicht worden. Nun ist die Demokratie nicht nur eine zu verordnende Wahl-Prozedur, sondern basiert auch auf einer politischen Kultur, die dem Irak fremd ist. Nach dem Sturz des Saddam-Regimes war es nicht möglich, die fragmentierte irakische Exilopposition, die kaum einen Einfluss im Land selbst hatte, an die Macht zu bringen. Eine Zwischenlösung war der irakische „Ruling Council". Die inneren Angelegenheiten des Nachkriegs-Irak gehen auch Europa an. Die Europäer verbieten sich hingegen eine Einmischung in die Region. Und das gehört auch zu den transatlantischen Divergenzen.

5. Der politische Islam und die Entwicklungsszenarien nach dem Irak-Krieg

Während des Irak-Krieges propagierten Islamisten die gegen den Westen gerichtete Parole „Christliche Kreuzzügler gegen den Islam". Nach dem Fall „Saddams" kam es zu einer verstärkten djihadistischen Bedrohung. Es ist der Schi'a-Klerus, der nach einer islamischen Revolution ruft! Damit hat Washington nicht gerechnet. Diese Feststellung mag die Vorurteile mancher Kontinentaleuropäer gegenüber Amerikanern (US-Naivität etc.) verstärken. Dem will ich entgegentreten, weil ich in den USA bessere Diskussionen als in Europa erlebt habe. Im Vorfeld des Krieges fand in einem der größten „Think Tanks" der US-Streitkräfte, dem „Naval War College", in Newport im März 2002 eine interne Konferenz über den Nahen Osten als *„The Arc of Instability"* statt. Dort hörten die anwesenden hochrangigen US-Diplomaten und Militärs die Ausführungen von Nahostexperten, zu denen auch ich mit einem Referat über den islamischen Fundamentalismus und dessen djihadistische Bedrohung gehörte. Die Experten erklärten, wie hoch die Risiken seien, die mit einem Militäreinsatz verbunden wären. Davon möchte ich die größten im Folgenden erläutern:

1. Angesichts der Tatsache, dass der Palästina-Konflikt bisher ungelöst blieb und weiter eskaliert, würde das Entfachen eines weiteren Konfliktherds im Irak und somit in der nahöstlichen Teilregion des Golfs zu einer verheerenden Destabilisierung des gesamten Nahen Ostens führen. Die Erkenntnis, dass ein Militäreinsatz gegen Saddams Irak von einer Deeskalation im israelisch-palästinensischen Konflikt begleitet sein müsse, wurde auch von Tony Blair vertreten. Mit Rücksicht auf den Verbündeten räumte Präsident

Bush ein, dass ein Palästinenser-Staat zur Demokratisierung des Nahen Ostens beitragen würde. Geschehe dies nicht, so könne die von Islamisten geführte Intifada neue Höhen erreichen und die gesamte Region erfassen. Viele Experten vertraten die Auffassung vor und nach dem Irak-Krieg, dass das US-amerikanische Irak-Projekt ohne eine Lösung für Palästina zum Scheitern verurteilt wäre. Es gab jedoch auch Experten, die der Meinung waren, dass als Nebenprodukt des Irak-Kriegs eine automatische Lösung für Palästina hervortreten würde. Die US-Entscheidungsträger haben von diesen Argumenten gelernt. Unter dem Druck von Präsident Bush ist nach dem Irak-Krieg ein neues palästinensisches Kabinett unter Abu-Mazen gebildet worden. Damit wurde aber nur vorläufig die Alleinherrschaft von Arafat beendet. Die Hoffnung, mit dem palästinensischen Premier, also Abu Mazen, eine Eindämmung des Djihad-Terrorismus erfolgreich zu betreiben, wurde nicht erfüllt; er trat zurück. Um mich vor Missverständnissen zu schützen, unterstreiche ich, dass das Irak-Problem nicht aus dem ungelösten palästinensisch-israelischen Konflikt hervorgegangen ist. Auch ohne Israel und Scharon hätte es die Saddams, Qadhafis und Bin Ladens in der Welt des Islam gegeben. Doch ohne den Irak-Krieg wäre es zu dem – wenn auch brüchigen – Road-Map-Frieden nicht gekommen. Aber auch dieser ist gescheitert.

2. Vor der gewaltsamen Entfernung Saddams wurde ein Chaos-Szenario prophezeit, das auch tatsächlich durch die Plünderungen nach der Befreiung eingetreten ist. Ein klares Szenario für eine Nachkriegsordnung bestand vor dem Krieg nicht. In Washington wurden Überlegungen darüber angestellt, welche politischen Kräfte den Diktator ersetzen sollten und welche Stabilität sie garantieren könnten. Dazu gab es den Plan einer Übergangsperiode, in der einer US-Militärverwaltung im Irak eine zentrale Rolle zukäme. Dies erwies sich als unbrauchbar. Für die Araber ist diese Militärverwaltung, insbesondere mit der damit einhergehenden Aufteilung in verschiedene Zonen mit einer Besatzung gleichzusetzen. Die weit verbreiteten Verschwörungsphantasien in der arabischen Welt haben nach dem Fall Bagdads einen Höhepunkt erreicht; die ohnehin vergifteten westlich-islamischen Beziehungen gelangten an einen weiteren Tiefpunkt. Weil es keine demokratischen Kräfte im Irak gibt, die in der Lage sind, einen säkular-demokratischen Staat zu regieren, musste doch eine US-Verwaltung unter Paul Bremer gebildet werden; ihr steht jedoch ein aus Irakis multireligiös und multiethnisch zusammengesetzter „Ruling Council" zur Seite.

3. Die Risikopotentiale des Irak-Kriegs waren und sind mit dem vorangegangenen Krieg in Afghanistan nach dem Sturz der Taliban nicht vergleichbar. Im Irak gibt es keinen Hamid Karzai und auch keine käuflichen Warlords, die gegen US-Dollar eine scheinbare Ruhe garantieren könnten. Gleich nach dem Ende des Irak-Kriegs begriffen die Amerikaner, dass der bereits zitierte Nachkomme der Haschemiten-Dynastie, Scharif Ali bin Hussein, nicht in die Rolle eines irakischen Karzai schlüpfen könnte. Die beiden Kurdenführer Talabani und Barazani repräsentieren exklusiv ihre Gemeinschaften, die jeweils eine ethnische Minderheit darstellen und zudem potentiell separatistische Neigungen hegen. Die teuer erkauften, im INC (Iraqi National Congress) versammelten irakischen Exoffiziere, die sich in Europa als irakische Exilopposition präsentierten, waren im Irak selbst völlig ohne Einfluss und sind deshalb *nicht* mit den Paschtunen-Warlords vergleichbar. Ein Großteil dieser Exoffiziere ist während des ersten Golfkriegs 1980–1988 geflohen. Sie haben sich seitdem weder im Irak aufgehalten, noch verfügen sie dort über eine Anhängerschaft. Auch die von den USA unter anderem in Ungarn militärisch ausgebildeten Irakis sind im Irak selbst ohne Bedeutung. Sie hätten bestenfalls als Polizisten zur Wiederherstellung der Ordnung gegen die Plünderer, nicht aber als Regierung eingesetzt werden können. Damit wurde klar, dass eine Übergangsperiode unter US-Präsenz unvermeidbar ist. Die tagtäglichen von irakischen Sunniten und aus dem Ausland eingedrungenen Djihadisten verübten Terroranschläge gegen US-Soldaten bringen jedoch erhebliche Verunsicherung mit sich.

4. Durch ethnische, religiöse und sonstige Zwiste war die irakische Exilopposition stark gespalten und bleibt dies auch nach dem Irak-Krieg. Sie ist nicht regierungsfähig, sondern reflektiert die Fragmentation der irakischen Gesellschaft im Land. Die Idee der USA eines Regimewechsels im Irak als Vorbild für den Nahen Osten ist eine schöne Vorstellung von Demokratie, aber im historischen und politischen Kontext des Irak nur ein Luftschloss. Diesem Plan hatte man Rechnung getragen, als nach der Befreiung des Irak zunächst mit Jay Garner ein US-Militärverwalter eingesetzt wurde. Die Bush-Administration erkannte schnell, dass eine zeitlich lang anhaltende, wirtschaftlich sehr kostspielige und politisch risikoreiche Präsenz der US-Amerikaner im Irak mit unkalkulierbaren Risiken verbunden sein würde. Garner wurde durch Paul Bremer abgelöst. Die USA versuchen nun – mit wenig Erfolg – die Militärpräsenz im Irak zu internationalisieren.

Die Bilanz des Irak-Kriegs lässt sich wie folgt zusammenfassen: Der amerikanische Militäreinsatz im Irak hat unerwartet schnell die Beseitigung des Diktators ermöglicht, gleichzeitig jedoch zu einem Chaos sowohl im Irak, wenngleich nicht, wie Experten vorhersagten, in der gesamten Region des Nahen Ostens geführt. Das Nichteingreifen der Türkei in den Krieg hatte nur geringe negative Konsequenzen für die militärische Kriegsführung der Alliierten, bewahrte aber das Kurdenproblem vor einer Eskalation. Ebenso ist aus dem Irak-Krieg kein zwischenstaatlicher Konflikt hervorgetreten, der die Türkei, Iran und Syrien hätte umfassen können. Das größte Problem war und bleibt die innere Ordnung im Irak selbst.

Eine Hoffnung ist das ferne Ziel der Demokratisierung. Ich habe bereits angeführt, dass Demokratie nicht nur ein Wahlgang, sondern vor allem eine politische Kultur ist. Um die Schwierigkeiten bei der Demokratisierung des Irak nach Saddam besser zu verstehen, müssen wir das Fehlen dieser Kultur anführen. Die Bevölkerungsstruktur des Landes zeigt, dass die irakische Gesellschaft eine Stammesgesellschaft ist.[34] Der Irak wurde seit seiner Entstehung 1921 von unterschiedlichen Klientelen der nur etwa 20 Prozent der Gesamtbevölkerung bildenden arabisch-sunnitischen Minderheit beherrscht.[35] Bis auf christliche und schiitische Vorzeigefiguren bestand die politische Klasse exklusiv aus sunnitischen Arabern. Unter der Herrschaft der Baath-Partei wurde dies eingeengt auf eine Klientel aus Saddams Stadt Tikrit. Im Süden leben die 55 Prozent der – unter Saddam unmündigen – irakischen Schiiten,[36] im Norden die etwa 20 Prozent Kurden. Die verbliebenen anderen 5 Prozent der Bevölkerung umfassen andere Minderheiten (vor allem Christen, Turkmenen und Jeziden), von denen bereits viele als Flüchtlinge in den Westen – vor allem nach Deutschland – ausgewandert sind. Unter den Irakern lässt sich auch nach Saddams Sturz kein Konsens über einen demokratisch regierten Irak finden. Eine Integrationsfigur ist nicht vorhanden, nicht einmal ein Anwärter für eine Stabilität versprechende Regierung ist in Sicht. Alleine die Schiiten, die eine totalitäre Gottesordnung fordern, bieten solche Figuren – wie Ayatollah al-Hakim einst bis zu seiner Ermordung im August 2003. Verständlicherweise werden diese nicht von arabischen Sunniten und Kurden akzeptiert.

Die ethnische und religiöse Fragmentierung des Landes finden wir in der irakischen Opposition wieder. Der politische Islam im Irak wird durch die schiitische Opposition getragen, die vom fundamentalistischen Nachbarstaat Iran Unterstützung erhält. Der iranische Präsident Mohammed Khatami galt bisher als Reformer, der Westen ist jedoch inzwischen über die Lage im Iran ernüchtert. Die meisten US-Politiker, aber nur wenige Europäer erkennen, dass der iranische „Reformer“ Khatami, der sich bereits nach innen und außen als Feigenblatt des fundamentalistischen Staates erwiesen hat, auch gefährlich ist. Konkret heißt das: Im Vergleich zum Irak unter Saddam ist der Iran heute fortgeschrittener in der Entwicklung seiner nuklearen „Kapabilitäten“ und daher auch gefährlicher. Die schiitische Opposition im Irak mit dem *Obersten Rat der islamischen Revolution im Irak* (SCIRI) – bisher unter der Führung von Ayatollah Muhammad Bakr al-Hakim – an der Spitze trägt weiterhin im Titel – „islamische Revolution“ – die Drohung des Djihadismus. Auch der Schiit Muqtada al-Sadr, dessen Vater von Saddam ermordet wurde, droht laufend mit dem Djihad. Es kann der Demokratisierung der Region nicht dienlich sein, wenn diese klerikalen Kräfte die Schergen der Saddam-Tikrit-Klientel durch eine Mullah-Republik ersetzen. In der internationalen Politik ist es wichtig, die unterschiedlichen Risiken zu kalkulieren. Heute sieht man klar, wie risikoreich die Entfernung Saddam Husseins war, ohne vorher zu wissen, was danach kommt. Außer dem Iran und seinem Modell gilt ferner noch Saudi-Arabien als wahre Quelle des politischen Islam und seines Djihad-Terrorismus.[37]

Statt der versprochenen Demokratie ist heute anstelle von Saddams „Republik der Angst“ (vgl. Anm. 2) innere Anarchie im Irak eingetreten, die die US-Truppen vor unlösbare Probleme stellt. Es gibt keine Garantie dafür, dass sich die Probleme lösen, wenn 2004 eine neu gewählte US-Regierung vor diesen Problemen kapituliert, ihre Truppen abzieht und dem neuen Totalitarismus das Feld überlässt! Selbst die schlimmsten Feinde Amerikas wünschen sich dieses Szenario im Irak nicht! Der Irak könnte sich in eine blutige Hölle der Anarchie verwandeln, wodurch der neue Totalitarismus, nicht die Demokratie gefördert wird.

Schlussbetrachtungen

Die Welt des Islam befindet sich heute in einem gefährlichen Zustand, aus dem der Djihad-Islamismus hervorgeht. Die Probleme islamischer Gesellschaften, aus denen diese Erscheinung hervorgetreten ist, sind hingegen „hausgemacht“: Wenn Muslime und ihre Herrscher sich weigern, die Verantwortung für die politische Situation zu übernehmen, verschieben sie die Schuld auf andere und vertreten die Haltung, dass externe Einflussfaktoren – etwa die Globalisierung – entscheidend seien. Es scheint so, als würde eine Gemeinsamkeit zwischen einigen Deutschen und Arabern bestehen, nämlich in der Neigung, soziale und politische Phänomene – etwa den Terrorismus – verschwörungstheoretisch auf externe „Ursachen“ zurückzuführen. Gewollt oder ungewollt werden hierbei die Terroristen gestärkt und von ihrer Schuld freigesprochen: Entweder werden sie als Globalisierungsgegner vernebelt, so eine europäische Sichtweise, oder als „Instrumente der Juden und Zionisten“ verfemt – so geschehen durch den saudischen Innenminister Najef Abdulaziz in einem schändlichen Interview mit entsprechenden Ausfällen in *al-Hayat*. Nicht weniger empörend ist die US-amerikanische Personifizierung der Gewalt, die in der Illusion gipfelt: „Erwischt Bin Laden und tötet ihn, dann ist der Spuk vorbei.“ Ähnliche Simplifizierungen der Gefahr hörte man im Vorfeld des Irak-Kriegs in Bezug auf die Person Saddam Husseins. Obwohl diese Parteien nichts miteinander zu tun haben, ist ihnen dennoch gemeinsam, die inneren Strukturen in der Welt des Islam zu übersehen. Dies gilt für Präsident Bush und seine europäischen Kritiker ebenso wie für jene Muslime, die sich der Verantwortung für notwendige innerislamische Reformen widersetzen. Werden diese Strukturen in der Welt des Islam am Beispiel Nahost nicht verändert, dann werden der Kampf gegen den Terrorismus und jegliche Versuche einer Neuordnung des Nahen Ostens nach dem Irak-Krieg erfolglos bleiben. Dies schreibe ich, obwohl ich weiß, dass keine der nahöstlichen Staatsordnungen es wert ist, erhalten zu bleiben. Sie sind despotisch, aber nicht totalitär, wie die von Islamisten ersehnte Gottesherrschaft.

Bei dieser Erörterung stellt sich natürlich vorrangig die Frage sowohl nach dem sozioökonomischen wie nach dem zivilisatorischen Konflikt-Verhältnis zwischen dem Westen und der Welt des Islam. Diese globale Dimension gilt auch als Hintergrund des islamistischen Totalitarismus. Jedoch gibt es auch, und zwar an entscheidender Stelle, innere Faktoren im Nahen Osten, die diese Situation bestimmen. Nur in diesem Rahmen kann die verbreitete Interpretation des klassischen islamischen Djihad als Djihadismus, der Terrorismus zulässt, angemessen verstanden werden. Diese inneren Faktoren werden sowohl in der arabischen als auch in der deutschen Debatte über die Ursachen des islamistischen Terrorismus unterbewertet oder gar übersehen. Der neue Totalitarismus als übergeordnete Problematik bleibt unbeleuchtet.

In meiner Bemühung, die Bedeutung der zivilisatorischen Weltanschauung für jede Konfliktanalyse hervorzuheben, ordne ich die djihadistischen Terrorerscheinungen in die Problematik der fehlenden Demokratisierung in der Welt des Islam sowie in die des immer noch dominierenden, verkrusteten islamischen Kulturmusters ein, das einer Reformierung bedarf, um die Basis für eine Neuordnung zu schaffen. Ich behaupte, dass es nicht die Globalisierung ist, die diese Missstände fördert; sie sind innerislamischer Natur. Die Weltanschauung des islamischen Mittelalters, der Sultan sei „*Zhul Allah*/ Schatten Allahs auf Erden“[1] (Ibn Taimiyya), herrscht exemplarisch im Irak vor. US-Soldaten können sie nicht verändern, geschweige denn aus dem Wege schaffen.

Nicht nur im Nahen Osten, sondern in allen 57 islamischen Ländern dieser Welt gibt es – bis auf die zwei, wenn auch sehr unvollständigen Demokratien in Indonesien und der Türkei – nirgendwo eine demokratische Ordnung. Ebenso lässt sich feststellen, dass wir, außer im Iran und in einigen Bundesstaaten Nigerias (früher auch Sudan und Afghanistan), nirgends fundamentalistische Ordnungen der Gottesherrschaft vorfinden können. Die politischen Systeme der arabischen und islamischen Welt sind also weder Demokratien noch Gottesordnungen. Oft handelt es sich schlicht um säkulare Diktaturen wie in Syrien oder Libyen sowie traditionelle Monarchien, die sich islamisch legitimieren, wie etwa und erstrangig Saudi-Arabien. Alle diese Regierungsformen lassen sich mit Karl Wittfogel als „orientalische Despotie“[2] beschreiben.

Eine andere Ordnung strebt die fundamentalistische Opposition an. Sie will eine totalitäre Ordnung der Gottesherrschaft. Selbst im Irak, der von der Despotie Saddams durch US-Truppen befreit wurde, besteht die Gefahr, dass der Regimewechsel sich nicht im Sinne von Demokratie, sondern nach der Vorstellung der schiitischislamistischen Gruppierungen vollzieht. Die Irakis teilen Richard Perles Formel „Amerika kommt als Befreier“ nicht, in ihrer Wahrnehmung sind christliche Kreuzzügler ins Land einmarschiert.

Anlass zur Hoffnung auf Veränderung gibt es wenig, dennoch erheben sich unter den Muslimen einzelne Stimmen, die in die richtige Richtung weisen, indem sie sich für Demokratisierung und kulturelle Reformen einsetzen. In den USA erfolgte die Rede vom Regimewechsel jedoch, ohne die erläuterten Zusammenhänge zu kennen, geschweige denn zu berücksichtigen. Bei der Bush-Regierung scheint es im *„War on Terrorism“* nur militärische Lösungen zu geben. Sowohl die Bush-Regierung als auch deren europäische Gegner verkennen die Bedeutung der politischen Kultur im Nahen Osten. Erfreulich sind die ernüchternden Kommentare von Thomas Friedman in der *New York Times*, worin er die klare Erkenntnis vorträgt, dass – symbolisch – nur die Muslime selbst Bin Laden „töten“ könnten. Dies ist nicht physisch, sondern metaphorisch in einem kulturellen und politischen Sinne gemeint. Die totalitären Islamisten sind keine Globalisierungsgegner. Der Djihad-Islamismus ist eine Weltanschauung, die die Symptome zweier Krankheiten in der Welt des Islam, orientalische Despotie einerseits und orthodoxer, nichtreformierter bzw. islamistischer Islam andererseits, zum Ausdruck bringt.

In dem Land, wo Muslime am eigenen Leib die Gottesherrschaft erlebt haben, also im Iran, demonstrierten Teheraner Studenten fast täglich gegen den islamischen Klerus für die Rettung der Meinungsfreiheit und anderer Grundrechte. Eine andere Hoffnung gebende Stimme ist die des kritischen Intellektuellen und Kommentators der Kairoer Wochenzeitung *al-Ahram*, Usama Ghazali-Harb, der zugleich Parlamentsmitglied ist. In *al-Ahram* forderte er die Araber auf, endlich damit aufzuhören, ihr Elend als Folge von gegen sie ausgeheckten Verschwörungen fehlzudeuten. Der im deutschsprachigen Raum zu Unrecht stark beklatschte, inzwischen verstorbene Gegenaufklärer Edward Said indes, dem man auch in Deutschland ganze Feuilleton-Seiten einräumte, verleugnete den totalitären Islamismus und behauptete, alle Tatsachen übergehend, die Täter des 11. September und der folgenden Anschläge seien „einzelne Verrückte“ gewesen und hätten mit dem Islam nichts zu tun.

Auf dem eigenen Territorium kann und darf der Westen eine Sicherheitspolitik entwickeln, mit der er sich gegen den neuen Totalitarismus schützt. In der Welt des Islam hingegen kann der Westen weder gegen Diktatur und Despotie noch gegen den neuen Totalitarismus Entscheidendes tun. Nur die Muslime selbst können ihr

Schicksal ändern und die Welt von den heutigen islamischen „Krankheiten" befreien, zu denen der Djihad-Islamismus gehört. Dies können sie nur dann, wenn sie ihre Religion von den terroristischen Djihadisten und dem neuen Totalitarismus befreien. Nur so lassen sich demokratische Ordnungen in der Welt des Islam errichten. Im Koran heißt es: „Allah verändert nichts an einem Volk, solange sich seine Angehörigen nicht ihrerseits verändern" (Sure 13, Vers 11). Wir sehen es bereits an den Folgen des Irak-Krieges: Die Politik des Regimewechsels durch US-Truppen hat zu mehr Antiamerikanismus, mehr Verschwörungsdenken, ja mehr Terrorismus, nicht aber zu einer Demokratisierung im Nahen Osten beigetragen.

Zusammenfassend stelle ich fest, dass Muslime nur dann in Freiheit und Entwicklung leben und eine bessere Zukunft haben können, wenn sie Demokratisierung und kulturelle Reform des Islam anstreben und sich dabei vom Verschwörungsdenken loslösen. In der Studie arabischer Wissenschaftler *„Arab Human Development Report 2002"*, die im Auftrag der UNO-Behörde für Entwicklung (UNDP) angestellt wurde, wird beschrieben, dass die arabische Welt nicht nur stagniert, sondern sich auch rückwärts entwickelt.[3] Dieser Report enthält keinerlei Hinweise, die für die Verschwörung von Juden, Kreuzzüglern und der satanischen USA als Ursache für die Missstände des Nahen Ostens sprechen. Weder diese, in der arabischen Welt stark verbreitete Wahrnehmung noch das Gerede von Globalisierung als Ursache aller Probleme werden in dem UNDP-Report genannt. Vielmehr werden die wahren Gründe offen ausgesprochen: Das Fehlen von Menschenrechten, Demokratie und die verkrusteten kulturellen Muster eines nichtreformierten Islam fördern das Fortbestehen der orientalischen Despotien, unter denen die bestehende Diktatur gedeiht. Unter diesen inneren Bedingungen verharrt die arabische Welt in Stillstand und Rückständigkeit. Das ist der Nährboden für Probleme, die sich auch auf den Westen – etwa durch Zuwanderung und deren Folgen – auswirken können. Die Antwort des Islamismus auf die orientalische Despotie ist nicht Demokratie, sondern eine Gottesherrschaft. Gegen diese benötigt der Westen eine neue Sicherheitspolitik. Im Nahen Osten geht es um Freiheit und Unfreiheit, und für den Westen geht es um eine neue internationale Sicherheitspolitik. Die stereotype Deutung der islamischen Misere durch die Vertreter des politischen Islam und die Verordnung des Djihadismus als gewaltförmige Revolte gegen den Westen sind Symptome einer Krise der islamischen Zivilisation. In dem Band ›*Culture Matters*‹[4] von Samuel Huntington und

Lawrence Harrison sind Analysen enthalten, die zeigen: Ohne kulturellen Wandel wird es keine Demokratisierung geben. Die US-Soldaten konnten einen orientalischen Despoten stürzen, aber Demokratie nicht erzwingen. Dieses Buch hat in Kapitel I mit einer Diskussion über die „*cultural turn*/kulturelle Wende" begonnen und endet mit der Bestätigung der Annahme, dass nur soziokulturelle Veränderungen unser krisenhaftes Zeitalter befrieden können. Die alten Totalitarismen, Kommunismus und Faschismus, gingen aus Krisen hervor, die Demokratisierung war die westliche Antwort hierauf. Der neue Totalitarismus ist ebenfalls Resultat seiner Krise. Die große Französische Revolution brachte die erste Welle der Demokratisierung. Die Antwort auf den Faschismus war die zweite Welle der Demokratisierung; die dritte folgte auf den Niedergang des Kommunismus. Wird die Menschheit, vor allem die Welt des Islam, durch die Überwindung des islamistischen Totalitarismus mit einer vierten Welle beglückt? Werden wir einen globalen demokratischen Frieden im Sinne Kants im 21. Jahrhundert bekommen? Ohne einen Beitrag aufgeklärter Muslime[5] hierzu wird diese Hoffnung nie in Erfüllung gehen. Die Muslime des 21. Jahrhunderts stehen vor der unzweideutigen Wahl: offene Gesellschaft der Demokratie und der individuellen Menschenrechte oder eine Gottesherrschaft des djihadistischen neuen Totalitarismus. Auf die gesamte Welt bezogen bedeutet die Wahl, sich für die Option des demokratischen Weltfriedens oder für die des irregulären Djihad-Krieges zu entscheiden.

Anmerkungen

I. Der religiös-kulturelle Neoabsolutismus als Totalitarismus

[1] Siehe Bruce Lincoln, *Holy Terrors. Thinking about Religion after September 11*, Chicago 2003; vgl. auch die vor dem 11. September erschienene Arbeit von Mark Juergensmeyer, *Terror in the Mind of God*, Berkeley 2000.

[2] Vor dem 11. September wurde an der London School of Economics/LSE ein Projekt über Religion und internationale Politik durchgeführt, dessen Ergebnisse in dem Sonderheft zum Thema „Religion and International Affairs" der Zeitschrift *Millennium. Journal of International Studies*, Band 29 (2000), Heft 3, veröffentlicht wurden. Vgl. auch das Buch von Jeff Haynes, *Religion in Global Politics*, London 1998.

[3] Mark Juergensmeyer, *The New Cold War? Religious Nationalism confronts the Secular State*, Berkeley 1993.

[4] Graham E. Fuller und Ian O. Lesser, *A Sense of Siege. The Geopolitics of Islam and the West*, Boulder 1995, besonders Kapitel 8.

[5] Vgl. Fernand Braudel, *A History of Civilizations*, New York 1993; sowie der Reader von John Rundell und Stephen Mennell (Hrsg.), *Classical Readings in Culture and Civilization*, London 1998.

[6] B. Tibi, *Krieg der Zivilisationen*, Hamburg 1995 (neue Ausgaben 1998 und 2001), sowie Samuel P. Huntington, *The Clash of Civilizations*, New York 1996; ferner Roman Herzog u. a., *Preventing the Clash of Civilization*, Henrik Schmiegelow (Hrsg.) (darin Beiträge von B. Tibi u. a.), New York 1999, deutsche Übersetzung 2000.

[7] Zur Neubelebung des diskreditierten Geopolitik-Ansatzes, die jedoch in kritischer Absicht geschieht, siehe die Arbeit von Gearóid O. Tuathail, *Critical Geopolitics*, Minneapolis 1996, besonders S. 168ff.; sowie in Bezug auf den Islam die in Anm. 4 oben zitierte Arbeit.

[8] Vgl. Institut für Sozialforschung (Hrsg.), *Soziologische Exkurse*, 3. Auflage, Frankfurt am Main 1974 (1. Auflage 1956, dies war das Lehrbuch der Frankfurter Schule meiner Generation); ferner Max Horkheimer, *Sozialphilosophische Studien*, Frankfurt am Main 1972; sowie Theodor W. Adorno, *Gesellschaftstheorie und Kulturkritik*, Frankfurt am Main 1975. Beide Bände enthalten gesammelte Aufsätze.

[9] Ernst Bloch, *Thomas Münzer als Theologe der Revolution*, Nachdruck, Frankfurt am Main 1972, S. 55.

[10] Zum 11. September B. Tibi, *Die fundamentalistische Herausforderung. Der Islam und die Weltpolitik*, 4., neu geschriebene Auflage, München 2003,

hier Kapitel V und VI sowie Stefan Aust und Cordt Schnibben (Hrsg.), *11. September. Geschichte eines Terrorangriffs*, 5. Auflage, München 2002. Dagegen behauptete der Ex-Bundesminister Andreas von Bülow in: *Die CIA und der 11. September*, München 2003: „Die Täter waren nicht die Islamisten, sondern US-Geheimdienste." Dazu Wilfried von Bredow, „Als Lachnummer", in: *Frankfurter Allgemeine Zeitung* vom 4. August 2003, S. 6.

[11] Peter L. Bergen, *Heiliger Krieg Inc. Osama bin Ladens Terrornetz*, Berlin 2001.

[12] Jürgen Brand, „Islambücher ausverkauft", in: *Stuttgarter Zeitung* vom 27. September 2001, S. 21.

[13] In den achtziger Jahren habe ich zur fachlichen Begründung einer historisch-sozialwissenschaftlichen Islamologie eine beim Suhrkamp Verlag erschienene Trilogie vorgelegt, die in viele Sprachen übersetzt wurde. Es handelt sich um die Bände: B. Tibi, *Die Krise des modernen Islam*, Neuauflage, Frankfurt am Main 1991 (1. Ausgabe 1981, übersetzt u. a. ins Englische und Indonesische); ders., *Der Islam und das Problem der kulturellen Bewältigung sozialen Wandels*, Neuauflage, Frankfurt am Main 1991 (1. Ausgabe 1985, übersetzt u. a. ins Englische und Indonesische); ders., *Vom Gottesreich zum Nationalstaat*, Neuauflage, Frankfurt am Main 1991 (zuerst 1971, dann 1987 und 1991, sowie Nachdruck 2001, u. a. Englisch und Türkisch). In den neunziger Jahren habe ich in Harvard eine weitere Trilogie angefertigt, die folgende Bände umfasst: B. Tibi, *Kreuzzug und Djihad. Der Islam und die christliche Welt*, München 1999 (Neuauflage 2001); ders., *Der Islam und Deutschland. Muslime in Deutschland*, Stuttgart 2000 (Neuauflage 2001) und schließlich: ders., *Einladung in die islamische Geschichte*, Darmstadt 2002 (Neuauflage 2003).

[14] Ernst Bloch, *Thomas Münzer als Theologe der Revolution* (wie Anm. 9), S. 55.

[15] Theodor W. Adorno, *Stichworte. Kritische Modelle 2*, 3. Auflage, Frankfurt am Main 1970, S. 189.

[16] Vgl. Eric Hoffer, *The True Believer. Thoughts on the Nature of Mass Movement*, London 1952, deutsche Übersetzung: *Der Fanatiker. Eine Pathologie des Parteigängers*, Reinbek 1965.

[17] Die Orientalismus- und Feindbild-Islam-Diskussion erfolgt beinahe propagandistisch. Zu den wenigen seriösen Beiträgen gehört Siegfried Kohlhammer, *Die Feinde und die Freunde des Islam*, Göttingen 1996, S. 7–82 und S. 83 ff. Zu Edward Said und zur Orientalismus-Debatte siehe ferner Kapitel 4 in: B. Tibi, *Einladung in die islamische Geschichte* (wie Anm. 13). Die Arbeit von Kohlhammer wurde in den deutschen Medien von der „Gesinnungspolizei" völlig verschwiegen. Es gelang mir nicht, eine einzige Zeitung für eine Rezension dieses Buches zu gewinnen.

[18] Die Textstellen sind zu finden bei: B. Tibi, *War and Peace in Islam*, in: Terry Nardin (Hrsg.), *The Ethics of War and Peace*, Princeton 1996 (Nachdruck 1998), S. 128–145.

[19] Vgl. Bruce Lincoln, *Holy Terrors* (wie Anm. 1), S. 102 ff.

[20] Bassam Tibi, *Die fundamentalistische Herausforderung* (wie Anm. 10), Kapitel V (Neuauflage).

[21] Clifford Geertz (Hrsg.), *Religiöse Entwicklungen im Islam. Beobachtet in Marokko und Indonesien*, Frankfurt am Main 1988, mit einem Essay von B. Tibi (stw-Ausgabe 1991).

[22] Aber vgl. Roger Scruton, *The West and the Rest. Globalization and the Terrorist Threat*, Wilmington 2002; Shireen T. Hunter, *The Future of Islam and the West. Clash of Civilizations or a Peaceful Coexistence?*, Westport 1998; sowie B. Tibi, *Krieg der Zivilisationen* (wie Anm. 6).

[23] Damit will ich sagen, dass es falsch ist, wenn man den Zivilisationskonflikt allein als „Clash of Interests" deutet, wie es beispielsweise Fawaz A. Gerges, *America and Political Islam. Clash of Cultures or Clash of Interests?*, Cambridge 1999, tut.

[24] Lawrence E. Harrison und Samuel P. Huntington (Hrsg.), *Culture Matters. How Values shape Human Progress*, New York 2000. Im Jahr 2003 wurde dieses Projekt an der Fletscher School, an dem ich auch beteiligt war, mit besonderem Fokus auf den Islam fortgesetzt.

[25] Johannes J. G. Jansen, *The Dual Nature of Islamic Fundamentalism*, Ithaca 1997.

[26] B. Tibi, „Vom klassischen Djihad zum terroristischen Djihadismus", in: *Jahrbuch für Extremismus und Demokratie*, Band 14 (2002), S. 13–26.

[27] B. Tibi, *Die neue Weltunordnung*, Berlin 1999, Neuauflage München 2001 (Original: *The New World Disorder*, Berkeley 1998, überarbeitete Neuauflage 2002).

[28] Der Anspruch auf Ablösung westlicher durch islamische Dominanz wurde maßgebend erstmals formuliert von Sayyid Qutb, *al-Salam al-Alami wa al-Islam* (*Der Weltfriede und der Islam*), legale Ausgabe, Kairo 1992.

[29] B. Tibi, *Kreuzzug und Djihad* (wie Anm. 13).

[30] B. Tibi, „International Morality and Cross-Cultural Bridging", in: Roman Herzog u. a., *Preventing the Clash of Civilizations* (wie Anm. 6).

[31] Sadik Jalal al-Azm, *Al Naqd al-dhati ba'd al-hazima* (Selbstkritik nach der Niederlage), Beirut 1968 (viele Auflagen). Vgl. dazu mein Buch: *Conflict and War in Middle East. From Interstate War to New Security*, Neuauflage, New York 1997, Kap. 4, besonders S. 81 ff.

[32] Zu al-Farabi mit Belegen und Literaturhinweisen Kapitel 4, in: B. Tibi, *Der wahre Imam*, München 1996 (SP-Ausgabe 1998 und 2001), S. 133–150.

[33] Helmut Seiffert, *Sprache heute. Eine Einführung in die Linguistik*, München 1977, S. 14.

[34] Samir al-Khalil, *Republic of Fear. The Politics of modern Iraq*, Berkeley 1989.

[35] Hamdy M. Azzam, *Der Islam: Geschichte, Lehre und Wirkung*, Bindlach 1981.

[36] Die aus dem Irak stammende Israelin Ofra Bengo bewies dies vorzüglich in ihrem Buch *Saddam's World. Political Discourse in Iraq*, New York 1998.

[37] Im mittelalterlichen Islam wirkten islamische Rationalisten wie al-Farabi, Ibn Sina und Ibn Ruschd als Aufklärer. Hierzu B. Tibi, *Der wahre Imam* (vgl. Anm. 32 oben); diese Aufklärung wurde jedoch nicht institutionalisiert.

[38] B. Tibi, *Die Verschwörung*, 2., erweiterte Auflage, Hamburg 1994.

[39] Einzelheiten zum Sechstagekrieg in: B. Tibi, *Conflict and War in Middle East* (wie Anm. 31), Kap. 3.

[40] Hierzu die einstige Beiruter Zeitschrift *Mawaqif* (1968 ff.); darin schrieb ich ab Heft 3 regelmäßig.

[41] Zur iranischen Revolution vgl. Cheryl Bernard und Zalamay Khalilzad, *The Government of God. Iran's Islamic Republic*, New York 1984. Ferner Said A. Arjomand, *The Turban for the Crown. The Islamic Republic in Iran*, New York 1988.

[42] Zum Export der islamischen Revolution im Iran siehe B. Tibi, *Fundamentalismus im Islam. Eine Gefahr für den Weltfrieden?*, 3., erweiterte Auflage, Darmstadt 2002, Kapitel 8.

[43] Zu den Sekten im Islam vgl. Fuad Khuri, *Imams and Emirs. State, Religion and Sects in Islam*, London 1990.

[44] B. Tibi, *Der wahre Imam* (wie Anm. 32).

[45] William M. Watt, *Mohammed at Medina*, Oxford 1956.

[46] B. Tibi, *Vom Gottesreich zum Nationalstaat* (wie Anm. 13).

[47] Samuel P. Huntington, *The Third Wave. Democratization in the Late Twentieth Century*, Norman/Oklahoma 1991.

II. Politischer Islam als Islamismus: Die neueste Spielart des Totalitarismus

[1] Hannah Arendt, *Elemente und Ursprünge totaler Herrschaft*, Frankfurt am Main 1962, hierzu besonders Kapitel 11 und 12 im 3. Teil „Totalitäre Bewegung und totalitäre Herrschaft". Der Islamismus ist noch eine Bewegung; seine „Gottesherrschaft" ist noch eine (Horror-)Vision für die Zukunft.

[2] Karl R. Popper, *Die offene Gesellschaft und ihre Feinde*, 2 Bände, 7. Auflage, Tübingen 1992. Analog spreche ich von offenem Islam (Rationalismus) versus totalitärem Islam (Orthodoxie und Islamismus).

[3] Vgl. in diesem Zusammenhang meine Artikel über den AKP-Sieg: „Islamisten in die EU?", in: *Die Welt* vom 11. November 2002, S. 8; ferner: „Arglose Europäer. Die islamistische Regierung der Türkei will den EU-Beitritt nutzen", in: *Financial Times Deutschland* vom 19. November 2002, S. 31; sowie: „Türkische Islamisten tarnen sich", in: *Rhein-Zeitung* vom 10. Dezember 2002, S. 2; und: „Zu langer Weg nach Europa. Die Europäisierung der Türkei ist misslungen", in: *St. Galler Tagblatt* vom 20. Dezember 2002, S. 2.

[4] Ich denke, dass eine demokratische Deutung des entpolitisierten Islam möglich ist. Vgl. hierzu mein Kapitel „Democracy and Democratization in

Islam", in: Michèle Schmiegelow (Hrsg.), *Democracy in Asia*, New York 1997, S. 127–146.

[5] Hierzu die Beiträge im Themenheft „Religion and International Affairs" der Fachzeitschrift *Millennium* (wie Anm. 2 zu Kap. 1), darin meine Abhandlung „Post-Bipolar Order in Crisis: The Challenge of Politicized Islam" auf S. 843–859.

[6] Vgl. den Aufsatz „The Return of the Sacred?" in der von Daniel Bell herausgegebenen Essay-Sammlung *The Winding Passage. Essays and Sociological Journeys 1960–1980*, New York 1980, S. 324–354. Mehr als zwei Dekaden danach machte Jürgen Habermas eine ähnliche Beobachtung in seiner Frankfurter Rede „Glauben und Wissen", erschienen in: *Frankfurter Allgemeine Zeitung* vom 14. Oktober 2001, S. 9. In dieser Rede – gehalten in der Paulskirche – gelangt er jedoch zu völlig falschen Schlussfolgerungen. Hierzu ausführlich B. Tibi, „Habermas and the Return of the Sacred", in: *Religion, Staat und Gesellschaft*, Band 3 (2002) Heft 2, S. 265–296.

[7] Vgl. die Beiträge im Band von Hans Meier (Hrsg.), *Totalitarismus und Politische Religion*, Paderborn 1996. Hier findet man den Bezug auf totalitäre säkulare Ideologien, die als politische Religion präsentiert werden; es handelt sich nicht um „richtige" Religionen.

[8] Ich stimme daher *nicht* mit der Deutung des Iraners Mohammed Djassemi überein, der nur eine instrumentelle Verwendung (Missbrauch der Religion) sieht, vgl. Mohammed Djassemi, *Macht und Staat im Islam*, Niebüll 2002.

[9] Vgl. hierzu die Beiträge, vor allem die Geertz-Gellner-Kontroverse, in: Erasmus-Foundation (Hrsg.), *The Limits of Pluralism. Neo-Absolutism and Relativism*, Amsterdam 1994, darin auch mein Aufsatz „Political Islam as an Expression of Fundamentalism", S. 29–36, als Beispiel für diesen Neoabsolutismus, demgegenüber die Ausübung von Toleranz Selbstaufgabe und Indifferenz bedeuten würde. Die Kontroverse zwischen Ernest Gellner und Clifford Geertz erfolgt über Relativismus und Absolutismus.

[10] Ich unterscheide zwischen christlichem Abendland und Westen. Hierzu B. Tibi, *Kreuzzug und Djihad* (wie Anm. 13 zu Kap. 1), Kap. II und VI.

[11] Zentral und zugleich international maßgebend sind die vom protestantischen Theologen Martin Marty und dem katholischen Theologen Scott Appleby herausgegebenen fünf Bände des *Fundamentalism Project*, Chicago 1991–95, hier vor allem Band 1: *Fundamentalisms Oberserved*. Die Forschungsergebnisse dieses an der American Academy of Arts and Sciences durchgeführten Projekts werden zusammengefasst und erläutert in B. Tibi, *Fundamentalismus im Islam* (wie Anm. 42 zu Kap. 1), S. 14–22.

[12] Zur Säkularisierungsdebatte siehe den Reader von Heinz-Horst Schrey (Hrsg.), *Säkularisierung*, Darmstadt 1981.

[13] Zur neueren Literatur über den Pluralismus gehört vorrangig John Kekes, *The Morality of Pluralism*, Princeton 1993, besonders die Einleitung über Moralität und Pluralismus, S. 3–16.

[14] B. Tibi, *Im Schatten Allahs. Der Islam und die Menschenrechte*, völlig neu geschriebene und auf 620 Seiten erweiterte Ausgabe, München 2003.

[15] Vgl. Anm. 6 zu Kap. 1.

[16] Vgl. die Reden von Uri Avnery und B. Tibi, in: Detlef Kröger (Hrsg.), *Religionsfriede als Voraussetzung für den Weltfrieden*, Osnabrück 2000, hierin B. Tibi, S. 17–28 und Uri Avnery S. 29–40.

[17] Zum Pluralismus in diesem Kontext vgl. die Debatte bei B. Tibi, *Islamische Zuwanderung. Die gescheiterte Integration*, München 2002, Kapitel 6.

[18] John Kelsay, *Islam and War*, Louisville 1993, S. 116–118. In Bezug auf diese Problematik für Deutschland vgl. B. Tibi, *Der Islam und Deutschland. Muslime in Deutschland*, 2. Auflage, München 2001.

[19] Vgl. B. Tibi, „Politische Ideen in der Dritten Welt während der Dekolonisation“, in: Iring Fetscher und Herfried Münkler (Hrsg.), *Pipers Handbuch der politischen Ideen* (5 Bände), hier Band 5, München 1987, S. 361–402.

[20] Samuel P. Huntington, *The Clash of Civilizations*, New York 1996 (in Deutsch erschienen mit dem falschen Titel: *Kampf der Kulturen*, Wien 1997). Vgl. dazu Kapitel 7 über die Huntington-Debatte in meinem in Anm. 6 zu Kap. 1 (*Krieg der Zivilisationen*) aufgeführten Buch, S. 307–333.

[21] Sayyid Qutb, *al-Islam wa Muschkilat al-hadarah* (Der Islam und das Problem der Zivilisation), 9. legale Auflage, Kairo 1988. In meinem Buch *Kreuzzug und Djihad* (wie Anm. 13 zu Kap. 1) gehe ich diesem Konflikt bis ins 7. Jahrhundert nach. Seine bis dahin zurückreichenden Wurzeln werden heute durch den politischen Islam neu belebt. Wer sie nicht kennt, versteht den Islamismus nicht!

[22] Hierzu B. Tibi, „Islamism, National and International Security After September 11“, in: Günther Baechler und Andreas Wenger (Hrsg.), *Conflict and Cooperation. The Individual between Ideal and Reality* (Festschrift für Prof. Spillmann), Zürich 2002, S. 127–152. Vgl. auch mein Kapitel „Between Islam and Islamism. A Security Approach vis-à-vis Islamism“, im Band von Tami A. Jacoby und Brent E. Sasley, *Redefining Security in the Middle East*, Manchester 2002, S. 62–82. Die britische Regierung hat 2003 ein Gesetz durchgesetzt, welches ermöglicht, Islamisten mit der Sicherheit eines britischen Zweitpasses auszuweisen. Vgl. den Bericht: „London schränkt die Bürgerrechte ein. Wer die Interessen des Landes verletzt, kann künftig seinen britischen Pass verlieren“, in: *Tagesspiegel* vom 3. April 2003, S. 6.

[23] Eric Hobsbawm und Terrence Ranger (Hrsg.), *The Invention of Tradition*, Cambridge 1983 (Nachdruck 1996), darin die Einleitung von Hobsbawm, S. 1–14. Zu einer solchen Erfindung gehört die Neuaufnahme der klassischen Djihad-Tradition, dazu vgl. B. Tibi, *Einladung in die islamische Geschichte* (wie Anm. 13 zu Kap. 1) Kapitel II.

[24] Hierzu das Standardwerk von Norman Daniel, *Islam and the West. The Making of an Image*, Neuauflage, Oxford 1997 und außerdem das Kapitel „Selbst-/Fremdbilder“ in: B. Tibi, *Islam und Deutschland, Muslime in Deutschland* (wie Anm. 18), S. 57–90.

[25] Zur westlichen Zivilisation vgl. die vorzügliche Arbeit von David Gress, *From Plato to NATO. The Idea of the West and its Opponents*, New York 1998. In der europäischen Geschichte müssen wir zwischen den beiden zivilisatorischen Einheiten „christliches Abendland“ und „Westen“ unterscheiden. Leider werden beide selbst in der Fachliteratur durcheinander gebracht. Vgl. dazu korrigierend B. Tibi, *Kreuzzug und Djihad* (wie Anm. 13 zu Kap. 1), Kapitel 2 über das christliche Abendland und Kapitel 5 über die westliche Zivilisation.

[26] Zur Wahrnehmung des Golfkriegs als Kreuzzug vgl. B. Tibi, *Die Verschwörung* (wie Anm. 38 zu Kap. 1), hier Teil 4, S. 273 ff.

[27] Vgl. das historische Standardwerk von Fernand Braudel, *The Mediterranean and the Mediterranean World in the Age of Philipp II*, 2 Bände, Berkeley 1996. Zum besseren Verständnis der geopolitischen Bedeutung des Mittelmeers in unserer Gegenwart tragen die Beiträge in Werner Weidenfeld (Hrsg.), *Herausforderung Mittelmeer*, Gütersloh 1992 bei. Zur Bedeutung des Mittelmeers nach dem leider untergegangenen Oslo-Frieden siehe auch: Bichara Khader, *Le Partenariat Euro-Mediterranéen. Après la Conférence a Barcelone*, Paris 1997; und außerdem neu: Hans G. Brauch und Antonio Marquina (Hrsg.), *Euro-Mediterranean Partnership for the 21st Century*, London 2000. Siehe auch B. Tibi, „Searching for Euro-Mediterranean Peace“, in: *Centerpiece/Harvard University's WCFIA*, vol. 14 (2000), Heft 1, S. 4–5 und 6.

[28] Hierzu vgl. Bassam Tibi: *Pulverfass Nahost. Eine arabische Perspektive,* Stuttgart 1997, S. 248 ff.

[29] Vgl. meinen Artikel „Selig sind die Belogenen. Der christlich-islamische Dialog beruht auf Täuschungen und westlichem Wunschdenken“, in: *Die Zeit* vom 29. Mai 2002, S. 9; sowie „Der christlich-islamische Dialog“, in: *Bayern-Kurier* vom 18. August 2002, S. 2; und ferner „Das verlogene Spiel mit der Opferrolle“, in: *Die Welt* vom 17. August 2002, S. 23 (Feuilleton). Ich betone: Wir brauchen den Dialog, aber nicht solche Formen. In meiner Abhandlung zu der Festschrift der deutschen Institution des interkulturellen Dialogs, also zum Goethe-Institut, skizziere ich historisch und inhaltlich den Rahmen des Dialogs. Vgl. meine Abhandlung „Kulturarbeit als Dialog zwischen den Zivilisationen“, in: Goethe-Institut (Hrsg.), *Murnau, Manila, Minsk. 50 Jahre Goethe-Institut*, München 2001, S. 25–38.

[30] Vgl. die in Anm. 4 und 6 sowie in Anm. 22 zu Kap. 1 nachgewiesenen Arbeiten.

[31] Vgl. den von arabischen Experten angefertigten UN-Bericht des United Nations Development Programme/UNDP: *Arab Human Development. Report 2002, Creating Opportunities for Future Generations*, New York 2002 (168 Seiten).

[32] Zu den Auseinandersetzungen um diese Problematik vgl. Anm. 17 zu Kap. 1.

[33] Peter L. Berger, *Heiliger Krieg Inc. Bin Ladens Terrornetz*, Berlin 2001.

[34] Daniel Kestenholz, „Die USA ernten in Asien das Misstrauen, das sie

säen. Washington wird für viele Araber zum Kriegstreiber", in: *Die Welt* vom 2. Januar 2003, S. 6.

[35] Zu der Abu-Zaid-Affäre vgl. B. Tibi, *Fundamentalismus im Islam* (wie Anm. 11), Kapitel 7, S. 103–116.

[36] Zur Entstehung und Entwicklung meiner Vision des Euro-Islam siehe mein Buch *Im Schatten Allahs* (wie Anm. 14), Kapitel 12, S. 491–529; sowie mein Kapitel: „Muslim Migrants in Europe: Between Euro-Islam and Ghettoization", in: Nezar AlSayyad und Manuel Castells (Hrsg.), *Muslim Europe or Euro-Islam?*, New York 2002, S. 31–52.

[37] Hierzu Nadjib Armanazi, *al-Schar' al-Duwali fi al-Islam* (Völkerrecht im Islam), Damaskus 1930 (Nachdruck London 1990); sowie B. Tibi, „War and Peace in Islam", in: Terry Nardin (Hrsg.), *Ethics of War and Peace*, Princeton 1996, S. 128–145.

[38] Josef van Ess: *Theologie und Gesellschaft im 2. und 3. Jahrhundert Hidschra. Eine Geschichte des religiösen Denkens im frühen Islam*, 6 Bände, Berlin 1991, hier Band 1, S. 17.

[39] Einzelheiten bei B. Tibi, *Der wahre Imam. Der Islam von Mohammed bis zur Gegenwart*, München 1996 (SP-Ausgabe 1998 und 2001).

[40] Hedley Bull, „The Revolt against the West", in: Hedley Bull und Adam Watson (Hrsg.), *The Expansion of International Society*, Oxford 1984, S. 217–228.

[41] Zur arabischen Djihad-Eroberung Kapitel I und zur türkisch-osmanischen Djihad-Welteroberung Kapitel IV in: B. Tibi, *Kreuzzug und Djihad* (wie Anm. 13 zu Kap. 1).

[42] Zur islamischen Geschichte vgl. Marshall G. S. Hodgson, *The Venture of Islam*, 3 Bände, Chicago 1977. Siehe auch Bernard Lewis, *Islam*, 2 Bände, New York 1987, Band 1: *Politics and War*, Band 2: *Religion and Society* (Quellenbände). Vgl. auch meine in Anm. 13 zu Kap. 1 angeführte Arbeit *Einladung in die islamische Geschichte*.

[43] Vgl. Geoffrey Parker, *The Military Revolution. Military Innovation and the Rise of the West, 1500–1800*, Cambridge 1988. Über die neuere Geschichte vgl. Philip D. Curtin, *The World and the West. The European Challenge and the Overseas Response in the Age of Empire*, Cambridge 2000.

[44] Hierzu mit zahlreichen Originalbelegen B. Tibi, *Islamischer Fundamentalismus, moderne Wissenschaft und Technologie*, 2. Auflage 1993 (Nachdruck 2001).

[45] Roger Scruton, *The West and the Rest. Globalization and the Terrorist Threat*, Wilmington 2002, besonders S. 125 ff. Vgl. auch Philip D. Curtin, *The World and the West* (wie Anm. 43).

[46] Zur Erklärung des Unterschieds vgl. Bassam Tibi: *Krieg der Zivilisationen* (wie Anm. 6 zu Kap. 1), S. 268–274.

[47] Vgl. Barrie Axford: *The Global System. Economics, Politics and Culture*, New York 1995; vgl. auch die Arbeiten von Roger Scruton und Philip D. Curtin (wie Anm. 43 und 45).

[48] Hierzu Mohammed S. Zaibaq und Ali M. Djarischa, *Asalib al-Ghazu*

al-fikri li al-Alam al-Islami (Die Methoden der intellektuellen Invasion der islamischen Welt), 2. Auflage, Kairo 1978, und Anwar al-Djundi, *Ahdaf al-Taghrib fi al-alam al-Islami* (Die Ziele der Verwestlichung der islamischen Welt), Kairo 1987.

49 Zum Rationalismus in der klassischen Geschichte vgl. Herbert A. Davidson, *Alfarabi, Avicenna and Averroes on Intellect. Their Cosmologies, Theories of the Active Intellect and Theories of Human Intellect*, New York 1992 und zum Liberalismus in der neueren Geschichte siehe Albert Hourani, *Arabic Thought in the Liberal Age 1789–1939*, Oxford 1962. Zu beiden Epochen vgl. auch mein Buch *Der wahre Imam* (wie Anm. 39).

50 Daryush Shayegan, *Cultural Schizophrenia. Islamic Societies Confronting the West*, Syracuse 1997.

51 James T. Johnson, *The Holy War Idea in Western and Islamic Traditions*, 2. Auflage, Pennsylvania 2001. Vgl. ferner Peter Partner, *The God of Battles. Holy Wars of Christianity and Islam,* Princeton 1998.

52 Samuel P. Huntington, *The Clash of Civilizations* (wie Anm. 20) und außerdem zu meiner Position in der Huntington-Debatte vgl. mein Buch *Krieg der Zivilisationen* (wie Anm. 6 zu Kap. 1), dort Kapitel 7 mit der Überschrift „Im Schatten der Huntington-Debatte". Vgl. ferner meinen Beitrag „International Morality and Cross-Cultural Bridging" als Kap. 10 in: Roman Herzog u. a., *Preventing the Clash of Civilizations*, Henrik Schmiegelow (Hrsg.), New York 1999 (deutsche Übersetzung Frankfurt am Main 2000), S. 107–126.

53 Rifa'a al-Tahtawi, *Ein Muslim entdeckt Europa*, München 1989. Zu diesem Liberalismus siehe die Arbeit von Albert Hourani (wie Anm. 49).

54 Zum Ruf der Islamisten nach der Schari'a siehe B. Tibi, *Im Schatten Allahs* (wie Anm. 14), 3. Teil.

55 Man kann diese Formel auch umdrehen. Vgl. dazu Roger Scruton, *The West and the Rest* (wie Anm. 45), S. 85–124.

56 Leslie Lipson, *The Ethical Crises of Civilization. Moral Meltdown or Advance?,* London 1993, S. 62.

57 Maxime Rodinson, *Die Faszination des Islam*, München 1985. Vgl. hierzu auch mein in Anm. 10 zitiertes Buch *Kreuzzug und Djihad*, Kapitel V.

58 Zu Karl dem Großen, Dialog und Abwehr, vgl. Kapitel II in meinem Buch *Kreuzzug und Djihad* (wie Anm. 10 oben).

59 Franz Rosenthal, *The Classical Heritage in Islam*, London 1992; und zur Neubelebung dieses Erbes siehe Anke von Kügelgen, *Averroes und die arabische Moderne. Ansätze zu einer Neugründung des Rationalismus im Islam*, Leiden 1994. Die Neubelebung ist misslungen.

60 Vgl. B. Tibi, *Der Islam und Deutschland. Muslime in Deutschland* (wie Anm. 18).

61 Zur Hidjra vgl. B. Tibi, *Islamische Zuwanderung* (wie Anm. 17), Kapitel 6, besonders S. 266 ff.

62 Philip Lewis, *Islamic Britain. Religion, Politics and Identity among British Muslims*, 2. Auflage, London 2002.

[63] Nezar AlSayyad und Manuel Castells (Hrsg.), *Muslim Europe or Euro-Islam?* (wie Anm. 36).

[64] Vgl. Bassam Tibi, *Die fundamentalistische Herausforderung. Der Islam und die Weltpolitik*, 4., völlig neu geschriebene und erweiterte Ausgabe, München 2003.

[65] Alice Schwarzer (Hrsg.), *Die Gotteskrieger und die falsche Toleranz*, Köln 2002, darin B. Tibi, „Die deutsche verordnete Fremdenliebe“, S. 105–120.

[66] Ernest Gellner, *Postmodernism, Reason and Religion*, London 1992, S. 84 f.

[67] B. Tibi, *Europa ohne Identität? Leitkultur oder Wertebeliebigkeit*, Neuauflage München 2002.

[68] Mark Juergensmeyer, *The New Cold War? Religious Nationalism confronts the Secular Order*, Berkeley 1994; sowie B. Tibi, *Die fundamentalistische Herausforderung* (wie Anm. 64 oben), hier Kap. 7.

[69] B. Tibi, „Fundamentalismus und Islamismus“, in: Richard Saage (Hrsg.), *Das Scheitern diktatorischer Legitimationsmuster und die Zukunft der Demokratie*, Berlin 1995, S. 305–318.

[70] Jochen Bölsche, „Der verlogene Dialog“, in: *Der Spiegel* 51/2001, S. 44–56.

[71] Gilles Kepel, *Jihad. Expansion et déclin de l'Islamisme*, Paris 2000 (deutsche Übersetzung 2002) und der inkompetente und kaum informierende Besprechungsartikel „Post-Islamismus“ in der Zeitschrift *Internationale Politik*, Heft 3/2002. Als Kritik dazu vgl. die neue Einleitung zum 11. September der aktualisierten Neuauflage von B. Tibi, *The Challenge of Fundamentalism. Political Islam and the New World Disorder*, Neuausgabe Berkeley 2002 (zuerst 1998).

III. Vom totalitären Islamismus zum djihadistischen Terrorismus

[1] In diesem Kapitel werden meine Fachreferate auf dem BKA-FBI-Terrorismuskongress vom November 2001 und meine ETH-Vorlesung (Forschungsstelle für Sicherheitspolitik in Zürich) vom 3. Mai 2002 nach vollständiger Revision eingearbeitet. Zum BKA-Referat vgl. den Bericht von Claudia Nauth, „Kampf dem Terror. Politikwissenschaftler Tibi warnt“, in: *Wiesbadener Kurier* vom 15. November 2001, S. 12 (vgl. auch Anm. 24).

[2] Hierzu mit Belegen B. Tibi, War and Peace in Islam, in: Sohail H. Hashmi (Hrsg.), *Islamic Political Ethics. Civil Society, Pluralism and Conflict*, Princeton 2002, S. 175–193.

[3] Vgl. Kapitel VI „Missbrauch der Islam-Diaspora: Europa als Ruhezone“, in: B. Tibi, *Die fundamentalistische Herausforderung*, 4. Auflage, München 2003; sowie die Arbeit von Rohan Gunaratna, *Inside al-Qaeda. Global Network of Terror*, London 2002, in Bezug auf Europa siehe S. 114–131.

[4] „Schily calls Extremist Islamic Groups Most Serious Threat to German Security", in: *F.A.Z.*-Beilage zur *International Herald Tribune* vom 25. Mai 2002, S. 1; sowie den Bericht „Islamic Terrorism Poses the Greatest Threat says Otto Schily", in: *Financial Times* vom 26. Mai 2002, S. 2.

[5] Zur Erklärung des Djihad-Begriffs vgl. meinen Artikel in: Roger S. Powers und William B. Vogele (Hrsg.), *Protest, Power and Change. An Encyclopedia of Nonviolent Action from ACT-UP to women's suffrage*, New York 1997, S. 277–281. Die beiden Herausgeber haben diese Enzyklopädie beim „Harvard's program on non-violent sanctions" vorbereitet. Vgl. ferner auch das Djihad-Kapitel in B. Tibi, *Der wahre Imam. Der Islam von Mohammed bis zur Gegenwart*, München 1996, viele Ausgaben, Neuauflage Serie Piper, München 2001, S. 83–99.

[6] Vgl. Alice Schwarzer (Hrsg.), *Die Gotteskrieger und die falsche Toleranz*, Köln 2002. Darin das Kapitel von B. Tibi, „Verordnete deutsche Fremdenliebe", S. 105–120.

[7] Hasan al-Banna, „Risalat al-Djihad", enthalten in seinen gesammelten Essays *Madjmu'at Rasa'il al-Imam al-Schahid Hasan al Banna* (Gesammelte Essays des Märtyrer-Imam Hasan al-Banna), Alexandria 1990, S. 271–292. Zur Gründung der Bewegung der Muslimbruderschaft vgl. die weiterhin maßgebende Arbeit von Richard P. Mitchell, *The Society of Muslim Brothers*, London 1969, hier S. 7–11.

[8] Yusuf al-Qaradawi, *Hatmiyyat al-Hall al-Islami* (Die Determiniertheit der islamischen Lösung), 3 Bände, Beirut und Kairo 1974, 1979 und 1988. Seitdem sind hiervon viele Auflagen und Nachdrucke in vielen anderen arabischen Städten erschienen.

[9] B. Tibi, „Selig sind die Belogenen. Der christlich-islamische Dialog beruht auf Täuschungen", in: *Die Zeit* vom 29. Mai 2002, S. 9. Zum besseren, im Rahmen des Goethe-Instituts betriebenen, Dialog vgl. meinen Beitrag zur Festschrift dieses Instituts: „Kulturarbeit als Dialog zwischen den Zivilisationen" (wie Anm. 29 zu Kap. 2); sowie meine Abhandlung „Die Bildung der europäischen Werte und der Dialog der Kulturen", in: Richard Schröder, Roman Herzog, u. a., *Die schöpferischen Kräfte der Antike. Marburger humanistische Reden*, Tübingen 2001, S. 33–84.

[10] Zum Sechs-Tage-Krieg vgl. Bassam Tibi, *Conflict and War in the Middle East*, New York 1993. Die Neuauflage dieses Buches ist 1998 mit dem neuen Untertitel *From Interstate War to New Security* in New York 1997 erschienen und enthält neue Kapitel dieser Thematik; vgl. darin zum Sechs-Tage-Krieg Kapitel 3 und 4. Der neue Teil V, Kapitel 11 und 12, befasst sich mit der *„New Security"*.

[11] Fouad Ajami, *The Arab Predicament. Arab Political Thought and Practice Since 1967*, Cambridge 1981. Hiervon erschienen seitdem viele Auflagen.

[12] Mohammed Ammara, *al-Sahwa al-Islamiyya wa al-Tahaddi al-Hadari* (Das islamische Erwachen und die zivilisatorische Herausforderung), Kairo 1991.

[13] Vgl. die Arbeit von Rohan Gunaratna, *Inside al-Qaeda* (Anm. 3); sowie Roland Jacquard, *In the Name of Osama Bin Laden. Global Terrorism and the Bin Laden Brotherhood*, Durham and London 2002; sowie hierzu Peter L. Bergen, *Heiliger Krieg Inc. Osama Bin Ladens Terrornetz*, Berlin 2001.

[14] Mein Buch *Conflict and War in the Middle East* (wie Anm. 10) trägt „New Security" in seinem Untertitel. Vgl. ferner B. Tibi, „Between Islam and Islamism. A Security Approach vis-à-vis Islamism", in: Tami A. Jacoby und Brent E. Sasley (Hrsg.), *Redefining Security in the Middle East*, Manchester 2002, S. 62–82. Auch in meinen Beitrag „Islamism, National and International Security", in: Günther Baechler und Andreas Wenger (Hrsg.), *Conflict and Cooperation. The Individual between Ideal and Reality* (Festschrift für Prof. Kurt Spillmann), Zürich 2002, S. 127–152 befasse ich mich mit dem Islamismus als sicherheitspolitische Problematik.

[15] Myron Weiner, *The Global Migration Crisis. Challenge to States and to Human Rights*, New York 1995, besonders Kapitel 6 über *„Security"*, hier S. 131–149.

[16] B. Tibi, *Islamische Zuwanderung. Die gescheiterte Integration*, erste und zweite, erweiterte Auflage, München 2002, besonders die Einleitung sowie die Kapitel 1, 3 und 4. Mir dient die Analyse von Weiner (Anm. 15) als Vorbild.

[17] B. Tibi, *Fundamentalismus im Islam. Eine Gefahr für den Weltfrieden?*, 3., erweiterte Auflage, Darmstadt 2002.

[18] Vgl. Bruce Lincoln, *Holy Terrors. Thinking about Religion after September 11*, Chicago 2003, besonders Kapitel 3 über „Jihad" und Mark Juergensmeyer, *Terror in the Mind of God*, Berkeley 2000.

[19] Hierzu im Einzelnen B. Tibi, „War and Peace in Islam", in: Eric Nardin (Hrsg.), *The Ethics of War and Peace*, Princeton 1996 (Nachdruck 1998), S. 128–145 sowie mein Harvard-Buch *Kreuzzug und Djihad. Der Islam und die christliche Welt*, München 1999 (Goldmann-Taschenbuch 2001, 2. Auflage) mit umfassender Bibliographie.

[20] Die *Djihad*-Fachliteratur ist in Englisch und Französisch, wenig in Deutsch geschrieben. Vgl. u. a. Rudolph Peters, *Jihad in Classical and Modern Islam*, Princeton 1996, sowie Reuven Firestone, *Jihad. The Origins of Holy War in Islam*, New York 1999, ferner Paul Fregosi, *Jihad in the West. Muslim conquests from the 7th to the 21st Centuries*, New York 1998. Zum Vergleich unterschiedlicher religiöser Traditionen der Verbindung von Gewalt mit Religion s. Peter Partner, *God of Battles. Holy Wars of Christianity and Islam*, Princeton 1997, besonders S. 31 ff.

[21] Khalid Y. Blankinship, *The End of the Jihad State*, Albany 1994; vgl. ferner B. Tibi, *Kreuzzug und Djihad* (wie Anm. 19 oben), Kapitel I.

[22] Relativ neue Beispiele hierfür sind: Mohammed N. Yasin, *al-Djihad*, Algier 1990 sowie Ahmad al-Mumini, *al-Ta'bi'a al-Djihadiyya* (Djihadistische Mobilisierung), Algier 1991, ferner zur Verbindung von Djihad und Terror, Abdullah Amani, *Tanzimat al-Irhab fi al-Alam al-Islami* (Terrororganisationen in der islamischen Welt), Kairo 1993.

[23] Hierzu Sayyid Qutb, *Ma'alim fi al-Tariq* (Wegzeichen), 13. legale Ausgabe, Kairo 1989, sowie auch von Sayyid Qutb, *al-Djihad fi Sabil Allah* (Djihad auf dem Pfade Gottes), Nachdruck, Kairo 1992. Ferner der Katechismus *al-Salam al-Alami wa al-Islam* (Der Weltfriede und der Islam), Nachdruck, Kairo 1992, S. 172 f. zur anvisierten islamischen Weltrevolution.

[24] B. Tibi, „Fundamentalismus und die Quellen des Terrorismus im politischen Islam", in: Bundeskriminalamt (Hrsg.), *Islamistischer Terrorismus: Eine Herausforderung*, Neuwied 2002, S. 93–110, vgl. Anm. 1 oben.

[25] Diese Deutung vertritt auch Hartmut Krauss, *Faschismus und Fundamentalismus. Varianten totalitärer Bewegung im Spannungsfeld zwischen prämodernen Herrschaftsstrukturen und kapitalistischer Moderne*, Osnabrück 2003.

[26] Unter den grundlegenden Werken zum Terrorismus befinden sich unter anderem: Walter Reich (Hrsg.), *The Origins of Terrorism. Psychologies, Ideologies, Theologies, State of Mind*, Cambridge 1996, sowie Paul R. Pillar, *Terrorism and U.S. Foreign Policy*, Washington D.C. 2001 und auch David Whittaker (Hrsg.), *The Terrorism Reader*, London 2001.

[27] Kalevi Holsti, *The Dividing Discipline. Hegemony and Diversity in International Theory*, London 1987.

[28] Anthony Giddens, *Beyond Left and Right. The Future of Radical Politics*, Cambridge 1994, deutsche Übersetzung: *Jenseits von Links und Rechts. Die Zukunft radikaler Demokratie*, Frankfurt am Main 1997.

[29] Gemeint sind die fünf Bände des Fundamentalism Project, die von Martin Marty und Scott Appleby zwischen 1991 und 1995 bei Chicago University Press veröffentlicht wurden. Ich bin Mitautor von Band 2, *Fundamentalisms and Society*, Chicago 1993. Zusammengefasst von B. Tibi, *Fundamentalismus im Islam* (wie Anm. 17), hier S. 14–20; vgl. hierzu auch Bassam Tibi, *The Challenge of Fundamentalism. Political Islam and the New World Disorder,* Berkeley 1998, deutsch: *Die neue Weltunordnung*, München 1999 (Neuauflage, mit Einleitung zum 11. September, 2001). Die neue US-Ausgabe, Berkeley 2002 enthält eine neue Einleitung über den Djihad-Terrorismus nach dem „Sept. 11".

[30] Lawrence Harrison und Samuel P. Huntington (Hrsg.), *Culture Matters. How Values Shape Human Progress*, New York 2000. In der Folgearbeit dieses Harvard-Fletcher-Projektes erforsche ich seit 2002 den Islam, Band 2, im Erscheinen (2004).

[31] Mark Juergensmeyer, *Terror in the Mind of God* (wie Anm. 18).

[32] Vgl. die Literaturangaben in Anm. 2 zu Kap. 1 und Anm. 5 zu Kap. 2 oben.

[33] B. Tibi, „Habermas and the Return of the Sacred. A Pronouncement of a ‚Post-Secular Society', or the Emergence of Political Religion as a New Totalitarianism?", in: *Religion, Staat, Gesellschaft*, Band 3 (2002), Heft 2, S. 265–296.

[34] Hierzu Ahmed Rashid, *Taliban. Militant Islam, Oil and Fundamentalism in Central Asia*, New Haven 2000.

[35] Udo Ulfkotte, *Der Krieg in unseren Städten. Wie radikale Islamisten Deutschland unterwandern*, Frankfurt am Main 2003; sowie B. Tibi, *Islamische Zuwanderung. Die gescheiterte Integration*, München 2002, besonders die Einleitung.

[36] Hedley Bull, „The Revolt Against the West", in: Hedley Bull und Adam Watson (Hrsg.), *The Expansion of International Society*, Oxford 1984 (Nachdruck 1988), S. 217–228. Der politische Islam ist heute weltpolitisch die beste Illustration für diese Revolte.

[37] Belege hierzu bei B. Tibi, „Politisches Denken in der Dritten Welt während der Dekolonisation" (wie Anm. 19 zu Kap. II).

[38] Johannes J. G. Jansen, *The Dual Nature of Islamic Fundamentalism*, Ithaca 1997. Zitierfähige Arbeiten zum Fundamentalismus und zum politischen Islam sind beinahe alle in englischer Sprache erschienen. Vgl. u. a. hierzu Graham E. Fuller und Ian O. Lesser, *The Geopolitics of Islam and the West,* Boulder 1995 und B. Tibi, *The Challenge of Fundamentalism* (wie Anm. 29), sowie die wertvolle Studie von Roxanne E. Euben, *Enemy in the Mirror. Islamic Fundamentalism and the Limits of Modern Rationalism*, Princeton 1999. Die Ergebnisse meiner Feldforschung sind enthalten in meinem Kapitel „The Worldview of Sunni-Arab Fundamentalists", veröffentlicht in: Martin Marty und Scott Appleby (Hrsg.), *Fundamentalisms and Society*, Chicago 1993, S. 73–102.

[39] Zu Bin Laden vgl. die Arbeit von Peter L. Bergen, *Heiliger Krieg Inc.* (wie Anm. 13).

[40] Zur neuen Erscheinung des Untergrund-Imam im sunnitischen Islam als Djihad-Terrorist vgl. Bassam Tibi, *Der wahre Imam* (wie Anm. 5), hier Teil IV, besonders S. 303–313. Zum Neo-Djihad ders., *Kreuzzug und Djihad* (wie Anm. 19), Kapitel VIII.

[41] Eric Hoffer, *Der Fanatiker. Eine Pathologie des Parteigängers*, Reinbek 1965.

[42] Daher haben wir im „Fundamentalism Project" (wie Anm. 29) stets im Plural von „Fundamentalisms" (Fundamentalismen) gesprochen. Meine neueste aus diesem Projekt hervorgetretene Arbeit ist die Neufassung meines Buches *Die fundamentalistische Herausforderung. Der Islam und die Weltpolitik* (wie Anm. 64 zu Kap. 2), die als vierte, völlig neu geschriebene Ausgabe mit zwei neuen Kapiteln zum Terrorismus der Islamisten (Kap. 5 und 6) 2003 erschienen ist. Vgl. auch mein in Berkeley erschienenes US-Buch (wie Anm. 29).

[43] Vgl. die Fallstudien in Band 1 des Fundamentalism Project (wie Anm. 29 oben).

[44] Vgl. die Arbeit von Stephan Schwarz, *The Two Faces of Islam. The House of Sa'ud from Tradition to Terror*, New York 2002; sowie auch B. Tibi, „Saudi-Arabien und der Terror", in: *Die Welt* vom 27. Dezember 2002, S. 8.

[45] Hierzu Kapitel 1 dieses Buches sowie B. Tibi, „Wider die Unterschätzung der Weltanschauung", *Neue Zürcher Zeitung* vom 2./3. März 2002, S. 88.

[46] Zur Schari'a und zu ihrer Politisierung siehe B. Tibi, *Im Schatten Allahs. Der Islam und die Menschenrechte*, völlig neu geschriebene und um 220 Seiten erweiterte Neuauflage, München 2003, Kapitel 7.

[47] Vgl. Sayyid Qutb, *al-Salam al-alami wa al-Islam* (Der Weltfriede und der Islam) (wie Anm. 23), sowie B. Tibi, *Die neue Weltunordnung* (wie Anm. 29), S. 26–29. Zu Bin Laden ferner Yossef Bodansky, *Bin Laden. The Man Who Declared War on America*, Rocklin 1999, sowie die Arbeit von Peter L. Bergen (Anm. 13 oben).

[48] Zu den Aktivitäten der ägyptischen Islamisten vgl. Carrie R. Wickham, *Mobilizing Islam. Religion, Activism and Political Change in Egypt*, New York 2002, besonders zur Arbeit der von Islamisten beherrschten Berufsverbände, Kapitel 8, S. 176 ff.

[49] Vgl. hierzu das 7. Kapitel in: B. Tibi, *Fundamentalismus im Islam* (wie Anm. 17), über Abu-Zaid, S. 103–116.

[50] Zur AKP vgl. meine beiden Artikel: „Arglose Europäer. Die islamistische Regierung in der Türkei", in: *Financial Times Deutschland* vom 19. November 2002, S. 31, und: „Langer Weg nach Europa? Die Europäisierung der Türkei ist misslungen", in: *St. Galler Tagblatt* vom 20. Dezember 2002, S. 2.

[51] Vgl. hierzu den historischen Dokumentband von Bernard Lewis, *Islam*, 2 Bände, hier Band I, „Politics and War", New York 1987 sowie mein Buch *Kreuzzug und Djihad* (wie Anm. 19).

[52] Diese klassische islamische Doktrin wurde niemals revidiert, dazu Nadjib Armanazi, *al-Shar' al-duwali fi al-Islam* (Völkerrecht im Islam), Damaskus 1930, Nachdruck London 1990. Vgl. auch die in Anm. 23 nachgewiesenen Schriften von Sayyid Qutb, worin er diese Doktrin erneuert. Zum Gesamtrahmen dieser Problematik vgl. B. Tibi, „War and Peace in Islam" (wie Anm. 19); zum islamischen Welteroberungsprojekt: Bassam Tibi, *Kreuzzug und Djihad* (wie Anm. 19). Darin zur Epoche des arabischen Djihad Kapitel 1, zu der des osmanischen Djihad Kapitel 4.

[53] Bruce M. Russett, *Grasping the Democratic Peace. Principles for a Post-Cold War World*, Princeton 1993. Vgl. auch Michael E. Brown (Hrsg.), *Debating the Democratic Peace*, Cambridge 1996.

[54] Hierzu Kapitel VII in B. Tibi, *Die fundamentalistische Herausforderung*, 4. Auflage, München 2003, sowie ders., *Krieg der Zivilisationen. Politik und Religion zwischen Vernunft und Fundamentalismus*, Neuauflage, München 2001 mit Vorwort zum 11. September (1. Auflage 1995), bes. Einleitung und Kapitel 4 über Krieg und Frieden.

[55] Dieses Zitat und die folgenden Ausführungen entstammen der Schrift der *al-Azhar*, *Bayan lil-Nas* (Deklaration an die Menschheit) 2 Bände, Kairo 1984 und 1988, hier Band I, S. 273 ff.

[56] B. Tibi, „Irak-Krieg. Demütigung des Islam", in: *Handelsblatt* vom 15. April 2003, S. 8. Zum Fall Bagdads durch US-Truppen siehe auch B. Tibi, „Missionarisches Bewusstsein", in: *Financial Times Deutschland* vom 10. April 2003, S. 30.

[57] Hierzu vgl. Rifaat al-Said, *Hasan al-Banna, Mata? Kaif? Wa Limatha?* (Hasan al-Banna, wann, wie und warum?), Kairo 1997.

[58] Vgl. hierzu Salah A. al-Khalidi, *Amerika min al-dakhil bi minzar Sayyid Qutb* (Amerika von innen gesehen durch die Brille von Sayyid Qutb), al-Mansura 1987. Die Schriften von Qutb, darunter seine *Djihad*-Schrift, werden in Anm. 23 aufgeführt.

[59] Geoffrey Parker, *The Military Revolution. Military Innovation and the Rise of the West, 1500–1800*, Cambridge 1988.

[60] Bernard Lewis, *The Emergence of Modern Turkey*, Oxford 1979.

[61] Zur Unterscheidung christliches Abendland und Westen vgl. B. Tibi, *Kreuzzug und Djihad* (wie Anm. 19), Kapitel II (Abendland), Kapitel V (Westen).

[62] Vgl. Martin van Creveld, *The Transformation of War*, New York 1991, sowie Kalevi Holsti, *The State, War and the State of War*, Cambridge 1996, ferner meine unter Anm. 10 sowie 14 angeführten Arbeiten; meine neuesten Beiträge hierzu sind erstens die Abhandlung: „Islamism, National and International Security", in: *Conflict and Cooperation* (wie Anm. 14) und zweitens mein Beitrag zur Veröffentlichung des Forschungsprojektes von Tami A. Jacoby und Brent E. Sasley (Hrsg.), *Redefining Security in the Middle East*, unter dem Titel: „Between Islam and Islamism: A Security Approach vis-à-vis Islamism" (wie Anm. 14)

[63] Vgl. Udo Ulfkotte, *Propheten des Terrors. Das geheime Netzwerk der Islamisten*, München 2001.

[64] Vgl. B. Tibi, „Vom klassischen Djihad zum djihadischen Djihadismus", in: *Jahrbuch für Extremismus und Demokratie*, Band 14, (2002), S. 27–44.

[65] „Tolerating the Intolerable", in: *Newsweek* vom 5. November 2001. Darin steht auf S. 46: „Tibi has warned for years ... no one wanted to hear that." Das *TIME*-Magazin vom 24. Dezember 2001 schreibt: „Tibi who coined the term Euro-Islam insists that the integration of Europe's Muslims depends on the adoption of a form of Islam that embraces Western political values", S. 49. Genau dies wollen die Islamisten verhindern. Multi-Kulti-Ideologen leisten ihnen Rückendeckung als Beitrag für „Tolerating the Intolerable"; vgl. hierzu auch Anm. 6.

[66] B. Tibi, „Deutschland ist Ruhezone für Terror", in: *Rhein-Zeitung* vom 25. Oktober 2001, S. 5. Schon 1999 warnte ich vor der Gefahr, die vom fundamentalistischen Terror ausgeht, wurde jedoch nicht gehört. Hierzu siehe: „Die Köpfe des Terrors sind in Europa", in: *Aachener Zeitung* vom 6. Juli 1999, S. 4; sowie Kapitel IV in meinem Buch: *Die fundamentalistische Herausforderung* (Anm. 54), S. 184–214; es befasst sich mit dieser „Ruhezone".

[67] Vgl. meinen Bericht hierüber: „Euro-Islam oder Ghetto-Islam", in: *F.A.Z.* vom 7. Dezember 1992, S. 14. Das Pariser Papier erschien erst 1995; vgl. B. Tibi, „Les conditions d'un Euro-Islam", in: Robert Bistolfi und François Zabbal (Hrsg.), *Islams d'Europe. Intégration ou Insertion communautaire*, Paris 1995, S. 230ff. Zu dieser Thematik vgl. auch Kap. 12 in meinem Buch: *Im Schatten Allahs*, Neuausgabe München 2003.

[68] Die Ergebnisse der beiden Projekte sind zum einen an der University of California, Berkeley entstanden: Nezar AlSayyad und Manuel Castells (Hrsg.), *Muslim Europe or Euro-Islam*, Berkeley 2002, darin B. Tibi, „Muslim Migrants in Europe: Between Euro-Islam and Ghettoization“, S. 31–52, zum anderen im Projekt in Sydney: John Docker und Gerhard Fischer (Hrsg.), *Adventures of Identity. European Multicultural Experiences and Perspectives*, Tübingen 2001, darin B. Tibi, „Between Communitarism and Euro-Islam“, S. 45–60.

[69] Das ist die Gegenposition zu Gilles Kepel, *Jihad. Expansion et déclin de l'Islamisme*, Paris 2000, deutsche Ausgabe mit dem falsch übersetzten Titel: *Schwarzbuch Djihad*, München 2001. Die Fakten widerlegen das Gerede Kepels vom „Niedergang des Islamismus“!

[70] Vgl. B. Tibi, „Selig sind die Belogenen“, in: *Die Zeit* vom 29. Mai 2002, S. 9.

[71] „Wie Said Bahaji al-Qaida-Kämpfer wurde“, in: *Der Spiegel*, Heft 3/2002, S. 146–150.

[72] Vgl. die Texte „Secrets of the Mosque“ und „My Prayers are with the Taliban“, in: *TIME* Magazine vom 6. Mai 2002, S. 42–45, die zeigen, wie offen islamische Diaspora-Islamisten ihren Hass auf den Westen, der ihnen politisches Asyl gewährt, zeigen.

[73] Vgl. Bassam Tibi, *Krieg der Zivilisationen* (wie Anm. 54), besonders Kapitel 7, worin die Auseinandersetzung mit Huntington enthalten ist.

[74] Roman Herzog, *Preventing the Clash of Civilizations. A Peace Strategy for the twenty-first Century*, Henrik Schmiegelow (Hrsg.), New York 1999, darin B. Tibi, Kapitel 7 mit dem Titel „International Morality and Cross-Cultural Bridging“, S. 107–126 (deutsche Übersetzung: Frankfurt 2000).

[75] Vgl. meinen Artikel: „Die zwei Seiten der Integration. Der Kampf gegen den Terror ist kein Rassismus. Auch Muslime sollten sich an ihm beteiligen“, in: *Der Tagesspiegel* vom 15. Januar 2002, S. 8 sowie meinen Essay „Zwei Welten“, in: *Der Tagesspiegel* vom 11. Mai 2002, S. 27; ferner Anm. 14 oben.

[76] Vgl. die Kapitel über Parallelgesellschaften in B. Tibi, *Islamische Zuwanderung* (wie Anm. 16).

[77] Vgl. Das *Spiegel*-Buch von Stefan Aust und Cordt Schibben (Hrsg.), *Der 11. September. Geschichte eines Terrorangriffs*, München 2002, besonders Kapitel 4, S. 153 ff.

[78] Vgl. die konzeptionelle Durchdringung des Phänomens in der Arbeit von Richard J. Chasdi, *Tapestry of Terror. A Portrait of Middle East Terrorism 1994–1999*, Lanham 2002.

IV. Der 11. September 2001 als Ursprung der Irak-Krise

[1] Im Folgenden gebe ich meine Beobachtungen auf einem Symposium der Kulturinstitute der EU in Brüssel am 20. September 2002 wieder; sie sind verarbeitet in meinem Artikel „Die Islamisten sind die Nutznießer der westlichen Beliebigkeit", in: *Neue Zürcher Zeitung am Sonntag* vom 20. Oktober 2002, S. 23. In Europa, vor allem in Deutschland, ist eine solche Debatte über die Islam-Diaspora und den 11. September jenseits des Konstrukts vom unterstellten „Feindbild Islam" unerwünscht und wurde bisher deshalb verhindert; dies geschieht sogar mit Einsatz des Rechtsstaates durch Instrumentalisierung von Rechtsmitteln. So erging es dem *F.A.Z.*-Journalisten Udo Ulfkotte, als er sein Buch *Der Krieg in unseren Städten. Wie radikale Islamisten Deutschland unterwandern*, Frankfurt am Main 2003, veröffentlichte.

[2] Vgl. Mark Juergensmeyer, *The New Cold War?, Religious Nationalism confronts the Secular State*, Berkeley 1993. Die Spannung zwischen religiöser und säkularer Weltanschauung führt zu einem Zivilisationskonflikt.

[3] Zitiert nach dem Bericht „Experten: Terroranschläge in Deutschland wahrscheinlich" von Jacques Schuster in: *Die Welt* vom 8. Juli 2002, S. 6.

[4] Zur Auseinandersetzung mit den deutschen Islamstudien vgl. B. Tibi, *Einladung in die islamische Geschichte*, Darmstadt 2001, Kapitel 4.

[5] In diesem Buch schließe ich mich Karl R. Popper und Max Horkheimer (vgl. Vorwort) an. Karl R. Popper betrachtet Kommunismus und Faschismus als Feinde der Freiheit; vgl. Karl R. Popper, *Die offene Gesellschaft und ihre Feinde*, 2 Bände, 7. Auflage, Tübingen 1992. Auch Horkheimer hat im Vorwort in seiner kurz vor seinem Tod veröffentlichten Aufsatzsammlung *Kritische Theorie* (2 Bände, 2. Auflage, Frankfurt am Main 1998, S. xiii) dazu aufgerufen, „die freie Welt ... gegen Faschismus hitlerscher, stalinscher oder anderer Varianz zu verteidigen". In meinem Horkheimer gewidmeten Buch *Europa ohne Identität?*, München 1998 (neue aktualisierte Ausgabe 2002) habe ich im Widmungstext zu dem angeführten Horkheimer-Zitat hinzugefügt, dass heute der islamische Fundamentalismus als neue Bedrohung der Freiheit die unkonkrete Angabe „oder anderer Varianz" von Horkheimer konkretisiert.

[6] Vgl. den Artikel von Mitsuo Nakamura über Abdulrahman Wahid, in: John Esposito (Hrsg.), *Oxford Encyclopedia of the Modern Islamic World* (4 Bände), New York 1995, hier Band 1, S. 14–15. Es war eine große Ehre für mich und für die Universität Göttingen, dass Präsident Wahid am 2. November 2002 nach Göttingen kam und an meiner Abteilung einen Vortrag über die Lage in Indonesien hielt.

[7] Bei meinem Indonesien-Aufenthalt im März 1998 konnte ich Amin Rais in seinem Büro als Chef der Mohamadiiya-Bewegung zwei Stunden lang interviewen. Dabei bestritt er die Richtigkeit der über ihn verbreiteten Einschätzung, er trete in Indonesien für einen „islamischen an der Schari'a orientierten Staat" ein. Andere indonesische Politiker, denen ich von dem

Interview berichtete, verrieten mir, dass Armin Rais sich vor solchen Begegnungen über seine Gesprächspartner informiert und entsprechend angepasst mit ihnen spricht. Vor dem Interview soll er mein Buch *The Challenge of Fundamentalism. Political Islam and the New World Disorder*, Berkeley 1998 (aktualisierte Neuauflage 2002) gelesen und meine Denkweise kennen gelernt haben; entsprechend scheint er mit mir in dem angeführten Interview gesprochen zu haben.

8 Hierzu B. Tibi, „Selig sind die Belogenen. Der christlich-islamische Dialog beruht auf Täuschungen und westlichem Wunschdenken“, in: *Die Zeit* vom 29. Mai 2002, S. 9. Dieser Artikel wurde nach seinem Erscheinen in viele Sprachen übersetzt und in diversen europäischen Zeitungen und Zeitschriften veröffentlicht.

9 Richard A. Falkenrath u. a., *America's Achilles Heel. Nuclear, Biological and Chemical Terrorism*, Cambridge 1998. Vgl. auch Graham Allison und Gregory F. Treverton: Rethinking America's Security. Beyond Cold War to New World Order, New York 1992.

10 Zum demokratischen Frieden vgl. Anm. 53 zu Kapitel 3 oben.

11 Mehr zur Problematik Islam, Defensivkultur und Moderne siehe den neuen Essay zur Neuauflage meines Buches *Die Krise des modernen Islam*, Frankfurt 1991, S. 202–279.

12 Zur sicherheitspolitischen Dimension des 11. Septembers vgl. mein Kapitel „Islamism, National and International Security after September 11“, in: Günther Baechler und Andreas Wenger (Hrsg.), *Conflict and Cooperation. The Individual between Ideal and Reality* (Festschrift für Kurt Spillmann), Zürich 2002, S. 127–152.

13 Vgl. Martin Marty und Scott Appleby (Hrsg.), *The Fundamentalism Project*, 5 Bände, Chicago 1991–1995. Ich bin der Autor von Band 2: *Fundamentalisms and Society*, Chicago 1993; die Ergebnisse sind zusammengefasst in B. Tibi, *Fundamentalismus im Islam. Eine Gefahr für den Weltfrieden?*, 3., erweiterte Ausgabe, Darmstadt 2002, S. 14–25.

14 Zentral ist die Arbeit von Peter L. Bergen, *Heiliger Krieg Inc. Osama Bin Ladens Terrornetz*, Berlin 2001; sowie folgende neue Arbeiten: Roland Jacquard, *In the Name of Osama Bin Laden. Global Terrorism and the Bin Laden Brotherhood*, Durham 2002 (überarbeitete und aktualisierte US-Ausgabe der französischen Fassung); Jane Corbin, *The Base: In search of al-Qaida. The Terror Network that shook the World*, New York 2002, sowie die in Anm. 22 zitierte Arbeit von Rohan Gunaratna.

15 Hierzu siehe Dan Diner, *Feindbild Amerika. Über die Beständigkeit eines Ressentiments*, Berlin 2002; zum 11. September siehe besonders S. 163–206.

16 Hierzu ausführlich Edgar O'Ballance, *Islamic Fundamentalist Terrorism 1979–95*, New York 1997. Vgl. auch das Kapitel über Iran und seinen Terrorismus-Export in: B. Tibi, *Fundamentalismus im Islam* (wie Anm. 13), Kapitel 8, S. 117 ff.

17 Zu Sayyid Qutb vgl. Roxanne L. Euben, *Enemy in the Mirror. Islamic*

Fundamentalism and the Limits of Modern Rationalism, Princeton 1999, Kapitel 3, besonders S. 49ff. Die Arbeiten von Qutb selbst sind oben in Anm. 23 zu Kapitel 3 nachgewiesen.

[18] *„Farar Muqatili al-Qaida ila djanub Asia"* (Flucht der Qaida-Kämpfer nach Südostasien), in: *al-Scharaq al-Ausat* vom 18. März 2002, S. 7.

[19] So u. a. in: *The Jakarta Post* vom 12. September 2002, S. 1: „The German Muslim scholar Bassam Tibi, known for his expertise on fundamentalist studies said, here on Wednesday, he believed that an al-Qaida network is operating in Indonesia. He flatly accused Lasker Jihad militant group of having links with Osama Bin Laden and al-Qaida." Einen Monat später lieferte Bali den Beweis für diese Aussage. Vgl. den Artikel von Joe Cochrane, „A Political Football. The Bali Investigation", in: *Newsweek* vom 25. November 2002, S. 26f.

[20] Zum indonesischen Islam vgl. die neuere Arbeit von Robert Hefner, *Civil Islam. Muslims and Democratization in Indonesia*, Princeton 2000.

[21] Hierzu u. a. die Titelgeschichte „Allahs Selbstmordkommando in Moskau. Der terroristische Weltkrieg", in: *Der Spiegel*, Heft 44 vom 28. Oktober 2002 zum Moskauer Geiseldrama. Vgl. ferner den Bericht „Putin: Ausländische Terrorzentren stecken hinter dem Moskauer Geiseldrama", in: *Frankfurter Allgemeine Zeitung* vom 25. Oktober 2002, Titelseite.

[22] Rohan Gunaratna, *Inside al-Qaida. Global Network of Terror*, New York 2002, S. 198–203.

[23] „Jakarta backs bid to outlaw Jemaah Islamiyya", in: *Financial Times* vom 25. Oktober 2002, S. 8.

[24] Hierzu mit Bezug auf Bali vgl. den Beitrag von B. Tibi, „Der irreguläre Krieg", in: *Financial Times Deutschland* vom 25. Oktober 2002, S. 34; sowie den Text der Zürcher ETH-Vorlesung (Forschungsstelle für Sicherheitspolitik) von B. Tibi, „Djihad-Terrorismus: Eine Gefahr für den Weltfrieden", in: Kurt Spillmann und Andreas Wenger (Hrsg.), *Zeitgeschichtliche Hintergründe aktueller Konflikte*, Band IX, Zürich 2002, S. 13–44.

[25] *Frankfurter Allgemeine Zeitung* vom 25. Oktober 2002, S. 3.

[26] Sie wurde zuerst veröffentlicht in der *New York Times*. Eine deutsche Übersetzung erschien unter dem Titel: „Wofür wir kämpfen", in: *Neue Zürcher Zeitung* vom 23. Februar 2002, S. 7.

[27] Michael Walzer, *Erklärte Kriege – Kriegserklärungen*, Hamburg 2003. Zu Michael Walzers Büchern über den „gerechten Krieg" gehört: *Just and Unjust Wars*, New York 1977. Walzer und ich gehören zu den Mitautoren von Terry Nardin (Hrsg.), *The Ethics of War and Peace*, Princeton 1996 (neu 1998). Die Wochenzeitung *Die Zeit* brachte am 10. Oktober 2002 auf S. 39 den Essay von Michael Walzer: „Noch ist es nicht zu spät" zum damals angedrohten Irak-Krieg.

[28] Vgl. B. Tibi, *Islamische Zuwanderung. Die gescheiterte Integration*, München 2002, dazu die Einleitung zum 11. September, S. 29–73 sowie die Arbeit von Udo Ulfkotte, *Der Krieg in unseren Städten. Wie radikale Islamisten Deutschland unterwandern*, Frankfurt am Main 2003.

[29] Michael Radu, „Terrorism after the Cold War“, in: *Orbis*, Band 46 (2002), Heft 2, S. 275–287.

[30] Vgl. das Kapitel über Fundamentalismus im Teil „New Security“ in der Neuauflage meines Buches *Conflict and War in the Middle East*, New York 1998, S. 214–223, sowie mein Kapitel „Between Islam and Islamism: A Security Approach vis-à-vis Islamism“, in: Tami A. Jacoby und Brent E. Sasley (Hrsg.), *Redefining Security in the Middle East*, Manchester 2002, S. 62–82.

[31] Vgl. Joseph Nye, *Das Paradox der amerikanischen Macht. Warum die einzige Supermacht der Welt Verbündete braucht*, Hamburg 2003.

[32] B. Tibi, „Der Rechtsstaat schützt die Islamisten“, in: *Die Welt* vom 12. August 2002, S. 6.

[33] So Heribert Prantl in seinen vielen Artikeln in der *Süddeutschen Zeitung* sowie in seinem Buch, welches nach dem 11. September erschien. Vgl. Heribert Prantl, *Verdächtigung. Der starke Staat und die Politik der inneren Unsicherheit*, Hamburg 2002.

[34] B. Tibi, „Das verlogene Spiel mit der Opferrolle“, in: *Die Welt* vom 17. August 2002, S. 23 (Feuilleton).

[35] Jürgen Habermas, „Glauben und Wissen“, in: *Frankfurter Allgemeine Zeitung* vom 15. Oktober 2001, S. 9. Kritisch zu Habermas vgl. meine Abhandlung: „Habermas and the Return of the Sacred“, in: *Religion, Staat, Gesellschaft. Zeitschrift für Glaubensformen und Weltanschauungen*, Band 3 (2002), Heft 2, S. 265–296.

[36] Wie sehr hätte ich mir gewünscht, dass mein einstiger akademischer Frankfurter Lehrer Jürgen Habermas mein in Harvard geschriebenes Buch *Kreuzzug und Djihad. Der Islam und die christliche Welt*, München 1999 (Neuauflage nach dem 11. September als Taschenbuch, München 2002) als Selbstinformation über den Gegenstand zur Vorbereitung seiner in Anm. 35 zitierten Rede gelesen hätte. Auch große Denker sollten sich informieren, ehe sie sich zu einem ihnen fremden Gegenstand öffentlich äußern.

[37] Cora Stephan, „Manche Feinde wünschen unseren Untergang“, in: *Handelsblatt* vom 12. September 2002, S. 8.

[38] Hierzu der erfreulicherweise kritische Bericht von Ulrich Fichtner, „Die September-Lüge. Spinner? Aufklärer? Unbelehrbare? Verschwörungstheoretiker!“, in: *Der Spiegel* 42/2002 vom 14. Oktober, S. 76–81. Als ein seit 40 Jahren in Deutschland lebender Ausländer muss ich feststellen: Hier vermischt sich die Verleugnung des 11. September (wie Holocaust-Verleugnung) mit Antiamerikanismus sowie mit antisemitischen Verschwörungsphantasien. Erfreulich ist auch der Artikel von Jochen Bittner, „Je komplizierter die Weltlage, desto fester glauben die Deutschen an Verschwörungstheorien“, in: *Die Zeit* vom 24. Juli 2003, S. 5. Vgl. auch *Der Spiegel*, Heft 37/2003.

[39] Dieser Gegenstand gehört zum Studium weltpolitischer Konflikte. Vgl. dazu das Standardwerk von Robert Jervis, *Perception and Misperception in International Politics*, Princeton 1976, besonders darin den Abschnitt „Perceptions Matter?“, S. 13–18.

[40] Mehr dazu bei Rohan Gunaratna, *Inside al-Qaida* (Anm. 22), S. 168–172.

[41] Zu diesen Eliten und Gegeneliten vgl. meinen Beitrag zu dem Huntington-Harvard-Academy-Projekt „Conflict or Convergence. Global Perspectives on War, Peace and International Order“, memeogr. Cambridge 1997, die gekürzte Fassung meines Beitrags wurde veröffentlicht unter dem Titel: „The Fundamentalist Challenge to the Secular Order in the Middle East“, in: *The Fletcher Forum of World Affairs*, Band 23 (1999), Heft 1, S. 191–210.

[42] Zu den beiden Türmen des World-Trade-Centers vgl. die Arbeit von Angus K. Gillespie, *Twin Towers. The Life of New York's City World Trade Center*, New Brunswick 1999, Neuauflage 2002.

[43] Hierzu der Bericht „Heuchelei in der Moschee“, in: *Welt am Sonntag* vom 22. September 2001, S. 13 und ein Jahr später: „Moscheen im Visier der Fahnder“, in: *Welt am Sonntag* vom 15. September 2002, S. 4. Vgl. auch Udo Ulfkotte, *Der Krieg in unseren Städten* (wie Anm. 28).

[44] B. Tibi, „Der importierte Hass. Antisemitismus in der arabischen Welt“, in: *Die Zeit* vom 6. Februar 2003, S. 9.

[45] Daniel Pipes, *Militant Islam Reaches America*, New York 2002.

[46] Diese in der Paulskirche gehaltene Rede ist veröffentlicht unter dem Titel „Der Islam und der Westen. Das Wechselspiel der Feindbilder“, in: Hilmar Hoffmann und Wilfried F. Schoeller (Hrsg.), *Wendepunkt 11. September 2001. Terror, Islam und Demokratie*, Köln 2001, S. 187–197.

[47] B. Tibi, *Kreuzzug und Djihad* (wie Anm. 36).

[48] Bernard Lewis, *What Went Wrong? The Clash between Islam and Modernity in the Middle East*, London 2002, deutsche Übersetzung: *Der Untergang des Morgenlandes,* Bergisch Gladbach 2002. Die Erstauflage war 2001 in Druck, als der 11. September stattfand. Indirekt erklärt das Buch den 11. September.

[49] Zur angestrebten Entwestlichung der modernen, jedoch nur oberflächlich verwestlichten Welt siehe B. Tibi, *Krieg der Zivilisationen. Politik und Religion zwischen Vernunft und Fundamentalismus*, erweiterte Neuauflage München 1998 (1. Auflage Hamburg 1995), Neuauflage mit Vorwort zum 11. September, München 2002. Zur Verwestlichung siehe Theodore von Laue, *The World Revolution of Westernization*, New York 1987. Zur „islamischen Lösung“ als Rahmen der Entwestlichung vgl. Anm. 52 unten.

[50] Sayyid Qutb, *al-Salam al-Alami wa al-Islam* (Der Weltfriede und der Islam), 10. legale Ausgabe, Kairo 1992, S. 172. Zur Bewegung der Muslimbruderschaft vgl. Richard P. Mitchell, *The Society of the Muslim Brothers*, Oxford und London 1969.

[51] Einzelheiten zu diesem historischen Hintergrund bei B. Tibi, *Kreuzzug und Djihad* (Anm. 36). In meinem Buch *Der wahre Imam. Der Islam von Mohammed bis zur Gegenwart*, München 1996 (2. Auflage 1997, SP-Ausgabe 1998 und 2001) erkläre ich geistesgeschichtlich in Kap. 6 mit Hilfe der Zivilisationstheorie von Ibn Khaldun (er lebte im 14. Jahrhundert), dass mit *Asabiyya* (Esprit de corps) der Aufstieg und der Verfall der Zivilisationen

erklärt werden kann. In Ibn Khalduns Sprache ausgedrückt: Heute ist die westliche *Asabiyya* sehr schwach und dies gilt entsprechend für die „Identität Europas". Vgl. auch B. Tibi, *Europa ohne Identität? Die Krise der multikulturellen Gesellschaft*, Neuauflage, München 2002.

52 Im Jahr 2002 befürwortete der zu diesem Zeitpunkt 76-jährige Islamistenführer Scheich Yusuf al-Qaradawi eine „Globalisierung auf islamisch", so der Titel des Berichts von Julia Gerlach, in: *Die Zeit* vom 5. September 2002, S. 14. Die *Zeit*-Leser kennen Qaradawis Schriften in arabischer Sprache nicht; sie sind zahlreich. Sehr einflussreich ist seine Trilogie: *Hatimiyyat al-Hall-al-Islami* (Die islamische Lösung ist vorherbestimmt), Beirut 1970, 1974 und 1988, in der er für die Entwestlichung der Welt eintritt. Er gilt als der Nachfolger von Qutb. In vielen Moschee-Vereinen in Deutschland kursieren deutsche Übersetzungen von Schriften Qaradawis und dienen der antiwestlichen Indoktrination der Islam-Diaspora.

53 Dies schreibt Fernand Braudel, *History of Civilizations*, New York 1993 in den Kapiteln über die islamische Eroberung Indiens, hier S. 232f.

54 Nach dem Interview von Marko Martin mit V. S. Naipaul „Was wissen Sie schon!", in: *Die Welt* vom 17. August 2002 (Literaturbeilage).

55 B. Tibi, *Die Verschwörung. Das Trauma arabischer Politik*, 2., erweiterte Auflage Hamburg 1994 (spanische Ausgabe, Barcelona 1996). Darin wird auf den Seiten 20–46 das Sykes-Picot-Trauma zeitgeschichtlich erklärt.

56 M. Daqaq, „Kharait Sykes-Picot Djadida" (Neue Sykes-Picot-Landkarten), in: *al-Hayat* vom 4. Oktober 2002, S. 15.

57 So etwa Ali M. Djarischa und Mohammed S. Zaibaq, *Asalib al-Ghazu al-fikri li al-Alam al-Islami* (Methoden der intellektuellen Invasion der islamischen Welt), 2. Auflage, Kairo 1978.

58 Der Ursprung des demokratischen Friedens ist Immanuel Kants Schrift *Zum ewigen Frieden*. Sie ist u. a. enthalten in: Richard Saage und Zwi Batscha (Hrsg.), *Friedensutopien*, Frankfurt am Main 1979. Bruce M. Russett hat in den USA mit dem 1993 in Princeton erschienenen Buch *Grasping Democratic Peace. Principles for a Post-Cold War World* den Grundstein für die neue Debatte über den demokratischen Frieden international gelegt.

59 Hedley Bull, „The Revolt against the West", in: Hedley Bull und Adam Watson (Hrsg.), *The Expansion of International Society*, Oxford 1984, S. 217–228.

60 Dazu Bernard Lewis, *Untergang des Morgenlandes* (wie Anm. 48) und B. Tibi, *Kreuzzug und Djihad* (wie Anm. 36).

61 Zur islamischen Weltanschauung vgl. Kap. 2 in: B. Tibi, *Islam between Culture and Politics*, London und New York 2002, S. 53–68.

62 Vgl. Matthias Küntzel, *Djihad und Judenhass. Über den neuen antijüdischen Krieg*, Freiburg 2002, Kapitel IV. Vgl. auch meinen Essay: „Der importierte Hass. Antisemitismus in der arabischen Welt", in: *Die Zeit* vom 6. Februar 2003, S. 9.

63 Kalevi Holsti, *Peace and War: Armed Conflicts and International Order 1648–1989*, Cambridge 1994, Kapitel I, S. 1–24.

[64] Helmuth Plessner, *Diesseits der Utopie*, Frankfurt 1974, S. 9–15.

[65] Bruce Lincoln, *Holy Terrors. Thinking about Religion after September 11*, Chicago 2003.

[66] Vgl. den Bericht von Tom Heithoff, „Die fremde Zumutung. Wenn dem Mufti die Lust überkommt“, über die Berliner Leibniz-Vorlesung von Habermas, in: *Der Tagesspiegel* vom 30. Juni 2002, S. 25. Zur Habermas-Wandlung vgl. Anm. 35 oben.

[67] Alice Schwarzer (Hrsg.), *Gotteskrieger und die falsche Toleranz*, Köln 2002.

[68] Hierzu B. Tibi, „Deutsche verordnete Fremdenliebe“, in: A. Schwarzer (wie Anm. 67), S. 105–120.

[69] So etwa Ali M. Djarischa und Mohammed S. Zaibaq in ihrem Buch aus dem Jahre 1978 *Asalib al-Ghazu al-fikri li al-Alam al-Islami* (wie Anm. 57 oben).

[70] Zu der „deutschen Vergeistigung“ des sinnlichen Lebens und wie ich sie in den ersten zwanzig Jahren meines Lebens in Deutschland (1962–82) im Rahmen meiner deutschen Bildung angeeignet und in den darauf folgenden 18 Jahren (1982–2000) in Harvard überwunden habe, vgl. mein Europa-Buch: *Europa ohne Identität?*, München 1998, hier Einleitung, S. 33–58 (neue Ausgabe 2002). Darin setze ich mich mit dem beleidigenden Vorwurf auseinander, ich würde Selbstdarstellung betreiben, weil ich beim Schreiben mein Selbst nicht hinrichte, indem ich seit 1992 persönlich und nicht deutsch-vergeistigt schreibe. Zu meinem schweren Leben als Gastarbeiter an der deutschen Universität vgl. meinen Essay „Die Schwierigkeit an deutschen Universitäten heimisch zu sein“, in: Namo Aziz (Hrsg.), *Fremd in einem kalten Land. Ausländer in Deutschland*, Freiburg 1992, S. 121–136 sowie meinen Artikel „Als Ausländer in Deutschland“, in: *Frankfurter Allgemeine Sonntagszeitung* vom 13. August 2000, S. 4.

[71] *Der Spiegel* vom 25. November 2002, S. 46–49.

[72] Zum Beispiel in mehreren Artikeln in der *Rhein-Zeitung*. Vgl. das Kapitel über islamische Fundamentalisten in Jean-François Revel, *Democracy Against itself. The Future of the Democratic Impulse*, New York 1993, S. 199–224; sowie das Kap. VI über den „Missbrauch der deutschen Islam-Diaspora: Westeuropa als Ruhezone“, in: B. Tibi, *Die fundamentalistische Herausforderung*, 4. Auflage, München 2003.

[73] Zum Euro-Islam und zur Geschichte des Konzepts B. Tibi, *Im Schatten Allahs. Der Islam und die Menschenrechte*, Neuauflage, München 2003, Kap. 12.

[74] Vgl. das Kapitel über islamischen Fundamentalismus in dem Buch von Michael S. Teitelbaum und Jay M. Winter, *A Question of Numbers. High Migration, Low Fertility and the Politics of National Identity*, New York 1998, hier S. 221–239.

[75] Hierzu Nezar AlSayyad und Manuel Castells (Hrsg.), *Muslim Europe or Euro-Islam? Politics, Culture and Citizenship in the Age of Globalization*, New York und Berkeley 2002, darin B. Tibi, „Muslim Migrants in Europe: Between Euro-Islam and Ghettoization“, S. 31–52.

[76] B. Tibi, *Europa ohne Identität?*, Neuauflage, München 2002, Kap. „Muhadjirun oder Citoyens", S. 193 ff.

[77] Vgl. meinen Artikel: „Europa droht eine Islamisierung", *Die Welt* vom 28. Mai 2002, S. 6 sowie ders.: „Die islamische Herausforderung", *Die Welt* vom 5. Februar 2003, S. 8.

V. Der Zerfall der westlichen Einheit

[1] Raymond Aron, *Frieden und Krieg. Eine Theorie der Staatenwelt*, Frankfurt am Main 1986 (Original: Paix et guerre entre les nations, Paris 1962), S. 468.

[2] Samir al-Khalil (alias Kanan Makiyya), *Republic of Fear. The Politics of Modern Iraq*, Berkeley 1989 – darin besonders Kapitel I, S. 3–45 über die „Institutionen der Gewalt", also über die Geheimdienste unter Saddam. Ich habe dieses Buch durch Artikel in der *Frankfurter Allgemeinen Zeitung* und der *Neuen Zürcher Zeitung* in Europa im Herbst 1990 bekannt gemacht. Über den Diktator selbst vgl. die Biographien von Judith Miller und Laurie Mylroie, *Saddam Hussein. Biographie eines Diktators und die Geschichte seines Landes*, München 1991; und Efraim Karsh und Inari Rautsi, *Saddam Hussein, A Political Biography*, New York 1991. Eine neuere Arbeit liegt von Said K. Aburish vor, *Saddam Hussein. The Politics of Revenge*, London 2000.

[3] Hierzu B. Tibi, „Islamism, National and International Security after September 11", in: Günter Baechler und Andreas Wenger (Hrsg.), *Conflict and Cooperation. The Individual between Ideal and Reality* (Festschrift Prof. Kurt Spillmann), Zürich 2002, S. 127–152.

[4] Peter Rabl, „Gipfel der Blockfreien", in: *Kurier* (Wien) vom 25. Februar 2003, S. 5.

[5] Zur Theoriediskussion über „Subsysteme in der Weltpolitik" vgl. Kap. 4 in B. Tibi, *Das arabische Staatensystem. Ein regionales Subsystem der Weltpolitik*, Mannheim 1996. Zur Fachdebatte ders., *Conflict and War in the Middle East*, neue, erweiterte Harvard-Ausgabe, New York 1998, Kapitel 1.

[6] Hierzu Ahmed Rashid, *Taliban. Militant Islam, Oil and Fundamentalism in Central Asia*, New Haven 2000, besonders Kapitel 6 zum Taliban-Fundamentalismus (deutsche Übersetzung: *Taliban. Afghanistans Gotteskrieger und der Djihad*, München 2001).

[7] Andrew Cockburn und Patrick Cockburn, *Out of the Ashes. The Resurrection of Saddam Hussein*, New York 1999. Zur Ergebnislosigkeit der Sanktionspolitik siehe Sarah Graham-Brown, *Sanctioning Saddam. The Politics of Intervention in Iraq*, London 1999.

[8] Zu diesem Djihad-Krieg vgl. B. Tibi, *Die fundamentalistische Herausforderung. Der Islam und die Weltpolitik*, völlig neu geschriebene Ausgabe 2002, Kapitel V (4. Auflage 2003).

[9] Vgl. Peter L. Bergen, *Heiliger Krieg Inc. Osama Bin Ladens Terrornetz*, Berlin 2002.

[10] Vgl. Udo Ulfkotte, *Der Krieg in unseren Städten. Wie radikale Islamisten Deutschland unterwandern*, Frankfurt am Main 2003. Zum Missbrauch der europäischen Islam-Diaspora vgl. auch B. Tibi, *Die fundamentalistische Herausforderung* (wie Anm. 8), Kapitel VI. Zum Hintergrund ders., *Islamische Zuwanderung. Die gescheiterte Integration*, München 2002 (2. Auflage 2003).

[11] So lautet die Überschrift des gut informierten Artikels von Michael Thumann, in: *Die Zeit* vom 20. Februar 2003, S. 9. Dagegen lautete der Titel des *Spiegel* 3/2002 „Blut für Öl".

[12] Zur saudischen Unterstützung des politischen Islam vgl. Daniel Pipes, *In the Path of God. Islam and political Power*, New York 1983, Kap. 10. Vgl. auch die neue Arbeit von Stephen Schwarz, *The Two Faces of Islam. The House of Sa'ud from Tradition to Terror*, New York 2003

[13] Deutsche Übersetzung Robert D. Kaplan, „Ein Reaganesker Augenblick", in: *Die Welt* vom 21. Januar 2003, S. 8.

[14] Vgl. hierzu B. Tibi, *Krieg der Zivilisationen*, Hamburg 1995 (völlig neue Ausgabe München 1998, mit einem Vorwort zum 11. September, München 2001), und zur Auswirkung des Auftretens der Zivilisationen auf die deutsche Außenpolitik siehe ders., „Die Revolte gegen den Westen in der neuen internationalen Umwelt: Am Beispiel der islamischen Zivilisation", in: Karl Kaiser und Hanns W. Maull (Hrsg.), *Deutschlands neue Außenpolitik*, 4 Bände, München 1995–1998, hier Band 2 1995, S. 61–80.

[15] Jürgen Habermas, „Glauben und Wissen", in: *Frankfurter Allgemeine Zeitung* vom 15. Oktober 2001, und dazu die Kritik von B. Tibi, „Habermas and the Return of the Sacred", in: *Religion, Staat, Gesellschaft*, Band 3 (2002), Heft 2, S. 265–296.

[16] Deutsche Übersetzung: „Wofür wir kämpfen", in: *Neue Zürcher Zeitung* vom 23./24. Februar 2002, S. 7. Dagegen waren in deutschen Zeitungen nur Polemiken zu lesen (eine Ausnahme war Malte Leming, „Kampf um Gerechtigkeit", in: *Der Tagesspiegel* vom 17. Februar 2002, S. 2).

[17] Roman Herzog, *Preventing the Clash of Civilizations. A Peace Strategy for the twenty-first Century*, Henrik Schmiegelow (Hrsg.), New York 1999, mit Beiträgen von Amitai Etzioni und B. Tibi.

[18] Terry Nardin (Hrsg.), *The Ethics of War and Peace. Religious and Secular Perspectives*, Princeton 1996 (Nachdruck 1998) mit Beiträgen von Michael Walzer über das Judentum und B. Tibi über den Islam.

[19] Vgl. den Bericht „Bin Laden calls Muslims to action", in: *International Herald Tribune* vom 12. 02. 03, Titelseite.

[20] Zu Bruce Russet und der Debatte über den „demokratischen Frieden" vgl. (mit Belegen) Anm. 58 zu Kap. 4 oben.

[21] Vgl. hierzu meinen Artikel: „Veränderung von innen", in: *Financial Times Deutschland* vom 27. Dezember 2002, S. 31, und „Wer regiert nach Saddam? Die Chancen der Demokratisierung im Mittleren Osten", in: *St. Galler Tagblatt* vom 28. Februar 2003, S. 2.

[22] Vgl. den Bericht „After the War is over", in: *The Economist* vom 8. März 2003, S. 27–32.

[23] Günter Grass, „Es geht wiederum ums Öl“, in: *Die Welt* vom 17. Januar 2003, S. 28.

[24] Vgl. hierzu Thomas Kleine-Brockhoff, „Das Pentagon-Puzzle“, in: *Die Zeit* vom 6. Februar 2003, S. 2.

[25] So das Interview mit dem Präsidenten des Bundesamtes für Verfassungsschutz Heinz Fromm, in: *Der Tagesspiegel* vom 5. Juli 2002, S. 6.

[26] In Bezug auf den Irak vgl. Tim Trevan, *Saddams Secrets: The Hunt for Iraq's Hidden Weapons*, London 1999; generell vgl. die Arbeiten in Anm. 9 zu Kap. 4.

[27] Daniel Byman und Matthew Waxman, *Confronting Iraq. US Policy and the Use of Force since the Gulf War*, Santa Monica 2000 (eine RAND-Studie, vorbereitet für das Pentagon).

[28] Zu dieser Thematik: Robert Jervis, *Perception and Misperception in International Politics*, Princeton 1976.

[29] W. Münchau, „Amoklauf eines Bundeskanzlers. Gerhard Schröder ruiniert die deutsche Außenpolitik“, in: *Financial Times Deutschland* vom 11. Februar 2003, S. 26.

[30] Michael Walzer, *Just and Unjust War. A Moral Argument with Historical Illustrations*, New York 1977.

[31] Deutsche Übersetzung: Michael Walzer, „Noch ist es nicht zu spät“, in: *Die Zeit* vom 10. Oktober 2002, S. 39.

[32] General Naumann, „Schröders deutscher Irrweg“, in: *Die Welt* vom 13. August 2002.

[33] Interview mit Scharif Ali, in: *Die Zeit* vom 6. Februar 2003, S. 2.

[34] Der einst in den USA promovierte, bis zu seinem Tod agierende Doyen der irakischen Soziologie Ali al-Wardi, *Soziologie des Nomadentums*, Neuwied 1972 (original Bagdad 1965, Originaltitel in deutscher Übersetzung: Die Wesensmerkmale der irakischen Gesellschaft) hat eine islamisch-arabische Stammesgesellschaft beschrieben, die bis heute noch existiert.

[35] Zur Geschichte des Irak vgl. Phebe Marr, *The Modern History of Iraq*, Boulder 1985. Für die Periode unter Saddam vgl. Peter Sluglett und Marion Faruk-Sluglett, *Der Irak seit 1958. Von der Revolution zur Dikatur*, Frankfurt am Main 1991.

[36] Yitzak Nakash, *The Shi'is of Iraq*, Princeton 1994 und allgemein die Arbeit von Graham E. Fuller und Rent R. Francke, *The Arab Shi'a. The Forgotten Muslims*, New York 1999.

[37] Hierzu vgl. B. Tibi, „Saudi-Arabien und der Terror“, in: *Die Welt* vom 27. Dezember 2002, S. 8 und ders., „Hinter der Maske des Wohltäters“, in: *Die Tagespost* vom 1. März 2003, S. 9 (ein Essay).

Schlussbetrachtungen

[1] Diese Formel stammt von Ibn Tamiyya; auf sie bezieht sich der Buchtitel von B. Tibi, *Im Schatten Allahs. Der Islam und die Menschenrechte*, Neuauflage, München 2003. Dort Einzelheiten in der Vorrede.

[2] Karl Wittfogel, *Die orientalische Despotie. Eine vergleichende Untersuchung totaler Macht*, Köln 1962.

[3] Vgl. die Studie des United Nations Development Program (UNDP), *Arab Human Development Report 2002*, New York 2002.

[4] Hierzu die Einleitung von Lawrence E. Harrison zu dem von ihm und Samuel P. Huntington herausgegebenen Band: *Culture Matters. How Values shape Human Progress*, New York 2000, S. XVII–XXXIV.

[5] In den US-amerikanischen von Political Correctness dominierten Nahost-Studien geht die Fehldarstellung so weit, dass die „Islamisierung der Demokratie" durch den politischen Islam für bare Münze genommen wird, wie etwa in der Arbeit von John Esposito und John Voll, *Islam and Democracy*, New York 1996, dazu meine kritische Rezension in: *The Journal of Religion* (Universität Chicago), Band 78 (1998), Heft 4, S. 667–669. Es geht nicht um eine Islamisierung der Demokratie, sondern umgekehrt um eine Demokratisierung des Islam. Zu dieser Diskussion B. Tibi, „Democracy and Democratization in Islam. The Quest of Islamic Enlightenment", in: Michèle Schmiegelow (Hrsg.), *Democracy in Asia*, New York 1997, S. 127–146. Die französische Fassung „Démocratie et Démocratisation en Islam" erschien zuvor in: *Revue International de Politique Corporée*, Band 2 (1995), Heft 2, S. 285–299.

Bibliographie

Abou Zahab, Marian: *Islamic Networks. The Pakistan-Afghan Connection*, London 2003.

Aburish, Said K.: *Saddam Hussein. The Politics of Revenge*, London 2000.

Adams, Nassau A.: *Worlds Apart. The North-South Divide and the International System*, London 1993.

Ajami, Fouad: *The Arab Predicament. Arab Political Thought and Practice since 1967*, Cambridge 1981, mehrere Auflagen.

Alexander, Yonah/Swetnam, Michael S.: *Usama bin Laden's al-Qaida. Profile of a Terrorist Network*, Ardsley 2001.

Allison, Graham/Treverton, Gregory F.: *Rethinking America's Security. Beyond Cold War to New World Order*, New York 1992 (darin Tibi über Euro-Islam, S. 31–52).

AlSayyad, Nezar/Castells, Manuel (Hrsg.): *Muslim Europe or Euro-Islam? Politics, Culture and Citizenship in the Age of Globalization*, New York 2002.

Antoun, Richard T.: *Understanding Fundamentalisms. Christian, Islamic and Jewish Movements*, Walnut Creek 2001.

Arendt, Hannah: *Elemente und Ursprünge totaler Herrschaft. Antisemitismus, Imperialismus, Totalitarismus*, Frankfurt a. M. 1962

Aron, Raymond: *Frieden und Krieg. Eine Theorie der Staatenwelt*, Frankfurt a. M. 1986 (orig.: Paix et Guerre, 1992).

Atiyeh, George N./Oweiss, Ibrahim M. (Hrsg.): *Arab Civilization. Challenges and Responses*, New York 1988 (darin Tibi, The Interplay ..., S. 166–182).

Aust, Stefan/Schnibben, Cordt (Hrsg.): *11. September. Geschichte eines Terrorangriffs*, München 2002.

Backes, Uwe: *Totalitarismus – Extremismus – Terrorismus. Ein Literaturführer und Wegweiser im Lichte deutscher Erfahrungen*, Opladen 1985.

–/ Jesse, Eckhard (Hrsg.): *Jahrbuch Extremismus und Demokratie*, Baden-Baden Bd. 1 bis 14 (Jg. 1999: Tibi, Iran und der Terrorismus; Jg. 2002: Tibi, Der Djihad-Terrorismus).

Baechler, Günther/Wenger, Andreas (Hrsg.): *Conflict and Cooperation. The Individual between Ideal and Reality (Festschrift Prof. Kurt Spillmann)*, Zürich 2002 (darin Tibi, 11. September and International Security, S. 127–152).

Baudrillard, Jean: *Der Geist des Terrorismus*, Wien 2002.

Bell, Daniel: *The Winding Passage. Essays and Sociological Journeys 1960–1980*, New York 1980 (darin der Aufsatz: The Return of the Sacred).

Bendel, Petra/Hildebrandt, Mathias (Hrsg.): *Im Schatten des Terrorismus. Hintergründe, Strukturen, Konsequenzen des 11. September 2001*, Wiesbaden 2002.

Benjamin, Daniel: *The Age of Sacred Terror*, New York 2002.

Benoist, Alain de: *Die Wurzeln des Hasses. Ein Essay zu den Ursachen des globalisierten Terrorismus*, Berlin 2002.

–: *Aufstand der Kulturen. Europäisches Manifest für das 21. Jahrhundert*, Berlin 2003.

Bergen, Peter L.: *Holy War, Inc. Inside the Secret World of Osama bin Laden*, New York 2001 (deutsche Übersetzung 2001).

Bernson, Paul: *Terror and Liberalism*, New York 2001.

Bistolfi, Robert/Zabbal, François (Hrsg.): *Islams d'Europe. Intégration ou Insertion communautaire?*, Paris 1995 (darin Essay Tibi über Euro-Islam, S. 230 ff.).

Blankinship, Khalid Y.: *The End of the Jihad State*, Albany/N.Y. 1994.

Bloch, Ernst: *Thomas Münzer als Theologe der Revolution*, Neudruck Frankfurt a. M. 1972.

Bodansky, Yossef: *Bin Laden. The Man Who Declared War on America*, New York 1999.

Braudel, Fernand: *A History of Civilizations*, New York 1993.

Brown, Michael E. (Hrsg.): *Debating the Democratic Peace*, Cambridge/MA 1996.

Bull, Hedley: *The Anarchical Society. A Study of Order in World Politics*, New York 1977 (Neuausgabe 2003).

–/ Watson, Adam (Hrsg.): *The Expansion of International Society*, Oxford 1988 (darin Bull, The Revolt against the West).

Bundeskriminalamt (Hrsg.): *Islamischer Terrorismus. Eine Herausforderung für die Internationale Staatengemeinschaft; Vorträge anlässlich der Herbsttagung des Bundeskriminalamts vom 13. bis 15. November 2001*, Neuwied 2002 (darin Tibi, Terrorismus, S. 93–110).

Burnham, James: *Begeht der Westen Selbstmord? Ein Versuch über Bedeutung und Zukunft des Liberalismus*, Düsseldorf 1965.

Byman, Daniel/Waxman, Matthew: *Confronting Iraq. US Policy and the Use of Force since the Gulf War*, Santa Monica 2000.

Carr, Caleb: *Terrorismus – Die sinnlose Gewalt. Historische Wurzeln und Möglichkeiten der Bekämpfung*, München 2002.

Chasdi, Richard J.: *Tapestry of Terror. A Portrait of Middle East Terrorism 1994–1999*, Lanham 2002.

Clausewitz, Carl von: *Vom Kriege*, Frankfurt a. M. 1994.

Cockburn, Andrew/Cockburn, Patrick: *Out of Ashes. The Resurrection of Saddam Hussein*, New York 1999.

Cooley, John: *Unholy Wars. Afghanistan, America and International Terrorism*, London 1999.

Corbin, Jane: *The Base: In Search of al-Qaeda. The Terror Network that shook the World*, New York 2002.

Creveld, Martin van: *The Transformation of War*, New York 1991.
–: *Die Zukunft des Krieges*, München 1998.
Cronin, James E.: *The World the Cold War Made. Order, Chaos, and the Return of History*, London/New York 1996.
Curtin, Philip D.: *The World and the West. The European Challenge and the Overseas Response in the Age of Empire*, Cambridge 2000.
Daase, Christopher: *Kleine Kriege – große Wirkung. Wie unkonventionelle Kriegsführung die internationale Politik verändert*, Baden-Baden 1999.
Damesch, Mustafa: *Wer Allahs Wort missbraucht. Krisenherd islamische Welt*, Köln 2002.
Daniel, Norman: *Islam and the West. The Making of an Image*, Edinburgh 1960, Neuauflage 1980.
Dark, Ken R./Harris, A. L.: *The New World and the New World Order. US Relative Decline, Domestic Instability in the Americas and the End of the Cold War*, London/New York 1996.
Del Valle, Alexandre: *Le Totalitarisme Islamiste à l'assaut des Démocraties*, Paris 2002.
Demy, Timothy/Stewart, Gary P.: *In the Name of God. Understanding the Mindset of Terrorism*, Eugene 2002.
Diner, Dan: *Feindbild Amerika. Über die Beständigkeit eines Ressentiments*, Berlin 2002.
Djassemi, Mohammed: *Macht und Staat im Islam*, Niebüll 2002.
Docker, John/Fischer, Gerhard (Hrsg.): *Adventures of Identity. European Multicultural Experiences and Perspectives*, Tübingen 2001 (darin Tibi, Euro-Islam, S. 27–44).
Erasmus-Foundation (Hrsg.): *The Limits of Pluralism. Neo-Absolutism and Relativism*, Amsterdam 1994 (darin Tibi, Political Islam, S. 29–36).
Euben, Roxanne E.: *Enemy in the Mirror. Islamic Fundamentalism and the Limits of Modern Rationalism,* Princeton/NJ 1999.
Fregosi, Paul: *Jihad in the West. Muslim conquests from the 7th to the 21st Centuries*, New York 1998.
Fuller, Graham E.: *Islamic Fundamentalism in Afghanistan – Its Character and Prospects*, Santa Monica 1991.
–/ Lesser, Ian O.: *A Sense of Siege. The Geopolitics of Islam and the West*, Boulder 1995.
–/ Franke, Rent R.: *The Arab Shi'a. The forgotten Muslims*, New York 1999.
Gabriel, Mark A.: *Islam and Terrorism. What the Quran really teaches about Christianity, Violence and the Goals of the Islamic Jihad*, Lake Mary 2002.
Geertz, Clifford: *Religiöse Entwicklungen im Islam. Beobachtet in Marokko und Indonesien*, Frankfurt a. M. 1998 (Nachwort von B. Tibi, S. 185–200).
Gellner, Ernest: *Postmodernism, Reason and Religion*, London 1992.
Gerges, Fawaz A.: *America and Political Islam. Clash of Cultures or Clash of Interests?,* Cambridge 1999.
Gillespie, Angus K.: *Twin Towers. The Life of New York's City World Trade Center,* New Brunswick 1999.

Gilpin, Robert: *War and Change in World Politics*, Cambridge 1981.

Graham-Brown, Sarah: *Sanctioning Saddam. The Politics of Intervention in Iraq*, London 1999.

Gress, David: *From Plato to NATO. The Idea of the West and its Opponents*, New York 1998.

Griset, Pamela L.: *Terrorism in Perspective*, Thousand Oaks 2003.

Guelke, Adrian: *The Age of Terrorism and the International System*, London/New York 1998.

Gunaratna, Rohan: *Inside Al-Qaida. Global Network of Terror*, London 2002.

Harrison, Lawrence E./Huntington, Samuel P. (Hrsg.): *Culture Matters. How Values shape Human Progress*, New York 2000.

Hashmi, Sohail H. (Hrsg.): *Islamic Political Ethics. Civil Society, Pluralism and Conflict*, Princeton 2002 (darin Tibi, War and Peace in Islam, S. 175–193).

Haynes, Jeff: *Religion in Global Politics*, London 1998.

Herzog, Roman (Hrsg. von) Schmiegelow, Henrik: *Preventing the Clash of Civilizations. A Peace Strategy for the twenty-first Century*, New York 1999, darin Tibi, Cross-Cultural Bridging, S. 107–126 (deutsche Übersetzung 2000).

Hewitt, Christopher: *Understanding Terrorism in America. From the Klan to al Qaeda*, London 2003.

Hiro, Dilip: *War Without End. The Rise of Islamist Terrorism and Global Response*, London 2003.

Hobsbawm, Eric/Ranger, Terrence (Hrsg.): *The Invention of Tradition*, Cambridge 1983, Neuauflage 1996.

Hodgson, Marshall G. S.: *The Venture of Islam. Conscience and History in a World Civilization*, 3 Bände, Chicago 1977.

Hoffer, Eric: *The True Believer. Thoughts on the Nature of Mass Movements*, London 1952, deutsche Übersetzung: Der Fanatiker. Eine Pathologie des Parteigängers, Reinbek bei Hamburg 1965.

Hoffman, Bruce: *Terrorismus – der unerklärte Krieg. Neue Gefahren politischer Gewalt*, Frankfurt a. M. 1999.

Hoffmann, Hilmar/Schoeller, Wilfried F. (Hrsg.): *Wendepunkt 11. September 2001. Terror, Islam und Demokratie*, Köln 2001 (darin Tibi, Wechsel der Feindbilder).

Holsti, Kalevi: *The State, War, and the State of War*, Cambridge 1996.

Houben, Anke: *Die zivilisatorische Staatengesellschaft. Zivilisation und internationale Politik im Nahen Osten*, Frankfurt a. M. 1996.

Hourani, Albert: *Arabic Thought in the Liberal Age 1789–1939*, Oxford 1962.

Hulsman, John C.: *A Paradigm for the New World Order. A School-of-Thought Analysis of American Foreign Policy in the Post-Cold War Era*, New York 1997.

Hunter, Shireen T.: *The Future of Islam and the West. Clash of Civilizations or a Peaceful Coexistence?*, Westport 1998.

Huntington, Samuel P.: *The Clash of Civilizations*, New York 1996.

–: *The Third Wave. Democratization in the Late Twentieth Century*, Norman 1991.

Hurst, Steven: *The Foreign Policy of the Bush Administration. In Search of a New World Order*, New York 1999.

Husband, Mark: *Warriors of the Prophet. The Struggle for Islam*, Boulder 1998.

Jacoby, Tami Amanda/Sasley, Brent E.: *Redefining Security in the Middle East*, Manchester und New York 2002 (darin Tibi über Islamism and Security, S. 62–82).

Jacquard, Roland: *In the Name of Osama Bin Laden. Global Terrorism and the Bin Laden Brotherhood*, Durham/London 2002.

Jansen, Johannes J. G.: *The Dual Nature of Islamic Fundamentalism*, Ithaca 1997.

Jaschke, Hans-Gerd: *Fundamentalismus in Deutschland. Gottesstreiter und politische Extremisten bedrohen die Gesellschaft*, Hamburg 1998.

Jervis, Robert: *Perception and Misperception in International Politics*, Princeton 1976.

Johnson, James Turner: *The Holy War Idea in Western and Islamic Traditions*, 2. Auflage, Pennsylvania 2001.

Juergensmeyer, Mark: *The new Cold War? Religious Nationalism confronts the Secular State*, Berkeley 1994.

–: *Terror in the Mind of God. The Global Rise of Religious Violence*, Berkeley 2000.

Kaldor, Mary: *Neue und alte Kriege. Organisierte Gewalt im Zeitalter der Globalisierung*, Frankfurt a. M. 2000.

Karsh, Efraim/Rautsi, Inari: *Saddam Hussein. A political Biography*, New York 1991.

Kelsay, John: *Islam and War. A Study in Comparative Ethics*, Louiseville 1993.

–/ Johnson, James T. (Hrsg.): *Just War and Jihad. Historical and Theoretical Perspectives on War and Peace in Western and Islamic Traditions*, New York 1991.

Kepel, Gilles: *Allah im Westen. Die Demokratie und die islamische Herausforderung*, München 1996.

–: *Jihad. Expansion et déclin de l'Islamisme*, Paris 2000, deutsche Übersetzung mit dem falschen Titel: Das Schwarzbuch des Dschihad. Aufstieg und Niedergang des Islamismus, München 2002.

al-Khalil, Samir (Pseudonym für Kanan Makiya): *Republic of Fear. The Politics of modern Iraq*, Berkeley 1989.

Khoury, Philip S./Kostiner, Joseph (Hrsg.): *Tribes and State Formation in the Middle East*, Berkeley 1990 (darin Tibi über Nominal States, S. 127–152).

Kohlhammer, Siegfried: *Die Feinde und die Freunde des Islam*, Göttingen 1996.

Koningsveld, P. S. van/Shadid, W. A. R. (Hrsg.): *Muslims in the Margin. Political Responses to the Presence of Islam in Western Europe*, Kampen/Niederlande 1996 (darin Tibi, India as a Model?, S. 130–144).

– (Hrsg.): *Political Participations and Identities of Muslims in non-Muslim States*, Kampen/Niederlande 1997.

Krauss, Hartmut: *Faschismus und Fundamentalismus. Varianten totalitärer Bewegung im Spannungsfeld zwischen prämodernen Herrschaftsstrukturen und kapitalistischer Moderne*, Osnabrück 2003.

Kröger, Detlef: *Religionsfriede als Voraussetzung für den Weltfrieden*, Osnabrück 2000 (darin Tibi, Referat anlässlich 350 Jahre Westfälischer Frieden, S. 17–28).

Küntzel, Matthias: *Djihad und Judenhass. Über den neuen antijüdischen Krieg*, Freiburg 2002.

Kushner, Harvey W.: *The Future of Terrorism. Violence in the New Millennium*, London 1998.

Laqueur, Walter: *Die globale Bedrohung. Neue Gefahren des Terrorismus*, Berlin 1998.

–: *Krieg im Westen. Terrorismus im 21. Jahrhundert*, München 2003.

Lawrence, Bruce B.: *Defenders of God. The Fundamentalist Revolt against the Modern Age*, San Francisco 1989.

–: *Shattering the Myth. Islam Beyond Violence*, Princeton 1998.

Lewis, Bernard: *What went Wrong? The Clash between Islam and Modernity in the Middle East* (deutsche Übersetzung: Der Untergang des Morgenlandes) London 2002.

–: *The Crisis of Islam. Holy War and unholy Terror*, London 2003.

Lewis, Philip: *Islamic Britain. Religion, Politics and Identity among British Muslims*, 2. Auflage, London 2002.

Lincoln, Bruce: *Holy Terrors. Thinking about Religion after September 11*, Chicago 2003.

Lipson, Leslie: *The Ethical Crises of Civilizations. Moral Meltdown or Advance?*, London 1993.

Lohbeck, Kurt: *Holy War, Unholy Victory. Afghanistan*, Washington/D.C. 1993.

Maddy-Weitzman, Bruce/Inbar, Efraim (Hrsg.): *Religious Radicalism in the Greater Middle East*, London 1997.

Maley, William (Hrsg.): *Fundamentalism Reborn? Afghanistan and the Taliban*, New York 1998.

Margulies, Phillip: *al Qaeda. Osama Bin Laden's Army of Terrorists*, New York 2003.

Marr, Phebe: *The Modern History of Iraq*, Boulder 1985.

Marsden, Peter: *The Taliban – War, Religion and new order in Afghanistan*, London/New York 1998.

Martin, Gus: *Understanding Terrorism. Challenges, Perspectives and Issues*, Thousand Oaks 2003.

Marty, Martin E./Appleby, R. Scott (Hrsg.): *The Fundamentalism Project*, 5 Bände, Chicago 1991–1995.

Meier, Hans (Hrsg.): *Totalitarismus und Politische Religionen*, Paderborn 1996.

Miller, Judith/Mylroie, Laurie: *Saddam Hussein. Biographie eines Diktators und die Geschichte seines Landes*, München 1991.

Milton-Edwards, Beverly: *Islamic Politics in Palestine*, London 1996.

Mitchell, Richard P.: *The Society of Muslim Brothers*, London 1969.

Moens, Alexander: *NATO and European security. Alliance Politics from the End of the Cold War to the Age of Terrorism*, Westport 2003.

Möller (Hrsg.): Jahrbuch für öffentliche Sicherheit, Frankfurt a. M. 2003 (darin Tibi über Islamismus, S. 125–144).

Mylroie, Lauri: *Study of Revenge. Saddam Hussein's unfinished War against America*, Washington D.C. 2000.

Nakash, Yitzak: *The Shi'is of Iraq*, Princeton 1994.

Nardin, Terry (Hrsg.): *The Ethics of War and Peace. Religious and Secular Perspectives,* Princeton 1996, Neudruck 1998 (darin Tibi, War and Peace in Islam, S. 128–145).

Norval, Morgan: *Triumph of Disorder. Islamic Fundamentalism, the new Face of War*, Indian Wells 1999.

Nye, Joseph: *Bound to lead. The Changing Nature of American Power*, New York 1990.

O'Ballance, Edgar: *Islamic Fundamentalist Terrorism 1979–95*, New York 1997.

–: *Sudan, Civil War and Terrorism, 1956–99*, London 2000.

Oliverio, Annamarie: *The State of Terror*, Albany 1998.

Onwudiwe, Ihekwoaba: *The Globalization of Terrorism*, Aldershot 2001.

Parker, Geoffrey: *The Military Revoltuion. Military Innovation and the Rise of the West, 1500–1800*, Cambridge 1988.

Partner, Peter: *God of Battles. Holy Wars of Christianity and Islam*, Princeton 1998.

Paz, Re'uven: *Tangled Web. International Networking of the Islamist Struggle*, Washington 2002.

Peters, Rudolph: *Jihad in Classical and Modern Islam*, Princeton 1996.

Philpot, Daniel: *The Challenge of September 11 to Secularism in World Politics*, Bd. 55 (2002), H. 1, S. 66–95.

Pillar, Paul R.: *Terrorism and U.S. Foreign Policy*, Washington 2001.

Pipes, Daniel: *In the Path of God: Islam and political Power*, New York 1983.

–: *Militant Islam reaches America*, New York 2002.

Pohly, Michael/Durán, Khalid: *Osama bin Laden und der internationale Terrorismus*, München 2001.

Popper, Karl R.: *Die offene Gesellschaft und ihre Feinde*, 2 Bände, 7. Auflage, Tübingen 1992.

Powers, Roger S./Vogele, William B. (Hrsg.): *Protest, Power and Change. An Encyclopedia of Nonviolent Action from ACT-UP to women's suffrage*, New York 1997 (darin Artikel Tibi, Jihad, S. 277–281).

Raddatz, Hans-Peter: *Von Allah zum Terror? Der Djihad und die Deformierung des Westens*, München 2002.

Rashid, Ahmed: *Taliban. Militant Islam, Oil and Fundamentalism in Central Asia*, New Haven/London 2000.

Reeve, Simon: *The New Jackals. Osama bin Laden and the Future of Terrorism*, London 1999.

Reich, Walter: *The Origins of Terrorism. Psychologies, Ideologies, Theologies, States of Mind*, Cambridge 1996.

Reimares, Fernando (Hrsg.): *European Democracies against Terrorism. Governmental Policies and Intergovernmental Cooperation*, Aldershot 2000.

Revel, Jean-François: *Democracy against itself. The Future of the Democratic Impulse*, New York 1993 (Islamischer Fundamentalismus, Kapitel 12).

Riesebrodt, Martin: *Die Rückkehr der Religionen. Fundamentalismus und der „Kampf der Kulturen"*, München 2000.

Robinson, Adam: *Bin Laden. Behind the Mask of the Terrorist*, New York 2001.

Rodinson, Maxime: *Die Faszination des Islam*, München 1985.

Rosefsky-Wickham, Carrie R.: *Mobilizing Islam. Religion, Activism and Political Change in Egypt*, New York 2002.

Rosenthal, Franz: *The Classical Heritage in Islam*, London 1992.

Roth, Jürgen: *Netzwerke des Terrors*, Hamburg 2001.

Ruggie, John Gerard: *Winning the Peace. America and World Order in the New Era*, New York 1996.

Runciman, Steven: *Geschichte der Kreuzzüge*, München 1957–1960.

Rundell, John/Mennell, Stephen (Hrsg.): *Classical Readings in Culture and Civilization*, London 1998.

Russett, Bruce M.: *Grasping the Democratic Peace. Principles for a Post-Cold War World*, Princeton 1993.

Ruthven, Malise: *A Fury for God. The Islamist Attack on America*, London 2002.

Schmiegelow, Michèle (Hrsg.): *Democracy in Asia*, Frankfurt a.M. 1997 (darin Tibi, Islam and Democracy, S. 127–146).

Schwarz, Stephen: *The two Faces of Islam. The House of Sa'ud from Tradition to Terror*, New York 2003.

Schwarzer, Alice (Hrsg.): *Gotteskrieger und die falsche Toleranz*, Köln 2002 (darin Tibi, Verordnete Fremdenliebe, S. 105–120).

Scruton, Roger: *The West and the Rest. Globalization and the Terrorist Threat*, Wilmington 2002.

Shayegan, Darius: *Cultural Schizophrenia. Islamic Societies Confronting the West*, Syracuse 1997.

Sielke, Sabine (Hrsg.): *Der 11. September 2001. Fragen, Folgen, Hintergründe*, Frankfurt a.M. 2002.

Sinclair, Andrew: *An Anatomy of Terror. A History of Terrorism*, Basingstoke 2003.

Sluglett, Peter/Faruk-Sluglett, Marion: *Der Irak seit 1958. Von der Revolution zur Diktatur*, Frankfurt a.M. 1991.

Smith, Jane I.: *Islam in America*, New York 1999.

Sprinzak, Ehud: *Brother against Brother. Violence and Extremism in Israeli Politics from Altalena to the Rabin Assassination*, New York 1999.

Spuler-Stegemann, Ursula: *Muslime in Deutschland. Informationen und Klärungen*, Freiburg 1997, überarbeitete Neuausgabe, Freiburg 2002.

Teitelbaum, Michael S./Winter, Jay M.: *A Question of Numbers. High Migration, low Fertility and the Politics of National Identity*, New York 1998 (darin: Islamic Fundamentalism and the West, Kap. 12).

Tibi, Bassam: *Vom Gottesreich zum Nationalstaat. Islam und panarabischer Nationalismus*, Frankfurt a.M. 1987 (seitdem drei Auflagen).

–: *Die Krise des modernen Islams. Eine vorindustrielle Kultur im wissenschaftlich-technischen Zeitalter*, Neuausgabe Frankfurt a.M. 1991 (zuerst 1981).

–: *Der Islam und das Problem der kulturellen Bewältigung sozialen Wandels*, Frankfurt a.M. 1991.

–: *Die fundamentalistische Herausforderung. Der Islam und die Weltpolitik*, München 1992, 4., völlig neu geschriebene Auflage, München 2003.

–: *Die Verschwörung. Das Trauma arabischer Politik*, Hamburg 1993, 2., erweiterte Auflage Hamburg 1994.

–: *Conflict and War in Middle East. From Interstate War to New Security*, London 1993, Neuausgabe New York 1997.

–: *Islamischer Fundamentalismus, moderne Wissenschaft und Technologie*, 2. Auflage, Frankfurt a.M. 1993 (Neudruck 2001).

–: *Im Schatten Allahs. Der Islam und die Menschenrechte*, München 1994, völlig neu geschriebene Neuausgabe München 2003.

–: *Krieg der Zivilisationen. Politik und Religion zwischen Vernunft und Fundamentalismus*, Hamburg 1995 (erweiterte Neuausgaben 1998 und 2001).

–: *Der wahre Imam. Der Islam von Mohammed bis zur Gegenwart*, München 1996, viele Ausgaben, Neuauflage München 2001.

–: *Das arabische Staatensystem. Ein regionales Subsystem der Weltpolitik*, Mannheim 1996.

–: *Pulverfass Nahost. Eine arabische Perspektive*, Stuttgart 1997.

–: *Aufbruch am Bosporus. Die Türkei zwischen Europa und dem Islamismus*, München 1998.

–: *The Challenge of Fundamentalism. Political Islam and the New World Disorder*, Berkeley 1998, Neuausgabe mit neuer Einleitung Berkeley 2002 (dt. Übersetzung: *Die neue Weltunordnung. Westliche Dominanz und islamischer Fundamentalismus*, Berlin 1999, 3., erweiterte Auflage München 2001).

–: *Kreuzzug und Djihad. Der Islam und die christliche Welt*, München 1999.

–: *Der Islam und Deutschland. Muslime in Deutschland*, Stuttgart 2000.

–: *Einladung in die islamische Geschichte*, Darmstadt 2001.

Tibi, Bassam: *Europa ohne Identität? Leitkultur oder Wertebeliebigkeit*, München 2002 (Neuausgabe; zuerst 1998).
–: *Fundamentalismus im Islam. Eine Gefahr für den Weltfrieden?*, 3., erweiterte Auflage Darmstadt 2002.
–: *Islamische Zuwanderung. Die gescheiterte Integration*, München 2002 (zwei Auflagen).
Toynbee, Arnold: *Die Zukunft des Westens*, München 1964.
Trevan, Tim: *Saddam's Secrets. The Hunt for Iraq's hidden Weapons*, London 1999.
Tuathail, Gearóid O.: *Critical Geopolitics. The Politics of writing Global Space,* Minneapolis 1996.
Ulfkotte, Udo: *Propheten des Terrors. Das geheime Netzwerk der Islamisten*, München 2001.
Ulfkotte, Udo: *Der Krieg in unseren Städten. Wie radikale Islamisten Deutschland unterwandern*, Frankfurt a. M. 2003.
United Nations Development Programme: *Arab Human Development Report 2002*, New York 2002.
Wahat-Hagh, Wahied: *„Die Islamische Republik Iran". Die Herrschaft des politischen Islam als eine Spielart des Totalitarismus*, Münster 2003.
Waldmann, Peter: *Terrorismus. Provokation der Macht*, München 1998.
Walzer, Michael: *Just and Unjust War. A Moral Argument with historical Illustrations*, New York 1977.
–: *Erklärte Kriege – Kriegserklärungen*, Hamburg 2003.
Weiner, Myron: *The Global Migration Crisis. Challenge to States and to Human Rights*, New York 1995 (Kap. 6: Security).
Whittaker, David J.: *The Terrorism Reader*, London 2001.
Williams, Mary E.: *The Terrorist attack on America*, San Diego 2003.
Wittfogel, Karl: *Die orientalische Despotie. Eine vergleichende Untersuchung totaler Macht*, Köln 1962.
Zewell, Rudolf: *Islam – Die missbrauchte Religion … oder Keimzelle des Terrorismus?,* München 2001.
Zunes, Stephen: *Tinderbox. U.S. Foreign Policy and the Roots of Terrorism*, London 2003.
Zunker, Albrecht (Hrsg.): *Weltordnung oder Chaos?*, Baden-Baden 1993.

Arabische Quellen (Auswahl)

Amani, Abdullah: *Tanzimat al-Irhab fi al-Alam al-Islami* (Terrororganisationen in der islamischen Welt), Kairo 1993.
Ammara, Mohammed: *al-Sahwa al-Islamiyya wa al-Tahaddi al-Hadari* (Das islamische Erwachen und die zivilisatorische Herausforderung), Kairo 1991.
Armanazi, Nadjib: *al-Schar' al-duwali fi al-Islam* (Völkerrecht im Islam), Damaskus 1930, Neudruck London 1990.

al-Azhar (Hrsg.): *Bayan lil-Nas* (Deklaration an die Menschheit), 2 Bände Kairo 1984 und 1988.

al-Azm, Sadik Jalal: *Al Naqd al-dhati ba'd al hazima* (Selbstkritik nach der Niederlage), Beirut 1968, viele Auflagen.

al-Banna, Hasan: *Majmu'at rasa'il al-imam al-schahid Hasan al-Banna* (Gesammelte Essays des Märtyrers Imam Hasan al-Banna), Alexandria 1990.

Djarischa, Ali Mohammed/Zaibaq, Mohammed Scharif: *Asalib al-Ghazu al-fikri li al-alam al-Islami* (Die Methoden der intellektuellen Invasion der islamischen Welt), 2. Auflage, Kairo 1978.

al-Djuni, Anwar: *Ahdaf al-Taghrib fi al-alam al-Islami* (Die Ziele der Verwestlichung der islamischen Welt), Kairo 1987.

al-Khalidi, Salah A.: *Amerika min al-dakhil bi Minzar Sayyid Qutb* (Amerika von innen gesehen durch die Brille von Sayyid Qutb), al-Mansura/Ägypten 1987.

al-Maududi, Abdu al-A'la: *al-Islam wa al-Madaniyya al-Haditha* (Der Islam und die moderne Zivilisation), Neudruck Kairo o. J.

al-Mumini, Ahmad: *al-Ta'bi'a al-Djihadiyya* (Djihadistische Mobilmachung), Algier 1991.

al-Qaradawi, Yusuf: *Hatmiyat al-hall al-Islami* (Die islamische Lösung ist vorherbestimmt), 3 Bände, Beirut und Kairo 1979, 1974, 1988.

Qutb, Sayyid: *al-Islam wa Muschkilat al-hadara* (Der Islam und das Problem der Zivilisation), 9. legale Auflage 1988.

–: *Ma'alim fi al-Tariq* (Wegzeichen), 13. legale Auflage, Kairo 1989.

–: *al-Salam al-Alami wa al-Islam* (Weltfriede und der Islam), 13. legale Auflage Kairo 1992.

–: *al-Djihad fi Sabil Allah* (Djihad auf dem Pfade Allahs), Neudruck Kairo 1992.

al-Said, Rifaat: *Hasan al-Banna, Mata? Kalif? Wa Limata?* (Hasan al-Banna, wann, wie und warum?), Kairo 1997.

Yasin, Mohammed N.: *al-Djihad*, Algier 1990.